WESTEND

Alexander Glasner-Hummel
Monika Morres
Kerem Schamberger

GEFLOHEN. VERBOTEN. AUSGESCHLOSSEN.

Wie die kurdische Diaspora in Deutschland mundtot gemacht wird

WESTEND

Mehr über unsere Autoren und Bücher:
www.westendverlag.de

Die Deutsche Nationalbibliothek verzeichnet diese Publikation in der Deutschen Nationalbibliografie; detaillierte bibliografische Daten sind im Internet über http://dnb.d-nb.de abrufbar.

MIX
Papier | Fördert gute Waldnutzung
FSC® C014889
FSC www.fsc.org

ISBN: 978-3-86489-416-9
2. Auflage 2023

Umschlaggestaltung: Buchgut, Berlin
Satz: Publikations Atelier, Weiterstadt
Druck und Bindung: Friedrich Pustet GmbH und Co. KG, Regensburg
Printed in Germany

Inhalt

Im Gedenken an Azad Şerger (Thomas Johann Spies),
Melike Akbaş und all jene, die auf der Suche nach einer gerechteren Welt
und einem besseren Leben gestorben sind.

Öcalan ist überall!
Ein Vorwort von Stephan Lessenich

Liebe Leser:innen,
seit einigen Wochen prangt, grün auf grau, das Konterfei Abdullah Öcalans auf der Fassade des Instituts für Sozialforschung in Frankfurt am Main. Über Nacht war es mittels einer Schablone direkt unter eines der Fenster des Direktorenbüros – Zufall oder nicht – gesprüht worden. Kaum entdeckt, herrschte in der Verwaltungsleitung des Hauses Verunsicherung: Machen wir uns damit eigentlich strafbar? Kann man der Institution die unfreiwillige Zurschaustellung der Gesichtszüge des lebenslang inhaftierten ehemaligen PKK-Vorsitzenden als strafbare politische Meinungsäußerung zuschreiben? Sollen wir das Graffiti verdecken, bis – jede:r weiß, wie schwer derzeit Handwerker:innen zu organisieren sind – es professionell entfernt worden ist? Müssen wir den Vorfall zur Anzeige bringen, damit man nicht am Ende noch uns selbst wegen Mithilfe zur öffentlichen Zurschaustellung verbotener politischer Symbole rechtlich belangt?

Wer solche Überlegungen für übertrieben hält, irrt leider; wer hingegen die Tatsache, dass man derartige Überlegungen überhaupt anstellen muss, für absurd hält, liegt durchaus richtig. Denn es wäre zwar hanebüchen, aber deshalb nicht unbedingt überraschend, wenn wegen der Wandschmiererei am Institut ermittelt würde. Für viele Kurd:innen – und Nicht-Kurd:innen – in Deutschland, ob politisch aktiv oder nicht, ist eine Konfrontation mit entsprechenden polizeilichen und im Zweifel auch gerichtlichen Konsequenzen schlicht Teil ihres Alltags. Der vorliegende Band legt davon Zeugnis ab. Denn er dokumentiert die Kriminalisierung kurdischen Lebens – so allgemein und weitreichend muss man dies ausdrücken – in dem Land, in dem die größte kurdische Community außerhalb Kurdistans ihren Lebensmittelpunkt hat.

Warum kennt man als durchschnittliche:r Deutsche:r überhaupt die Gesichtszüge Öcalans? Warum dürfte das Kürzel »PKK« den allermeisten Bürger:innen dieses Landes ein Begriff sein? Und warum dürften sie alle mit diesem Ausdruck unmittelbar einen zweiten assoziieren – nämlich jenen der »Terrororganisation«? Wohl kaum, weil der Mann und die Partei objektiv die äußere oder innere Sicherheit Deutschlands gefährden würden; und genauso wenig, weil interessierte Zeitgenoss:innen hierzulande sich besonders für die Person des ursprünglich zum Tode verurteilten und nunmehr seit einem Vierteljahrhundert in Haft sitzenden Öcalan oder für die PKK sowie ihre Nachfolge- und Schwesterorganisationen interessieren würden – sondern weil das »Terrorismus«-Framing sich, wie in anderen Fällen auch, tief in den politischen Wissenshaushalt und die öffentlichen Diskurse der Bundesrepublik eingeschrieben hat. Kurd:innen in Deutschland – Schätzungen zufolge bis zu 1,5 Millionen Menschen – müssen damit leben, als »extrem« oder »radikal« kategorisiert, als »gewaltbereit« und »kriminell« etikettiert zu werden. Wer bei Google »Kurden in Deutschland« eingibt, erhält als erste erweiterte Suchoption – der Algorithmus irrt nie – »Kurden in Deutschland Kriminalität«.

Warum aber ist all dies nicht nur politisch, sondern auch soziologisch bemerkenswert? Weil die Kriminalisierung kurdischen Aktivismus – beziehungsweise was die Behörden und der Staatsschutz dafür halten – stellvertretend steht für die Grenzen der Demokratie. Was Kurd:innen in Deutschland erleben, das erfahren auch Antifaschist:innen oder, ganz aktuell, »radikale Klimaschützer:innen«. Die als »Graue Wölfe« bekannten türkischen Rechtsextremist:innen sind hierzulande weitaus zahlreicher als PKK-Aktivist:innen, aber nicht verboten, sondern genießen sogar teils hochrangige Unterstützung; in Sachsen wird, ungeachtet der Veralltäglichung faschistischen Gedankenguts und neonazistischer Organisationstätigkeit in diesem Bundesland, aus der rechten Mitte immer wieder die »extreme Linke« als größte Gefährdung der Demokratie imaginiert; und nicht nur der bayerische Verfassungsschutz versucht die »Letzte Generation«, ob ihrer vereinzelten Störung (beziehungsweise »Gefährdung«) des Autoverkehrs, in die Nähe einer nicht nur kriminellen, sondern terroristischen Vereinigung zu rücken.

Die Liste der »irgendwie als links« definierten politischen Umtriebe, denen man in Deutschland mit einer sich zwischen Kriminalisierung und Repression bewegenden Intervention begegnet, ließe sich fortsetzen. Was den Fall des staatlichen Umgangs mit dem kurdischen Aktivismus besonders – und besonders zweifelhaft – macht, ist die Tatsache, dass hier das Handeln des deutschen Staats in Übereinkunft und im (nicht immer nur stillen) Einvernehmen mit dem türkischen Staat erfolgt; einem Staat, der unverkennbar autokratische Züge trägt, in dem gerade gegenüber der kurdischen Bevölkerung seit Jahrzehnten Menschenrechtsverletzungen an der Tagesordnung stehen – den die Bundesrepublik (und die gesamte Europäische Union) aber nicht zuletzt im Interesse ihrer brutalen Abschottungspolitik gegen Migrant:innen braucht. Hier treffen gewissermaßen verschiedene Grenzen der Demokratie aufeinander; und greifen das Verbot politischer Betätigung im Inneren und die (delegierte) Militarisierung des Grenzregimes ineinander. Auch darauf weist der vorliegende Band hin.

Wir erleben derzeit – einige Beispiele dafür wurden schon genannt – eine Zunahme gezielter Repression gegenüber politischen und sozialen Bewegungen, die den öffentlichen Konsens einer sich selbst als liberal-demokratisch verstehenden Gesellschaft »von links« stören. Die »repressive Toleranz«, die der Philosoph und Soziologe Herbert Marcuse in der studierendenbewegten Zeit der 1960er-Jahre konstatierte und kritisierte, hat sich in eine repressive Intoleranz verwandelt. Dieser gegenüber »den Anfängen zu wehren«, ist es schon lange zu spät. Was aber nicht heißt, von der Gegenbewegung abzulassen – ganz im Gegenteil: Wer der Demokratie einen Dienst erweisen will, sollte deren real existierende Grenzen thematisieren, ehe es tatsächlich zu spät ist.

Ihr Stephan Lessenich

Stephan Lessenich ist Direktor des Instituts für Sozialforschung in Frankfurt am Main und arbeitet als Soziologe zu Kritischer Theorie der Gesellschaft und Fragen sozialer Ungleichheit und gesellschaftlicher Transformation.

1 Einleitung

Die PKK hat es nicht bis nach Hersbruck geschafft, das PKK-Verbot hingegen schon

An einem trüben Mittwoch Ende März 2023 steigen wir in den Zug nach Hersbruck, um Agid Aklan zu treffen. Agid ist Kurde. Seine Eltern sind Mitte der 1980er-Jahre aus Mêrdîn (dt.: Mardin) im äußeren Südosten der Türkei nach Deutschland geflohen. Das Land war damals eine Militärdiktatur, welche die eigene kurdische Bevölkerung brutal unterdrückte. Außergerichtliche Hinrichtungen, Folter und Parteienverbote waren an der Tagesordnung und die damals noch junge PKK hatte gerade den bewaffneten Kampf gegen die türkische Militärjunta aufgenommen.

Agids Eltern kamen nach Deutschland, um sich und ihre Kinder vor dem Bürgerkrieg in Sicherheit zu bringen. Ihre Heimat Kurdistan ließen sie dafür hinter sich. Viel mehr als dort oder in der Türkei ist Agid aber im bayerischen Hersbruck verwurzelt. Besonders ältere Menschen verbringen in der malerischen, wenngleich auch etwas verschlafenen Kleinstadt nahe Nürnberg gerne ihren Erholungsurlaub. Hersbruck ist weit weg vom türkischen Bürgerkrieg und ganz nah an dem Flüchtlingsheim, das die Aklans in Deutschland zugewiesen bekamen; es ist der Ort, an dem Agids engere Familie lebt – die meisten mittlerweile mit einem deutschen Pass.

Obwohl wir uns zuvor nicht kannten und wir nicht darum gebeten hatten, holt uns Agid in Nürnberg mit seinem Auto ab. In dem gründlich gepflegten Mercedes erzählt er uns von seiner Jugend in Hersbruck: Schule, Fußballverein, Ausbildung – ein Kleinstadtleben, wie es millionenfach in Deutschland gelebt wird. Agid wollte nie davon weg. Er sei ein »echter Herschbrugger Bu«, erklärt er uns im fränkischen

Dialekt. Sein Kindheitstraum war bodenständig und dennoch für ihn unerreichbar: Er wollte Polizist werden.

Zu Hause bei Agid fällt uns zuerst der Kinderhochstuhl auf, der am Esstisch steht. Wir fragen, ob dieser für seine Neffen sei, wenn die Geschwister mit ihren Kindern zu Besuch kommen. Dass der 28-Jährige schon dreifacher Vater und seit mehreren Jahren verheiratet ist, konnten wir uns da noch nicht vorstellen. Er erklärt uns, dass seine Kinder gerade bei den Großeltern sind.

Unser Gespräch findet während des Ramadans statt. Obwohl Agid selbst tagsüber fastet, hat er für das Treffen deutsche Nussecken, Baklava und ausgezeichnete türkische Pistazien bereitgestellt.

»Die anderen Kinder wollten immer später zur Feuerwehr, ich wollte aber zur Polizei«, erzählt er uns. Trotz all der Skandale um Polizeigewalt, die in den letzten Jahren an die Öffentlichkeit gekommen sind, bedeutet die Polizei für Agid in erster Linie, anderen Menschen zu helfen. »So bin ich erzogen worden. Ich muss immer anderen helfen. Vielleicht nutzen das manche Menschen auch aus, aber dann habe ich trotzdem in dem Moment eine gute Tat getan.« Seine Begeisterung für die Polizei geht so weit, dass er sich 2019 dort für über ein Jahr ehrenamtlich engagiert. Als »Sicherheitswacht« ist er »Augen und Ohren der Polizei auf der Straße«, ermahnt Feiernde, nicht zu laut zu werden, und nimmt, falls dies doch einmal geschieht, deren Personalien auf. Auf der Hersbrucker Polizeiwache kennen sie ihn gut. Er und seine Familie sind dort beliebt.

Im selben Jahr bewirbt sich Agid für eine Ausbildung bei der Polizei im mittleren Dienst. Eigentlich hat er zu diesem Zeitpunkt bereits eine feste Stelle in seinem Ausbildungsberuf als Medientechnologe. Auch hegt er erhebliche Zweifel, dass er die Aufnahmeprüfung bestehen kann. Für seinen großen Traum will der junge Familienvater den Stress und die körperlichen Strapazen jedoch auf sich nehmen. Er nimmt in wenigen Monaten über 35 Kilo ab und hört sich um, worauf er in der Aufnahmeprüfung zu achten hat. Während des gefürchteten sportlichen Ausdauertests muss er an seine körperlichen Grenzen gehen und denkt dabei an seine Kinder – auch für sie tut er sich das an. Schließlich ist alles vorbei. Agid kann es nicht fassen: Er hat die Aufnahmeprüfung bestanden. Dazu noch mit einer 2,3 – eine gute Abschlussnote, wie ihm die Prüfer:innen versichern. Kurz darauf ist klar: Agid wird im März 2020 seine Ausbildung bei der Polizei beginnen dürfen. Als er den Vertrag unterschreibt, holt er seine Frau dazu, um den glücklichen Moment mit ihr zu teilen. Agid hat Tränen in den Augen, als er davon erzählt.

Dem Ausbildungsvertrag ist ein merkwürdiges Formular beigefügt, ein »Fragebogen zur Prüfung der Verfassungstreue«. Das Formblatt umfasst auch eine mehr als fünfseitige Liste »extremistischer oder extremistisch beeinflusster Organisationen« – eine Art Überbleibsel der Berufsverbotspolitik im öffentlichen Dienst der 1970er- und 1980er-Jahre –, die Bewerber:innen speziell in Bayern unterzeichnen müssen. Auf ihr stehen neben zahlreichen weitestgehend unbekannten Kleinstgruppen und -organisationen auch große Verbände, die fest in der politischen Kultur Deutschlands verwurzelt sind; so etwa die einst von KZ-Überlebenden gegründete älteste antifaschistische Organisation Deutschlands, die »Vereinigung der Verfolgten des Naziregimes – Bund der Antifaschistinnen und Antifaschisten«, der »Sozialistisch-Demokratische Studierendenverband« der Partei Die Linke (Die Linke. SDS) sowie die größte deutsche Antirepressionsorganisation »Die Rote Hilfe«. Auch viele kurdische Organisationen, etwa die Dachverbände kurdischer Vereine in Deutschland und Europa (KON-MED und KCDK-E), die »Union zur Pflege der kurdischen Kunst und Kultur« und die Hilfsorganisation »Kurdischer Roter Halbmond«, die zuletzt bei der Erdbebenkatastrophe im Südwesten der Türkei und in Syrien wichtige Hilfe geleistet hat, sind auf der Liste zu finden.

Agid muss wie alle Bewerber:innen für den öffentlichen Dienst in Bayern seine Mitgliedschaften auf der Liste ankreuzen. Für ihn eine reine Formalität, da er weder in einer der genannten Organisationen aktiv ist noch mit diesen sympathisiert oder sonst mit ihnen zu tun hat. Als er den Brief zur Annahme der Ausbildung mit dem ausgefüllten Formular abschickt, kann er sich nicht vorstellen, dass noch irgendetwas seiner Polizeiausbildung in die Quere kommen könnte. Bei der Weihnachtsfeier auf der Polizeidienststelle in Hersbruck erzählt er bereits stolz, dass es bald losgehe. Die Freude bei den Kolleg:innen ist groß. Manche jubeln über die Nachricht und der neue Dienststellenleiter beglückwünscht ihn vor versammelter Truppe, dass er nun bald die Uniform der Sicherheitswacht ablegen und die der Polizei anlegen werde. Was zu diesem Zeitpunkt noch niemand weiß: Der Kurde Agid Aklan darf nicht Polizist werden.

Anfang 2020 sind es nur noch Wochen, bis er seine Ausbildung bei der Polizei beginnen soll. Er ruft beim Präsidium der Bayerischen Bereitschaftspolizei an, um nachzufragen, ob ihnen inzwischen alle benötigten Ausbildungsunterlagen vorliegen oder ob vielleicht etwas fehlt. Die Frau am Telefon erwidert, dass es ein Problem gebe. Seine Ausbildungszusage sei widerrufen worden. Agid erklärt uns bei unserem Treffen, dass er die Nachricht in diesem Moment nicht verarbeiten konnte. Er legt einfach auf.

Wenig später am selben Tag ruft Agid noch einmal an, entschuldigt sich unter dem Vorwand eines Funkloches für das abgebrochene Gespräch und hakt nach. Wortkarg bekommt er mitgeteilt, dass er definitiv nicht bei der Polizei anfangen könne. Die Gründe werden ihm in einer Woche schriftlich mitgeteilt. Agid fleht die Frau an, ihm schon jetzt einen Hinweis zu geben, woran seine Ausbildung scheitert. Zuerst erhält er keine Antwort. Schließlich lässt sich die Frau am Hörer erweichen und erklärt, man habe Bilder von ihm gefunden. Dann beendet sie das Gespräch.

Agid versteht nicht, um was für Bilder es sich handeln könnte, doch ihm wird klar: Sein Traum, Polizist zu werden, ist gerade gestorben: »Mit dem Telefonat ist eine Welt für mich zusammengebrochen.« In seiner Verzweiflung zieht sich Agid zurück und bricht alle Kontakte ab. Er blockiert nahezu all seine Freunde auf WhatsApp und ist auch für den Großteil seiner Familie nicht mehr zu erreichen. Bis zum Erhalt des Briefes anderthalb Wochen später geht er selbst zu seiner engsten Familie und seiner Frau auf Distanz. Unter Vorwänden ist er oft unterwegs, um einfach nur allein sein zu können. Als uns der sonst sehr ruhige und gefasste Agid davon erzählt, schluchzt er.

In dieser Zeit denkt er viel darüber nach, was das für Bilder sein könnten, die ihm zum Verhängnis geworden sind. Schon vor der Aufnahmeprüfung haben seine Eltern ihn gewarnt: Sowieso werden alle, die bei der Polizei anfangen, überprüft; für ihn als Kurde gelte das aber umso mehr. Agid hat sich den Rat seiner Eltern zu Herzen genommen und deshalb seine Facebook- und Instagram-Profile kontrolliert.

Obwohl er nie irgendwo politisch organisiert gewesen ist, interessiert Agid sich dennoch für Politik. Besonders der Kampf der Kurd:innen in

Syrien gegen den sogenannten Islamischen Staat (IS) bewegt ihn. Immer wieder hat er deshalb auf Facebook und Instagram Artikel etwa des *Sterns* oder anderer Nachrichtenmedien gepostet, um seine Kontakte auf die Entwicklungen im Kriegsgebiet aufmerksam zu machen. Agid wäre nie auf den Gedanken gekommen, dass diese Posts Probleme verursachen könnten. Deutschland ist schließlich Teil der internationalen Koalition gegen die IS-Terrormiliz, in welcher die syrisch-kurdischen Volks- (YPG) und Frauenverteidigungseinheiten (YPJ) den wichtigsten Teil der Truppen vor Ort stellen. Als der IS im Jahr 2014 einen Völkermord an den Ezid:innen in der Region Sindschar im Nordwestirak verübte, waren es unter anderem die Kämpfer:innen der YPG und YPJ, die aus der Nachbarregion zu Hilfe eilten und weitere Tote verhinderten. Zur Sicherheit hat Agid dennoch fast alle Posts von seinen Profilen gelöscht. Wie sollten also noch Bilder existieren, die seine Polizeiausbildung gefährden?

Als ihn der Brief schließlich erreicht, geht daraus hervor, dass ihm tatsächlich seine Aktivitäten in den Sozialen Medien zur Last gelegt werden. Eines der beanstandeten Bilder aus dem Jahr 2018 ist eine Art Stillleben aus den kurdischen Autonomiegebieten in Syrien. Darauf sieht man eine für die Region gängige Langhalslaute und eine Trommel, neben denen eine AK-47 (auch »Kalaschnikow« genannt), eine typische Waffe der kurdischen Kämpfer:innen, an der Wand lehnt. Ein anderes Foto zeigt einen Scharfschützen der YPG, auf dessen Ärmel das Portrait Abdullah Öcalans, des wahrscheinlich wichtigsten kurdischen Politikers der letzten Jahrzehnte, aufgenäht ist. Das erste Bild symbolisiert für Agid schlicht die Realität des kurdischen Volkes, das sich gegen äußere Feinde verteidigen muss, aber dabei seine Fröhlichkeit nicht verloren hat. Mit dem zweiten Bild hat er seinen Respekt gegenüber einem jüngst gefallenen, erfolgreichen Scharfschützen bekunden wollen. Öcalans Antlitz auf dem Ärmel ist Agid nie aufgefallen.

Neben den beiden Bildern wird ihm auch noch die Facebook-Freundschaft mit dem Fernsehmoderator Jeremy Clarkson und dem Münchener Kommunikationswissenschaftler Kerem Schamberger, der an diesem Buch mitgewirkt hat, zur Last gelegt. Clarkson ist das Gesicht des britischen Auto-TV-Magazins »Top Gear« – Grund genug für den autobegeisterten Agid, ihm zu folgen –, dem im Widerrufsschreiben fälschlicherweise vorgeworfen wird, einen Aufruf zur Rekrutierung von Kämpfer:innen für die YPG veröffentlicht zu haben. Schamberger wiederum ist zur damaligen Zeit eine der wenigen Personen, die mehrfach täglich und aktuell von den Entwicklungen aus den kurdischen Autonomiegebieten in Syrien berichten. Agid hat nie irgendeinen direkten Kontakt gehabt, aber folgte ihm auf der Plattform, um stets informiert zu bleiben.

Zwei Fotos auf Facebook und zwei verdächtig erscheinende lose Kontakte genügen für den deutschen Staat schließlich, um sogenannte »berechtigte Zweifel« an Agid Aklans Verfassungstreue zu entwickeln. Aus Sicht des bayerischen Landeskriminalamtes (LKA) liegen zumindest Hinweise darauf vor, dass es sich bei ihm um einen kurdischen Extremisten handeln könnte. Rechtlich gesehen reicht das bereits aus, um alles, was Agid zuvor zum Beweis seiner Tauglichkeit getan hat, nichtig werden zu lassen. Eine Unschuldsvermutung, wie sie das deutsche Recht etwa in Strafprozessen vorsieht, gibt es in diesem Fall nicht. Möglichkeiten, sich zu den Vorwürfen zu äußern, sind ebenso nicht vorgesehen.

Erst eine Klage vor dem Verwaltungsgericht hätte Agid die Chance dazu gegeben. Sein Anwalt rät ihm allerdings davon ab. Gegen die Polizei und den Staat zu klagen, sei sehr schwer. Obwohl kaum Aussicht auf Erfolg besteht und er davon ausgeht, die Prozesskosten allein tragen zu müssen, entscheidet sich Agid für die Klage. Er möchte die Vorwürfe, ein Extremist zu sein, nicht auf sich sitzen lassen. Besonders stört er sich aber an der aus seiner Sicht »schlampigen« Arbeitsweise des LKA. Der Mitarbeiter, der sein Facebook-Profil ausgewertet und damit seinen großen Traum zerstört hat, soll sich im Gerichtssaal erklären müssen, wie er Agid derart leichtfertig als kurdischen Extremisten abstempeln kann.

Was soll das überhaupt sein, ein »kurdischer Extremist«? Für den deutschen Staat sind damit vor allem Aktivitäten gemeint, die irgendwie im Zusammenhang mit der Arbeiterpartei Kurdistans, der PKK, stehen. Diese unterliegt in Deutschland seit 30 Jahren einem sogenannten Betätigungsverbot. Dessen Hintergründe zu kennen, ist notwendig, um den besonderen Umgang des deutschen Staates mit den Kurd:innen zu verstehen. Woher die PKK kommt, was ihre Ziele sind und warum sie in Deutschland verboten wurde, obwohl sie hier nicht unmittelbar aktiv ist, erklären wir in einem späteren Kapitel. Zunächst genügt es zu verstehen, dass kurdische Aktivitäten für den deutschen Staat stets unter Verdacht stehen, mit der PKK zusammenzuhängen. Doch hier endet dessen verkürzte Logik nicht: denn PKK, das bedeutet für die Behörden immer auch Terrorismus. Ist der Familienvater und Polizeienthusiast Agid Aklan also für den deutschen Staat ein potenzieller Terrorist?

Während Agid das Scheitern seines Traums verarbeitet und sich auf den Prozess vorbereitet, lebt er weiterhin zurückgezogen. Mit seiner engeren Familie hat er seit Erhalt der Rücknahme seiner Ausbildungszusage zwar wieder Kontakt, doch für die weitere Familie und Freund:innen, die Agid häufig seit Kindheitstagen kennen, bleibt er über ein Jahr unerreichbar. Als letztere schließlich bei ihm zu Hause klingeln, um sich zu erkundigen, was los sei, schickt er sie höflich, aber bestimmt weg. Agid möchte weiterhin vor allem allein sein. Gut geht es ihm dabei nicht: »Ich war nur noch eine leere Hülle, die irgendwie gelebt hat«, beschreibt er rückblickend diese schwere Zeit.

Ein wohltuender Lichtblick ist jedoch die Solidarität und Aufmerksamkeit, die er in der Hersbrucker Öffentlichkeit und darüber hinaus erhält. Insbesondere Pfarrer Gerhard Metzger, der Agids Familie einst in den 1990er-Jahren durch ein Kirchenasyl vor der Abschiebung bewahrt hat, setzt sich für ihn ein. Seine Verbindungen in die Landesregierung sind gut. Ministerpräsident Markus Söder stammt aus dem nahe gelegenen Nürnberg. Auch mit dem Innenministerium steht Metzger in direktem Kontakt. Er schreibt eine Stellungnahme und lässt sich in der Presse über die charakterliche Eignung Agids zitieren: Seine ruhige, zuhörende und vermittelnde Art passe ausgezeichnet zur Polizei. Unter anderem berichten auch der Bayerische Rundfunk und die *Zeit* kritisch über den Fall. Viele Hersbrucker Bürger:innen erkundigen sich zudem beim Pfarrer, welche Möglichkeiten es gebe, ihr Unverständnis über die Entscheidung im Fall Aklan zum Ausdruck zu bringen. Neben Metzger setzen sich ein örtlicher Sozialarbeiter und ein in der Lokalpolitik aktiver Bundeswehroffizier für Agid ein. Es ist eine ungewöhnliche Diskurskoalition, doch ihre Botschaft könnte klarer kaum sein: Agid Aklan ist kein Extremist.

Zu den ehemaligen Kolleg:innen der Sicherheitswacht und der Polizeidienststelle hält Agid zu dieser Zeit ebenfalls Abstand. Er sorgt sich, dass sie ihn nun als Waffennarr oder Extremisten abstempeln und auf der Straße mit anderen Augen sehen. Ein Schamgefühl, das viele kennen, denen überraschend Unrecht angetan wird. Zufällig trifft er den stellvertretenden Dienststellenleiter der Polizei auf der Straße, der seine Bedenken zerstreut: Auf der Dienststelle denken alle weiterhin nur das Beste von ihm und können es nicht fassen, wie die Behörde und das Innenministerium mit ihm umgehen.

Zu einem Prozess kommt es nicht. 2021 erblindet Agid auf einem Auge, wird zunächst krankgeschrieben, verliert aber schließlich seine Anstellung als Maschinen- und Anlagenführer. Das Hantieren an schwerem Gerät ist für ihn zu gefährlich geworden, da er durch den halbseitigen Verlust seiner Sehfähigkeit Probleme mit dem räumlichen Sehen hat. Agid muss sich arbeitslos melden. Wegen der nun schwierigen finanziellen Situation entscheidet er sich, die Klage zurückzunehmen.

Auch des Pfarrers Kontakte in die Landesregierung nützen am Ende kaum. Angeblich, so sagt man ihm, seien dem Innenministerium und der Landesregierung die Hände gebunden. Der öffentliche Aufschrei wäre zu groß, würden sie im Fall Aklan intervenieren. Agid selbst findet das wenig glaubhaft und vermutet eher, dass es den Politiker:innen der Landesregierung persönlich schaden könnte, sich für ihn einzusetzen, oder dass es ihnen einfach nicht wichtig genug ist.

Im März 2023 sucht der dreifache Familienvater weiterhin Arbeit. Er will nun eine neue Ausbildung beginnen, gerne als Kfz-Mechaniker. Vorerst bereitet ihm aber das Arbeitsamt dabei Probleme, weil dieses ihn als »körperlich nicht belastbar« einstuft – schon wieder eine Fehleinschätzung, die dem Hersbrucker Agid Aklan Steine in den Weg legt. Doch sie verblasst im Vergleich zur ersten, seiner vermeintlichen Nähe zur PKK – einer Organisation, mit der er nicht in Kontakt gestanden und die nie in Hersbruck aktiv gewesen ist. Die PKK hat es nicht bis nach Hersbruck geschafft, das PKK-Verbot hingegen schon.

Alltag und Absurdität der Repression

Das individuelle Schicksal Agid Aklans ist tragisch: Er hat nie eine kurdische Demonstration besucht, ist nie Teil der kurdischen Bewegung und erst recht kein PKK-Kader gewesen; dennoch darf er trotz guter Aufnahmeprüfung, Vorerfahrung als Sicherheitswacht und dem besten nur denkbaren öffentlichen Ruf seine Ausbildung als Polizeibeamter nicht beginnen. Wie lässt sich diese besondere staatliche Härte erklären?

Agid ist bei Weitem nicht der einzige Kurde, dem deutsche Behörden Probleme bereiten. Über die Jahre hinweg geht ihre Zahl in die Zehntausende. Berufliche Einschränkungen wie bei Agid sind dabei allerdings eine eher seltene Ausnahme. Sein Fall steht für die immer neuen Formen, wie Kurd:innen in Deutschland staatlicherseits diskriminiert werden. Viele der Betroffenen sind im Gegensatz zu dem auf sein Familienleben konzentrierten Agid politisch und kulturell aktiv: Sie setzen sich durch Proteste und Demonstrationen für ihre Belange ein, wenden sich in Petitionen, Pressemitteilungen und über eigene Medien an die breite deutsche Öffentlichkeit und engagieren sich in kurdischen Vereinen und Verbänden. In einer Zeit, in der nicht selten Demokratieverdrossenheit und Vereinzelung beklagt wird, tun sie genau das, was ein demokratischer Staat sich von seinen Bürger:innen wünschen sollte.

Schätzungen zufolge leben zwischen einer und anderthalb Millionen Kurd:innen in Deutschland. Das sind 1,2 bis 1,8 Prozent der Bevölkerung. Nach Russlanddeutschen und Türk:innen sind sie damit die hierzulande drittgrößte Bevölkerungsgruppe mit Migrationsgeschichte. Nirgendwo sonst leben derart viele Kurd:innen außerhalb Kurdistans. Nur die Hälfte von ihnen besitzt allerdings einen deutschen Pass. Für die Art, wie der Staat mit ihnen umgeht, macht dies einen gewaltigen Unterschied.

Anstatt das Engagement der hier lebenden Kurd:innen anzuerkennen und zu fördern, sind für Aktivist:innen der kurdischen Bewegung die unterschiedlichsten Formen staatlicher Diskriminierung Alltag. Auf diesen Umstand kommen wir im Buch immer wieder zurück. Das ganze Ausmaß kann dabei aber nur Stück für Stück deutlich werden.

Zunächst wollen wir nur von den drei gängigsten Formen der Diskriminierung berichten: von Versuchen zur Einschränkung oder Verhinderung von Versammlungen, von Symbolverboten sowie schließlich von Razzien gegen kurdische Vereine.

Vom 7. bis 9. April 2023 sollte die internationale Konferenz »Die kapitalistische Moderne herausfordern IV: Wir wollen unsere Welt zurück!« in den Räumlichkeiten der Universität Hamburg stattfinden. Angesichts der vielfältigen Krisen, mit denen die Menschheit heute konfrontiert ist, war dort eine Diskussion geplant, wie die politischen und gesellschaftlichen Ideen der kurdischen Bewegung helfen könnten, diese zu lösen. Hinter der Konferenz stand der Gedanke, dass die ökologische Krise, die Diskriminierung von Frauen und die Zerstörung sozialer Gemeinschaften ein weltweites Problem sei, für das gemeinsame Lösungen gefunden werden müssen. Die Utopie der kurdischen Bewegung stellte dabei zwar einen prominenten, aber beileibe nicht den einzigen Ansatz dar.

Auf der Konferenz waren etwa 1300 Personen erwartet worden, um diese Fragen zu diskutieren, darunter auch international renommierte Wissenschaftler:innen und Intellektuelle wie John Holloway oder Aktivist:innen wie María de Jesús Patricio Martínez, die 2018 als erste indigene Kandidatin überhaupt für das mexikanische Präsidentenamt kandidiert hatte. Organisiert wurde die Veranstaltung unter anderem von dem internationalen »Network for an Alternative Quest« und dem AStA der Universität Hamburg.

Auf Drängen des deutschen Inlandsgeheimdienstes, des sogenannten »Verfassungsschutzes«, zog das Präsidium der Universität jedoch eine Woche vor Beginn der Konferenz die Zusage für die Räumlichkeiten wieder zurück. Die internationale Großveranstaltung stand auf der Kippe – ein direkter Angriff auf die Freiheit der Wissenschaft, verübt vom Inlandsgeheimdienst und dem Präsidenten der Universität Hamburg. Nur dem großen Organisationstalent der Ausrichtenden und der Flexibilität der Gäste war es zu verdanken, dass schnell alternative Räumlichkeiten gefunden wurden und die Konferenz dennoch ein Erfolg werden konnte.

Immer wieder versuchen staatliche Behörden öffentliche Versammlungen oder Demonstrationen der kurdischen Bewegung zu verhindern. Sobald diese auf der Straße in Erscheinung tritt, sieht sie sich mit zahlreichen einschränkenden Auflagen konfrontiert. So ist etwa das Zeigen von Flaggen mit dem Abbild Abdullah Öcalans, des in der Türkei inhaftierten Vordenkers der kurdischen Bewegung, bis auf wenige Ausnahmefälle in Deutschland verboten. Gleichgültig, wie man zu dem Menschen steht, den manche auch den »Nelson Mandela des kurdischen Volkes« nennen, ist eine solche Politik absurd: Nur das öffentliche Zeigen des Bildes Adolf Hitlers unterliegt in Deutschland ähnlich drastischen Restriktionen.

Auch das Zeigen von Flaggen der syrisch-kurdischen YPG und YPJ und damit der Kräfte, mit denen Deutschland und die USA im Kampf gegen die IS-Terrormiliz im Rahmen einer internationalen Koalition verbündet sind, hat man hierzulande versucht zu kriminalisieren. Allein in Bayern wurden deshalb bereits mehrere Hundert Strafbefehle in Höhe von bis zu 1000 Euro verschickt. Das Bundesinnenministerium, welches die YPG- und YPJ-Symbolik per Rundschreiben an die zuständigen Behörden im März 2017 verboten hatte, argumentierte, dass es sich dabei unter Umständen um PKK-Ersatzsymbole handeln könne: Wer diese Flaggen öffentlich zeige, drücke häufig nicht seine Solidarität mit dem Freiheitskampf der syrischen Kurd:innen gegen die IS-Terrormiliz aus, sondern tatsächlich seine Sympathie mit der verbotenen PKK.

Seit der Feststellung des Bayerischen Obersten Landesgerichts im Dezember 2020, dass man die YPG- und YPJ-Flaggen nicht als Ersatzsymbol der PKK werten könne, werden zwar in der Regel keine Strafbefehle mehr verschickt, trotzdem nimmt die Polizei vielerorts das Zeigen der Symbole zum Anlass, Versammlungen zu kriminalisieren. Diskussionen mit den Ordnungshütern, ob diese nun erlaubt seien, sind somit bei Protesten der kurdischen Bewegung noch immer keine Seltenheit. Teils kommt es in der Folge zu erheblichen Demonstrationsbehinderungen durch die Polizei. Selbst nach der höchstrichterlichen Feststellung, dass das Zeigen von YPG- und YPJ-Symbolik rechtens ist, betrachtet das Innenministerium weiterhin Dutzende kurdische Embleme als PKK-Ersatzsymbole. Ihr öffentliches Zeigen ist für Protestierende mit der Gefahr von Strafbefehlen und Demonstrationsbehinderungen verbunden.

Immer wieder finden zudem in kurdischen Vereinen Razzien statt, bei denen oftmals große Teile der Vereinsunterlagen beschlagnahmt werden. Die Polizei tritt bei den einschüchternden Durchsuchungen häufig martialisch und in voller Kampfmontur auf. Meist wirft man den legalen kurdischen Vereinen dabei vor, Vorfeldorganisationen der verbotenen PKK zu sein, obwohl sich diese lediglich für die Bewahrung der kurdischen Kultur einsetzen. Zwar kommt es gerade im Vorfeld von Wahlen dort auch zu politischen Diskussionen, doch ist an solchen, in aller Regel öffentlichen Debatten nichts illegal. Sie sind zumal nur ein Teil der vielfältigen Arbeit zur Pflege des kurdischen Lebens in Deutschland.

Wie passt dieses Vorgehen gegen Kurd:innen zu einem Rechtsstaat wie Deutschland, dessen Grundgesetz in Artikel 3 festschreibt, dass hierzulande niemand aufgrund »seiner Abstammung, seiner Rasse, seiner Sprache, seiner Heimat und Herkunft, seines Glaubens, seiner religiösen oder politischen Anschauungen benachteiligt oder bevorzugt werden« darf – ein Land, in dem seit Jahren über Antidiskriminierung diskutiert wird, das entsprechende Gesetze verabschiedet hat und in dem sogar eine explizit dafür zustände Bundesbehörde existiert?

Vor diesem Hintergrund stellt sich außerdem die Frage: Ist der Begriff der Diskriminierung überhaupt angemessen, um das Verhältnis des deutschen Staates gegenüber der kurdischen Bewegung zu beschreiben? Unser bisheriger Gebrauch dieses Ausdrucks war nur als erste Annäherung an das hier diskutierte Problem gedacht. Gemäß der in der Gesellschaft vorherrschenden liberalen Perspektive handle es sich bei der Diskriminierung um ein Phänomen, das zwar nicht zu leugnen und in jeder Form zu bekämpfen sei, aber leider selbst in den besten Demokratien vorkomme. Diskriminierung gehe demzufolge auf rassistische, sexistische oder in sonstiger Form menschenfeindliche Einstellungen zurück. Manche meinen, dass dies nicht weiter verwerflich sei, denn Vorurteile hätten wir schließlich alle. Es bedürfe lediglich einiger Aufklärungskampagnen und schon ließe sich das Problem der Diskriminierung, die unmittelbar aus dem Lateinischen übersetzt »Unterscheidung« bedeutet, in den Griff kriegen. In jedem Fall könne der Staat seinerseits wirksame Maßnahmen dagegen ergreifen.

Doch wie erklärt diese Perspektive, dass das Innenministerium die Symbole einer politischen Bewegung verbietet? Wie erklärt sie, dass ein internationaler wissenschaftlicher Kongress beinahe nicht stattfindet, weil ein staatlicher Geheimdienst interveniert? Und wie erklärt sie, dass bei Razzien in kurdischen Kulturvereinen immer wieder Inventar beschlagnahmt wird?

Die Wahrheit ist: Sie kann es nicht. Denn die geläufige Auslegung des Diskriminierungsbegriffs sieht weder die systematisch kalkulierte Benachteiligung einer Menschengruppe vor noch, dass diese vom Staat selbst zur Verfolgung abstrakter politischer Interessen vorangetrieben wird. Unter anderem deshalb halten wir jenen Ausdruck für ungeeignet, wenn wir den Umgang des deutschen Staates mit der kurdischen Bevölkerung beschreiben. Statt von Diskriminierung werden wir daher in diesem Buch von Repression sprechen.

»Repression« ist ein Begriff, der auf ein Verhältnis von Über- und Unterordnung verweist. Sie kann explizit gewaltvoll sein, etwa wenn eine Tür eingetreten oder ein Mensch hinter Gitter gesteckt wird, oder aber subtile Formen annehmen: So erscheint ein Versammlungsbescheid, der eine Demonstration verbietet, zunächst einmal lediglich in der Gestalt eines harmlosen Briefes. Hält man sich jedoch nicht daran, so folgen teils robuste, teils auch brutale polizeiliche Praxen zur Auflösung einer ungenehmigten Versammlung. Nicht selten verbirgt sich die Gewalt im Kontext der Repression somit hinter impliziten Drohungen und sachlich erscheinenden Zwängen.

Vor allem passt diese Praxis aber nicht zum Selbstverständnis Deutschlands als einem demokratischen Rechtsstaat. Repression sei demnach etwas, das es hierzulande eigentlich gar nicht geben dürfte – etwas, das, sobald es auftritt, als Einzelfall heruntergespielt oder verdrängt werden müsse. Doch für die in ihrer eigenen Community politisch aktiven Kurd:innen in Deutschland ist staatliche Repression keine Ausnahme, sondern Alltag.

Folglich wirft dieses Phänomen beunruhigende Fragen vor allem über uns, die nicht betroffene Mehrheitsgesellschaft, auf: Warum bekommt die Repression gegen die politisch aktiven Kurd:innen in Deutschland bisher so wenig Aufmerksamkeit? Wie demokratisch ist eine Demokratie, in der die Partizipationsmöglichkeiten einer Bevölkerungsgruppe derart massiv eingeschränkt werden? Und vor allem: Warum verstößt der deutsche Staat gerade im Falle der kurdischen Bewegung gegen seine eigenen Grundprinzipien?

Wir, die Autor:innen dieses Buches, sind selbst keine Kurd:innen, beschäftigen uns aber schon seit Jahren mit der Repression gegen Kurd:innen in Deutschland. **Alexander Glasner-Hummel** hat die letzten vier Jahre im Rahmen seiner Dissertation dazu geforscht. Die Veröffentlichung der Arbeit, die erstmals die Repression gegen die kurdische Freiheitsbewegung sowie deren Wirkungen auf die Öffentlichkeit wissenschaftlich untersucht, ist zum Jahreswechsel 2023/2024 beim Westend Verlag geplant (Glasner-Hummel im Erscheinen).

Monika Morres befasst sich seit Anfang der 1990er-Jahre mit dem Thema – zunächst noch als Fraktions- und Abgeordneten-Mitarbeiterin im Bundestag, wechselte sie 1999 zu Azadî, dem Rechtshilfefonds für Kurd:innen in Deutschland. Kaum jemand hat sich länger mit insbesondere den schwersten Repressionsfällen gegen diese Bevölkerungsgruppe hierzulande auseinandergesetzt als sie. Ohne die von Azadî herausgegebenen Chronologien der Repression gegen die kurdische Freiheitsbewegung hätte das vorliegende Buch so nicht entstehen können.

Kerem Schamberger schreibt seit etwa zehn Jahren regelmäßig auf seinem Blog und in den Sozialen Medien über die Repression gegen die kurdische Freiheitsbewegung in Deutschland. Er war selbst schon mehrfach wegen dieses Engagements von staatlicher Verfolgung betroffen, konnte aber unter anderem gerichtlich dagegen vorgehen. In seiner 2022 erschienenen Dissertation befasst er sich mit dem transnationalen Mediensystem der kurdischen Freiheitsbewegung (vgl. Schamberger 2022).

Da wir das Buch nicht als Ansammlung von Einzelbeiträgen schreiben, sondern uns vielmehr als Autor:innenkollektiv verstehen, verwenden wir in der Regel die erste Person Plural. Für diesen Band haben wir nicht nur auf unser gesammeltes Wissen zurückgegriffen, sondern Reisen durch das ganze Land unternommen, um Interviews mit kurdischen Repressionsbetroffenen zu führen. Sie sind die Protagonist:innen dieses Buches, deren Stimmen wir in der breiten deutschen Öffentlichkeit hörbar machen wollen. Es geht uns aber nicht ausschließlich um die Repression gegen die kurdische Freiheitsbewegung, sondern auch um den Protest und Widerstand der Kurd:innen. Der (Unter-)Titel des Bandes ist insofern nur eine Seite der Wahrheit – dass es trotz aller Einschüchterungsversuche etliche Kurd:innen gibt, die weiterhin politisch aktiv bleiben, ist die andere Seite.

Nie zuvor hat sich ein Buch schwerpunktmäßig mit der Repression gegen die kurdische Freiheitsbewegung in Deutschland befasst und sich dabei an eine breite Öffentlichkeit gerichtet. Die meisten Publikationen zu diesem Thema handeln vor allem von der Situation in Kurdistan selbst. Auch wir müssen gelegentlich über die Grenzen Deutschlands und Europas hinausblicken, schon im nächsten Kapitel etwa in die Türkei. Denn ohne den Hintergrund der deutsch-türkischen Beziehungen lässt sich die Repression gegen die kurdische Freiheitsbewegung hierzulande nicht verstehen.

Wir halten die Situation in Kurdistan und die in der kurdischen Diaspora für gleichermaßen wichtig, glauben aber, dass letztere zu wenig Aufmerksamkeit bekommt. Entscheidend ist vor allem: Während unsere Handlungsmöglichkeiten bezüglich des Unrechts, das Kurd:innen in ihrer Heimat angetan wird, begrenzt sind, liegt die Repression des deutschen Staates in unserer Verantwortung als Gesellschaft in Deutschland.

Mit dieser Sichtweise stellen wir uns als Autor:innen auf einen radikal solidarischen Standpunkt gegenüber der kurdischen Freiheitsbewegung. Gleichzeitig bleiben wir der Wahrheit verpflichtet: Problematische Aktionen, welche sie vor allem in den 1990er-Jahren in Deutschland begangen hat, wollen wir nicht verschweigen, obwohl nichts davon aus unserer Sicht das PKK-Betätigungsverbot von 1993 rechtfertigt. Echte Solidarität hält auch im öffentlichen Sturm und von zahlreichen Stürmen handelt die Geschichte der kurdischen Freiheitsbewegung.

2 Kurd:innen in Deutschland: Geflohen vor Krieg und Verfolgung

Obwohl Kurd:innen die drittgrößte Bevölkerungsgruppe mit Migrationsgeschichte in Deutschland sind, wissen viele hierzulande noch immer nicht, wer Kurd:innen sind oder woher sie kommen. Im Gegensatz etwa zu Griech:innen, Italiener:innen, Türk:innen oder Deutschen hat das kurdische Volk keinen eigenen Nationalstaat, der vorgibt, dessen Interessen in der Welt und damit auch in Deutschland zu vertreten. Zwar erstreckt sich das ursprüngliche kurdische Siedlungsgebiet über vier Staaten des Nahen Ostens – Türkei, Syrien, Irak und Iran –, aber keiner davon sieht sich als Fürsprecher der Kurd:innen in der Welt. Vielmehr werden sie in allen diesen Ländern diskriminiert und unterdrückt.

Verfolgung politischer Organisationen, Zerstörung von Kultur und sogar Genozid – es gibt kaum eine Form von Repression und Staatsterrorismus, welche das kurdische Volk in seiner langen Geschichte nicht erleiden musste. Die ökonomische Entwicklung der Regionen, die Kurd:innen ihre Heimat nennen, wurde staatlicherseits häufig bewusst vernachlässigt. Selbst dort, wo sie über einige Jahrzehnte in Frieden leben konnten, waren sie in der Regel zu einem Dasein als einfache Arbeiter:innen oder Bäuer:innen gezwungen.

Nachdem Deutschland 1961 ein Anwerbeabkommen mit der Türkei abgeschlossen hatte, kamen erstmals nicht nur vereinzelt Kurd:innen in die Bundesrepublik. Staat und Gesellschaft hielten diese Menschen, die ihrer materiellen Armut entfliehen wollten, lange Zeit für Türk:innen – schließlich kamen sie aus der Türkei und hatten einen türkischen Pass. Die neuen Arbeitskräfte wurden »Gastarbeiter« genannt. Was anfangs als vorläufiger Aufenthalt gedacht war, entwickelte sich zu einer festen Verbindung. In den 1970er-Jahren ließen sich viele Kurd:innen und Türk:innen dauerhaft hierzulande nieder.

Eigenständige kurdische Organisationen gab es in Deutschland zu diesem Zeitpunkt noch nicht. Zahlreiche Kurd:innen organisierten sich gemeinsam mit ihren türkischen Kolleg:innen in türkischen Vereinen, die sich den spezifischen Problemen der Arbeitsmigrant:innen widmeten. Erst in den 1970er-Jahren entdeckten viele von ihnen ihre kurdische Identität. In den türkischen Vereinen brachen in der Folge Konflikte aus (vgl. Kaplan und Kenan 2020: 69; vgl. Çakır 2020: 63). Etliche Kurd:innen verließen diese und gründeten eigenständige Vereine. An der deutschen Mehrheitsgesellschaft ging das nahezu unbemerkt vorbei: Kurd:innen kannten die meisten allenfalls aus Karl Mays Fantasie- und Abenteuerroman *Durch das wilde Kurdistan*, der ein rassistisches Bild von Kurd:innen als »edlen Wilden« zeichnet.

Doch die frühen Arbeitsmigrant:innen sollten nur die erste kurdische Einwanderungswelle sein. Lediglich ein Bruchteil der heute hier lebenden kurdischen Familien geht auf diese frühe, wirtschaftlich motivierte Migration zurück. Für die meisten Kurd:innen, die ihre Heimat gen Deutschland verließen, stand am Anfang ihrer Reise nicht die materielle Not, sondern die staatliche Gewalt.

Als in der Türkei am 12. September 1980 das Militär zum dritten Mal innerhalb von 20 Jahren putschte, mussten viele Kurd:innen fliehen. Schon Ende der 1970er-Jahre war es in der Türkei zu rechtsterroristischen Massakern gegen die kurdische Bevölkerung und andere nationale Minderheiten gekommen. Diese ethnischen und religiösen Gruppen passten nicht zur Vorstellung des türkischen Staates von einer homogenen ethnischen Identität des eigenen Volkes. Bürger:innen, die sich als Kurd:innen anstatt als Türk:innen verstanden, waren schon damals ein Affront gegen die Staatsideologie der Türkei. Auch Gewerkschafter:innen, Journalist:innen, linke Aktivist:innen und kritische Intellektuelle wurden Ende der 1970er-Jahre unter Beteiligung des türkischen Geheimdienstes MİT gezielt ermordet (vgl. Brauns 2018: 237).

Mit dem Militärputsch verschärfte sich die Situation: In der Türkei galt nun das Kriegsrecht. Alle Parteien wurden verboten, die Abgeordneten verhaftet, das Parlament aufgelöst und die gesamte zivilgesellschaftliche Opposition zerschlagen. Gegen kurdische Oppositionelle, Gewerkschafter:innen und Linke begann eine massive Verfolgungswelle, deren Ausmaß sich an der Zahl politischer Gefangener ablesen lässt: Nur ein Jahr nach dem Militärputsch waren es über 123 000, insgesamt mehr als 400 000. Die meisten von ihnen mussten brutale Folter ertragen, etliche verloren dabei ihr Leben. Hunderte Menschen wurden zeitgleich unter der Militärjunta exekutiert (vgl. Çakır 2018: 269).

Besonders in den Gebieten im Südosten, wo vor allem Kurd:innen lebten, in Nordkurdistan, herrschte die pure Willkür eines staatlichen Schreckensregimes. Massenverhaftungen, Dorfrazzien und paramilitärische Todesschwadronen, die durchs Land marodierend politische Gegner:innen ermordeten, verbreiteten Angst und Schrecken (vgl. Brauns 2018: 254–256).

In Deutschland kamen nun zahlreiche politisch Verfolgte – Kurd:innen wie Türk:innen – als Geflüchtete an, um sich und ihre Familien in Sicherheit zu bringen. Häufig sahen sie sich schikanösen Asylverfahren ausgesetzt, in deren Zuge sie vielerorts um ihre Anerkennung als Asylberechtigte kämpfen mussten. Dagegen sträubten sich Ausländerbehörden und Verwaltungsgerichte mit teils hanebüchenen Argumenten: So wurde etwa Folter als »türkisches Gewohnheitsrecht« interpretiert, weshalb der Umstand, in der Türkei gefoltert worden zu sein, nicht in jedem Fall als Beweis für die politische Verfolgung eines Asylsuchenden zu werten sei. Einige Gerichte behaupteten sogar, dass es sich bei der Folter um eine typisch türkische Form der Gewaltausübung mit kulturellen Wurzeln handle – Folter sei also in der Türkei schlichtweg Teil der Kultur, so die rassistische Denklogik. Selbst das Bundesverwaltungsgericht bestätigte in den 1980er-Jahren mehrfach derartige Urteile.

Sowohl die deutsche Regierung als auch die meisten Parlamentarier:innen im Bundestag sahen in der Militärjunta eine Chance für eine stabilere Türkei und – ähnlich wie kurz zuvor in Chile – ein Labor des neoliberalen Kapitalismus. In den 1960er- und 1970er-Jahren hatten Proteste, Streiks und politische Gewalt das Land in Atem gehalten. In dieser sich dynamisch entwickelnden Lage versuchten linke wie rechte Kräfte dessen künftige Entwicklung in ihrem Sinne zu beeinflussen. Endlich Ruhe in der geostrategisch wichtigen Türkei zu haben, war deshalb das Hauptinteresse der deutschen Politik.

Anstatt Druck auf die türkische Militärjunta auszuüben, damit sie schnell wieder demokratische Verhältnisse im Land schafft, unterstützte die Bundesregierung diese mit Waffen, Munition und Polizeifahrzeugen. Der Wert des 1980 geschlossenen, ersten Abkommens zwischen der Militärjunta und der Bundesrepublik belief sich auf 15 Millionen Euro. Mit dem Deal wurde Deutschland zum internationalen Vorreiter für die Unterstützung der türkischen Militärdiktatur.

Das Kalkül der deutschen Politik, die Türkei mithilfe der Militärjunta zu stabilisieren, ging jedoch allenfalls sehr kurzfristig auf (vgl. Çakır 2018: 282). Immer wieder kam es zu Ausschreitungen. Die Militärjunta war dabei seit Anbeginn ihrer Herrschaft nicht Friedens- und Ordnungsstifter, sondern vielmehr selbst die primäre Quelle brutaler politischer Gewalt. Fortwährend entstanden so neue Anlässe, die Kurd:innen zur Flucht aus der Türkei zwangen.

So wurde etwa 1983 die kurdische Sprache verboten und die Türk:innen zu den einzigen Bewohner:innen der Türkei erklärt. 1985 rief der türkische Staat dann den sogenannten »Spezialkrieg« gegen die PKK aus und installierte im Zuge dessen das bis heute bestehende »Dorfschützersystem«: Kurdische Familien, die der Junta und dem Staat loyal gegenüberstanden, wurden hierfür mit Waffen und Geld ausgestattet, um fortan als Milizen gegen die PKK zu fungieren (vgl. Brauns und Kiechle 2010: 56, 59). Wer sich der Rekrutierung verweigerte, musste eine Vertreibung aus dem Dorf befürchten. Die paramilitärischen Kräfte missbrauchten häufig ihre Macht zu kriminellen Zwecken. So endeten lokale Streitigkeiten mit ihnen oder ihren Familien nicht selten im Blutvergießen. Bewaffnet waren die Dorfschützer mit G3-Gewehren des deutschen Rüstungskonzerns Heckler & Koch.

Als der türkische Staat den »Spezialkrieg« 1987 ausweitete, wurde der Ausnahmezustand über die kurdischen Gebiete verhängt. Damit kamen alle Instrumente eines schmutzigen Krieges nun gegen die kurdische Bevölkerung zum Einsatz. Todesschwadronen des Gendarmeriegeheimdienstes JİTEM verfolgten politische Aktivist:innen und Einheiten der Konterguerilla verübten Massaker an Zivilist:innen. Kurdische Siedlungen wurden zerstört und Menschen massenhaft umgesiedelt (vgl. Çakır 2018: 283). Insgesamt war ein Beharren auf der eigenen kurdischen Identität – oder einfach nur kurdisch zu sein – in der Türkei nun endgültig lebensgefährlich geworden.

Deutschland leistete in all diesen Jahren kontinuierlich im Rahmen der NATO, aber auch mittels Rüstungssonderhilfen militärischen Beistand im Wert von mehreren Milliarden Euro. Unter den Waffenexporten in das Bürgerkriegsland Türkei befanden sich dabei Maschinengewehre, Artilleriegeschütze, U-Boote sowie Leopard-Kampfpanzer. Insgesamt bemisst sich der Wert der zwischen 1980 und 1991 geleisteten Militärhilfe auf insgesamt 3,95 Milliarden D-Mark. Allein zwischen 1985 und 1991 kamen Ausfuhrgenehmigungen für Rüstungsgüter im Wert von 3,7 Milliarden D-Mark dazu – Exporte, die Deutschland nicht nur genehmigte, sondern mittels Krediten und Hermesbürgschaften gegen Risiken für die exportierenden Unternehmen absicherte und unterstützte (vgl. Skubsch und Bürgel 1997: 426).

Der Krieg des türkischen Staates gegen die eigene kurdische Bevölkerung und die PKK erreichte in den Jahren 1992 und 1993 seinen Höhepunkt. Selbst offiziell gewählte kurdische Lokalpolitiker:innen wurden verschleppt, gefoltert und ermordet. Sofern der Staat legale kurdische Tageszeitungen nicht direkt verbot, verübte er Bombenanschläge gegen sie und ließ Dutzende Journalist:innen umbringen. Um die auch über die türkischen Grenzen hinaus agierende PKK zu bekämpfen, operierte das türkische Militär immer häufiger im großen Maßstab auf syrischem, irakischem und iranischem Staatsgebiet.

Die dramatischsten Konsequenzen für die Masse der kurdischen Zivilbevölkerung zog jedoch die Zerstörung ihrer Siedlungen nach sich. Zwischen 1990 und 1995 wurden laut einem Bericht des in der Türkei ansässigen Menschenrechtsvereins İHD 3 000 Dörfer dem Erdboden gleichgemacht. Von den damit verbundenen Zwangsumsiedlungen waren drei bis vier Millionen Menschen betroffen. Die meisten von ihnen fanden in den urbanen Zentren der Türkei einen neuen Lebensmittelpunkt, wo sie häufig einfacher körperlicher Arbeit nachgehen mussten, um ihren Unterhalt zu sichern. Während die kurdische Bevölkerung fortan die städtischen Unterschichten bildete, erfuhren viele Türk:innen im Gegenzug einen gewissen ökonomischen Aufstieg (vgl. Çakır 2018: 299). Nicht wenige Kurd:innen flohen ins Ausland, bevorzugt nach Europa; Anfang der 1990er-Jahre lebte schon über eine halbe Million von ihnen in Deutschland.

Das Muster, wonach die Fluchtursachen zwar in der Türkei selbst lagen, die Bundesrepublik aber einen Anteil am dort verübten staatlichen Unrecht hatte, wiederholte sich. So bildete die GSG 9, die Spezialeinheit der Deutschen Bundespolizei zur Terrorismusbekämpfung, türkische Sicherheitskräfte aus, die nur wenig später Verbrechen gegen die kurdische Zivilbevölkerung begehen sollten. Journalistische Recherchen konnten zudem nachweisen, dass das türkische Militär beim Massaker an Kurd:innen anlässlich des Newroz-Fests in Cizîr (türkisch: Cizre) sowie anderen Städten und Dörfern Panzer aus DDR-Beständen eingesetzt hatte. Der deutsche Verteidigungsminister musste wenig später zurücktreten. Zunächst wurden Waffenlieferungen an die Türkei ausgesetzt (vgl. Skubsch und Bürgel 1997: 429).

Doch auch im Anschluss kam es weiterhin zu Massakern an Kurd:innen unter Verwendung deutscher Waffen, so etwa im August 1992 in Şirnex (türkisch: Şırnak). Zwei Monate später zeigte die Tagesschau Bilder von der Ermordung Mesut Dündars: Der Kurde war durch das türkische Militär mit einem Seil an einen Panzer aus DDR-Beständen gebunden und anschließend zu Tode geschleift worden (vgl. ebd.: 430).

Nicht nur in der Türkei, sondern auch im Irak sahen sich die Kurd:innen in den Jahrzehnten vor der Jahrtausendwende brutaler Verfolgung ausgesetzt. Als im September 1980 der Irak den Iran angriff und damit der erste Golfkrieg ausbrach, war besonders die kurdische Bevölkerung in der Region betroffen. Schon bald kämpften Kurd:innen mitunter als Teil autonomer Milizen auf beiden Seiten des Konflikts, der über die Jahre hinweg immer weiter eskalierte. Hunderttausende starben. Sowohl für den Irak als auch für den Iran war die kurdische Bevölkerung lediglich Spielmasse in diesem brutal geführten Krieg. Im Irak wurden Kurd:innen zudem als nichtarabische Volksfeinde diffamiert.

Im Jahr 1987 startete die irakische Regierung unter Saddam Hussein schließlich die Vernichtungskampagne »Anfal«, die sich neben den Kurd:innen auch gegen andere ethnische Minderheiten im Land richtete. Ihr Name entstammt der achten Sure des Korans, die beschreibt, wie mit der im Krieg eroberten Beute (arabisch: Anfal) umzugehen sei. Obwohl die Kurd:innen im Sinne des Korans keine Ungläubigen waren, wurden sie durch die Namensgebung der Operation als ebensolche gekennzeichnet. Ihren Höhepunkt erreichte die Vernichtungskampagne mit dem Chemiewaffenanschlag auf die kurdische Stadt Helebce (dt.: Halabdscha) am 16. und 17. März 1988. Bald nach dem ersten Abwurf von Giftgaskartuschen durch das irakische Militär kollabierten die ersten Menschen auf der Straße. Viele erbrachen eine grüne Flüssigkeit, andere verfielen in den letzten Minuten ihres Lebens in unkontrolliertes, zwanghaftes Lachen. Mindestens 5 000 Zivilist:innen wurden bei dem Giftgasanschlag ermordet; insgesamt wurden bei der »Operation Anfal« 4 500 Dörfer zerstört und zwischen 60 000 und 182 000 Menschen getötet. Einige, die vor diesen Gräueltaten flohen, erreichten später auch Deutschland.

Erst Anfang der 1990er-Jahre wurde schließlich allgemein bekannt, dass vor allem deutsche Firmen an der Produktion der Giftgase beteiligt gewesen waren. So hatte etwa das Unternehmen Karl Kolb über seine Tochterfirma Pilot Plant eine Gaskammer in den Irak geliefert, mit der Giftgase an Tieren getestet werden konnten. Unter den beteiligten deutschen Unternehmen befand sich auch die Preussag AG, welche sich später komplett neu ausrichtete und seit 2002 als Touristikkonzern unter dem Namen TUI bekannt ist. In Summe waren 70 Prozent der irakischen Giftgasanlagen von deutschen Firmen gebaut worden. Schuld trifft auch die damalige Bundesregierung, die Exportgenehmigungen für die chemischen Grundstoffe erteilt hatte, und die zahlreichen, bei den beteiligten Unternehmen beschäftigten BND-Mitarbeiter:innen (vgl. Czyzewski et al. 2018: 14–20).

Dieses Zutun Deutschlands ist einer der Gründe, warum wir uns als deutsche Staatsbürger:innen entschieden haben, das vorliegende Buch zu schreiben. Die Bundesrepublik trägt eine Mitverantwortung für die kurdischen Fluchtbewegungen nach Europa und für das Unrecht, das Kurd:innen in ihrer Heimat angetan wurde und wird. Die Hauptverantwortung trägt sie jedoch für die Repression gegen die kurdische Freiheitsbewegung in Deutschland, die gut informierten Kreisen seit den 1980er-Jahren und der breiten Öffentlichkeit seit spätestens Anfang der 1990er-Jahre bekannt ist und an welcher der deutsche Staat trotzdem bis heute festhält. Denn das gute Verhältnis zum türkischen Staat und Außenhandelsinteressen hatten für die Bundesregierung stets einen höheren Stellenwert als das Schicksal der etwa 36 bis 45 Millionen Kurd:innen weltweit.

Nach der Jahrtausendwende: Neue Fluchtgründe entstehen

Als 2011 der Bürgerkrieg in Syrien ausbrach, spitzte sich die Lage für die dort lebenden Kurd:innen zu. Denn neben dem Diktator Bashar al-Assad kämpften auch islamistische Milizen um Macht und Einfluss. Zwar sind zwei Drittel der Kurd:innen weltweit sunnitische Muslime, doch erhalten radikale Auslegungen des Islam unter ihnen in der Regel keinen Zuspruch. Das rückte die kurdische Bevölkerung in Syrien ins Fadenkreuz der Islamisten.

Bis Oktober 2014 hatte die IS-Terrormiliz fast das gesamte Gebiet im Norden und Osten des Landes eingenommen. Erst die Schlacht um das unter kurdischer Selbstverwaltung stehende Kobanê brachte Ende des Jahres den Wechsel im Kriegsverlauf. Viele Kurd:innen waren zu diesem Zeitpunkt bereits in die benachbarte Türkei geflohen. Nicht wenige zogen weiter nach Europa und landeten schließlich in Deutschland– sie bildeten einen großen Teil der insgesamt grob einer Million Menschen, die 2015 hier ankamen.

Auch wenn die IS-Terrormiliz ab Anfang dieses Jahres nach und nach zurückgedrängt werden konnte und sich die Sicherheitslage insgesamt wieder etwas verbesserte, ist die Region immer noch weit vom Frieden entfernt. Die hauptsächliche Bedrohung der in Syrien lebenden Kurd:innen stellt inzwischen der türkische Staat dar, der mehrfach völkerrechtswidrig das kurdische Territorium im Norden des Landes angegriffen hat. So ließ dieser Anfang 2018 unter dem Einsatz deutscher Leopard-2-Panzer den kurdischen Kanton Afrîn besetzen. Hunderttausende waren in der Folge von Flucht und Vertreibung betroffen. Im Nachgang siedelte der türkische Staat ihm zugewandte islamistische Milizen in dem Kanton an, die heute in den Häusern der vertriebenen Kurd:innen leben. Zwar stellte die Bundesregierung schon damals fest, dass die auch mit deutschen Waffen durchgeführte Militäroperation nicht mit dem Völkerrecht vereinbar sei, Konsequenzen blieben jedoch aus.

Auch im Iran gibt es Gründe für Kurd:innen, aus ihrer Heimat zu fliehen. Jina Masha Amini, die im September 2022 ermordete junge Frau und Symbolfigur der Revolution gegen das Mullah-Regime, war selbst Kurdin. Dies ist kein Zufall. Denn die kurdische Bevölkerung gehört zu den am stärksten unterdrückten Ethnien des Iran – nicht zuletzt, da Kurd:innen mehrheitlich Sunnit:innen und damit eine Minderheit im schiitischen Gottesstaat sind. Wer sich in sozialistischen oder kommunistischen Gruppen organisiert oder für die kurdische Autonomie einsetzt, muss im Iran um sein Leben fürchten. Immer wieder waren die durch den Staat bewusst arm gehaltenen kurdischen Regionen im Nordwesten des Landes Zentren von Protest und Widerstand. Das gesamte Gebiet wurde darum schon in den 1970er-Jahren durch den iranischen Staat militarisiert. Auch aus dem Iran sind deshalb über die Jahrzehnte hinweg zahlreiche Kurd:innen nach Deutschland geflohen.

Wirklich sicher war und ist es für sie hierzulande allerdings nicht. Bedroht werden sie insbesondere vom iranischen Geheimdienst VAJA (oft als MOIS und früher als VEVAK abgekürzt), der auch im Ausland gegen Oppositionelle im Exil vorgeht. Regelmäßig droht er den überwachten Personen, ihren Familienmitgliedern im Iran Gewalt anzutun, wenn sie ihre politische Aktivität in Deutschland nicht einstellen. Selbst vor Morden schreckt der VAJA dabei nicht zurück: Am 17. September 1992 ließ er im griechischen Restaurant Mykonos in Berlin vier kurdische Exilpolitiker der sozialdemokratisch orientierten Demokratischen Partei des Iranischen Kurdistans (DKP-I) von Attentätern ermorden, darunter der damalige Parteivorsitzende, Sadegh Scharafkandi. Auch heute ist der VAJA in Deutschland aktiv. So kam es im Oktober 2022 zu einem bewaffneten Angriff auf ein oppositionelles Protestcamp vor der iranischen Botschaft in Berlin.

Spätestens nachdem der türkische Staat im Sommer 2015 den Friedensprozess mit der PKK endgültig hatte scheitern lassen (siehe Kapitel 11), wurde die Lage für Kurd:innen in der Türkei erneut lebensgefährlich. Ähnlich wie zu Zeiten des Staatsterrorismus der 1980er-Jahre griff das türkische Militär abermals kurdische Siedlungen an. Ausgangssperren wurden verhängt und mittels Scharfschützen, die Zivilist:innen auf offener Straße ins Visier nahmen, brutal umgesetzt. Bei den Militäroperationen legte die Armee ganze Stadtteile in Schutt und Asche. Auch ließ der Staat scharenweise Politiker:innen der prokurdischen HDP, der Demokratischen Partei der Völker, verhaften. In kurdischen Gemeinden wurden die demokratisch gewählten Bürgermeister:innen abgesetzt und durch Zwangsverwalter:innen ausgetauscht. Viele von ihnen flohen im Anschluss nach Deutschland.

Unter den Geflüchteten befanden sich auch zahlreiche kritische Akademiker:innen. Unter dem Namen »Academics for Peace« hatten sie 2016 eine Petition zum Stopp des Krieges des türkischen Militärs gegen die kurdischen Gebiete unterschrieben und in der Folge ihre Anstellung verloren. Ohne Berufsaussichten im Land des Autokraten Recep Tayyip Erdoğan bemühten sie sich, unter anderem in Deutschland ein neues Leben aufzubauen.

Bis heute fliehen Kurd:innen in die Bundesrepublik, neben der politischen Verfolgung und dem staatlichen Autoritarismus, der sich seit dem Putschversuch 2016 stark gesteigert hat, auch wegen der miserablen wirtschaftlichen Lage und der Hyperinflation von mehr als 100 Prozent. Laut den letzten Zahlen aus dem Jahr 2022 stammen die drittmeisten Geflüchteten nach Deutschland aus der Türkei – etliche davon sind Kurd:innen.

Trotz all dieser Fluchtgeschichten und -ursachen sind inzwischen etwa die Hälfte der Kurd:innen in der Bundesrepublik hierzulande geboren und leben häufig in der zweiten oder dritten Generation in Deutschland – als Kinder und Enkel ihrer einst vor Krieg und Unterdrückung geflohenen Eltern und Großeltern. Dabei teilen sie deren Verhältnis zu Kurdistan jedoch nicht immer: Während einige von ihnen das Land weiterhin als ihre eigentliche Heimat sehen, fühlen andere sich inzwischen in Deutschland zu Hause. Aber die fehlende Anerkennung der kurdischen Identität durch den Staat sowie die Repression, welche insbesondere politisch aktive Kurd:innen erfahren müssen, macht es für viele schwer bis unmöglich, die Bundesrepublik als ihre Heimat anzunehmen.

Zahlreiche Kurd:innen, die einst nach Deutschland geflohen waren, hatten zuvor in ihrer Heimat die Schrecken von Krieg und Staatsterrorismus miterlebt. Zwar mussten sie sich selbst hierzulande vor gewaltbereiten türkischen Faschist:innen und im Ausland agierenden Geheimdiensten hüten, doch waren sie vor den drastischen Formen der Gewalt ihrer Herkunftsländer erst einmal sicher. Zu ihrem großen Schock stellten etliche Aktivist:innen aber bald fest, dass sie auch in Deutschland von staatlicher Repression nicht verschont bleiben. Sogar in ihren eigenen vier Wänden sind nicht wenige mit Polizeirazzien konfrontiert. Immer wieder begründen die Behörden derartige Maßnahmen gegen die kurdische Freiheitsbewegung mit dem Antiterrorkampf gegen die PKK. Doch was ist das für eine Organisation, vor welcher der deutsche Staat scheinbar eine derart große Angst hat?

3 Die kurdische Freiheitsbewegung und die PKK: Ein Produkt der Selbstverteidigung

Im Jahr 2013 erreichten schreckliche Berichte die europäische Öffentlichkeit: eine islamistische Terrormiliz, die mordet, foltert und Kulturstätten zerstört, um einen islamistischen Gottesstaat zu errichten; all jene, die sich nicht ihrer fundamentalistischen Auslegung des Islam unterwerfen, müssen um ihr Leben fürchten; eine Gruppe, die vor laufenden Kameras als Drohung an die Welt und angeblich im Namen Gottes Gefangene enthauptet; eine Vereinigung, die über Monate hinweg einen militärischen Erfolg nach dem anderen erzielt und dabei das Territorium, das sie kontrolliert, stetig vergrößert.

Die Rede ist von der IS-Terrormiliz, einst während des Irak-Krieges entstanden, dann in den Wirren des syrischen Bürgerkrieges zu Macht und Größe gekommen – und eine Bedrohung für alle in der Region, die nicht in ihr Weltbild passen. Zu letzteren gehören auch die Ezid:innen, ein friedliches Volk mit einer eigenen uralten Religion, von denen sich manche als Kurd:innen, andere als separate Ethnie verstehen.

Als sich das Territorium der IS-Terrormiliz im Sommer 2014 immer weiter ausweitete, drang diese auch in die Sindschar-Region, wo die meisten Ezid:innen leben, ein. Das allenfalls leicht bewaffnete Volk hatte den zuvor erbeuteten schweren Waffen der Terrormiliz nichts entgegenzusetzen. Tausende ezidische Frauen wurden versklavt, ihre Kinder als Soldaten zwangsrekrutiert und diejenigen, die sich nicht zum Islam bekennen wollten, in großer Zahl ermordet. Die Peschmerga-Milizen der kurdischen Regionalregierung, welche die Ezid:innen eigentlich verteidigen sollten, zogen sich vor den näher rückenden IS-Truppen zurück und überließen die Zivilbevölkerung ihrem Schicksal.

In ihrer Verzweiflung flohen etwa 10 000 Ezid:innen in das heiße, trockene Sindschar-Gebirge. Doch die IS-Terrormiliz umstellte das

Hochplateau und es schien nur eine Frage der Zeit, bis sie die Geflüchteten erreichen würde. Den Zurückgelassenen eilten schließlich Guerillas der PKK zu Hilfe – eine Gruppe, bei der es sich nach Einschätzung des deutschen Staates selbst um eine Terrororganisation handelt. Diese Einheiten hielten die IS-Terroristen auf und erkämpften einen Evakuierungskorridor für die bedrohten Ezid:innen Richtung Rojava, sodass sie in die vergleichsweise sichere Nachbarregion fliehen konnten.

Dass eine angebliche Terrororganisation den Mord an so vielen Zivilist:innen durch den IS verhinderte, brachte in der deutschen Politik einiges durcheinander. Die Bundesregierung debattierte nun plötzlich kontrovers darüber, ob man der PKK Waffen liefern solle, und selbst das PKK-Verbot stand für eine kurze Zeit infrage.

Letztlich blieb jedoch alles wie gehabt. Insbesondere das Bundesinnenministerium und der Verfassungsschutz drängten darauf, die PKK weiterhin als Terrororganisation einzustufen. Wenn heute der Rettung der Ezid:innen vor dem IS in Deutschland gedacht wird, geschieht dies meist unter Verweis auf den Beitrag der syrisch-kurdischen YPG-Volksverteidigungseinheiten. Doch tatsächlich waren es die Guerillas der PKK, Kämpfer der Organisation, mit der letztlich jede Repression gegen die kurdische Freiheitsbewegung in Deutschland gerechtfertigt wird, die im entscheidenden Moment zur Hilfe kamen. Die YPG erreichte das Gebiet der Auseinandersetzung erst später.

Die Ursprünge der PKK

Hinsichtlich ihrer Entstehung ist die PKK eng mit der sogenannten kurdischen Frage, also inwiefern die weltweit bis zu 45 Millionen Kurd:innen über sich selbst bestimmen und ob sie dies in einem eigenständigen Staat tun können, verknüpft. Ihre Aktualität haben wir bereits im Kontext der politischen Verfolgung der Kurd:innen seit den 1980er-Jahren illustriert. Die kurdische Frage ist aber ebenso wie das kurdische Volk weitaus älter. Über die Jahrhunderte hinweg wurden die Kurd:innen immer wieder zwischen den Großmächten ihrer angestammten Region zerrieben. Dennoch war das kurdische Volk schon immer zu groß, als dass es sich mit seiner eigenständigen Kultur und

Lebensweise von den Perser:innen, den Türk:innen oder den Araber:innen hätte assimilieren lassen.

Die Anfang des 20. Jahrhunderts unter Mustafa Kemal Atatürk gegründete, westlich orientierte Türkei strebte ebenfalls danach, die Identität der Kurd:innen auszulöschen. Nicht nur ihre Sprache, sondern auch Schulen, religiöse Bruderschaften und nationale Vereinigungen wurden verboten. Man strich die Wörter »Kurde« und »Kurdistan« aus dem Wortschatz und schuf mittels brutaler Unterdrückungsmaßnahmen einen Zwang zum Türkentum (vgl. Brauns und Kiechle 2010: 25). Die Proteste gegen die Zwangsassimilation in Dêrsim (türkisch: Tunceli) und anderen kurdischen Städten in den 1920er- und 1930er-Jahren wurden brutal niedergeschlagen und Hunderttausende Kurd:innen dabei massakriert oder deportiert (vgl. Brauns und Kiechle 2010: 30).[1]

Nachdem es jahrzehntelang tabuisiert war, darüber zu sprechen, begannen jedoch in den 1960er-Jahren sozialistische kurdische Jugendliche, die kurdische Frage erneut zu stellen. Unter ihnen befand sich auch der spätere PKK-Vorsitzende und heutige Vordenker der kurdischen Freiheitsbewegung, Abdullah Öcalan.

In den 1970er-Jahren bildeten sich zahlreiche Gruppen, welche die kurdische Frage in den Mittelpunkt ihrer Programmatik rückten. Öcalan selbst gründete 1975 die unmittelbare Vorgängerorganisation der PKK, die »Revolutionäre Kurdistans«. Darin fanden sich auch einige junge Revolutionäre türkischer Herkunft – unter anderem Duran Kalkan, dessen Worte dieses Buch abschließen. Die anfangs noch lose organisierte Vereinigung stand mit anderen kurdischen Zusammen-

1 Der Begriff »kurdische Frage« muss dabei selbst kritisch eingeordnet werden. Als erste Annäherung an die hier diskutierten Zusammenhänge hat dieser zwar seinen Wert, jedoch legt er eine falsche Ursachenbeschreibung für die zugrunde liegenden Konflikte um Selbstbestimmung nahe. Denn nicht nur die Kurd:innen, sondern ganz unterschiedliche an den Rand gedrängte Bevölkerungsgruppen der Region sind heute und in ihrer Geschichte mit Diskriminierung, Repression und Verfolgung konfrontiert. Die »kurdische Frage« ist insofern ein Symptom für den allgemeinen Mangel an Demokratie, Menschenrechten und Minderheitenschutz in der Region – ein Problem, das insbesondere seit den regionalen Nationalstaatsbildungen Anfang des 20. Jahrhunderts besteht. Im Kontext der Türkei etwa könnte damit die kurdische Frage theoretisch genauso als »türkische Frage« bezeichnet werden, denn der Mangel an Demokratie und Menschenrechten ist der Mangel des türkischen Nationalstaats. Letztendlich steht hinter der »kurdischen Frage« die universelle demokratische Frage.

schlüssen in Konkurrenz. Die harten Konflikte wurden äußerst gewaltsam ausgetragen. Gleichzeitig mussten sich die »Revolutionäre Kurdistans« wie ähnliche damals bestehende Gruppen vor den Angriffen des Militärs und türkischer Faschisten schützen.

Im Jahr 1977 führte unter anderem die Ermordung von Haki Karer, dem zweiwichtigsten Anführer der Vereinigung nach Öcalan, zum Entschluss, sich straffer zu organisieren. Die Beteiligten um Öcalan waren überzeugt, dass eine Partei gegründet werden und dass diese bewaffnet sein müsse. Denn ohne die Fähigkeit, sich im Zweifelsfall zu verteidigen, das habe die bisherige blutige Geschichte gezeigt, lasse sich keine politische Arbeit in Kurdistan organisieren (vgl. Jongerden und Akkaya 2011: 130).

Den meisten in Deutschland aufgewachsenen Menschen fällt es schwer, sich mit einer bewaffneten politischen Kraft solidarisch zu zeigen. In den Augen vieler sei damit eine rote Linie überschritten und selbst der Kampf für eine gute Sache könne unter diesen Bedingungen nur Unheil hervorbringen. Eine solche Haltung lässt sich schlüssig aus den politischen Verhältnissen in der Bundesrepublik ableiten, wird der Realität in Kurdistan aber nicht gerecht. Immer wieder wurden dort Streiks und Versammlungen verboten, politische Aktivist:innen und Anführer:innen inhaftiert, verschleppt, zu Tode gefoltert oder von sogenannten »unbekannten Tätern« ermordet. Hinter der Selbstbewaffnung stand für die Gruppe um Öcalan daher weder Gewaltverherrlichung noch politisches Abenteurertum. Ohne Waffen wäre es schlicht nicht möglich gewesen, sich gegen die Angriffe des Militärs zu verteidigen, und ohne sich zu verteidigen, hätte die politische Arbeit nicht selten mit dem Tod geendet.

Am 27. November 1978 gründete sich schließlich die Arbeiterpartei Kurdistans, abgekürzt PKK, mit Öcalan als ihrem Generalsekretär. Er ist von Beginn an der klare Vorsitzende der Organisation und entwickelt sich mit dem zunehmenden Popularitätsgewinn seiner Partei mehr und mehr zu einer Leitfigur für das gesamte kurdische Volk. Nicht einmal seine Entführung und Inhaftierung 21 Jahre später konnte ihm diese Führungsrolle nehmen.

Wer nicht nur ein Anhänger der PKK blieb, sondern sich ihr anschloss, tat dies berufsmäßig und bis auf Weiteres mit seiner gesamten Lebenszeit. Der Kampf für die Freiheit des kurdischen Volkes in einer Organisation mit klaren Regeln und Aufgaben für jeden einzelnen sollte fortan das oberste

Ziel des eigenen Lebens sein. Dadurch wurde man ein sogenannter Kader. Die PKK war und ist bis heute eine Kader- und keine Massenpartei.

Im Wesentlichen unterschieden sich Öcalan und die PKK von den anderen kurdischen Vereinigungen ihrer Zeit in zwei Punkten. Zum einen betrachteten sie Kurdistan als eine Kolonie: Anders als andere kolonisierte Völker seien die Kurd:innen aber nicht nur von einem, sondern von vier Staaten besetzt. Das Territorium Kurdistans ist zwischen den vier Kolonialmächten Türkei, Syrien, Irak und Iran aufgeteilt. Damals noch schien der PKK der Kampf für einen unabhängigen kurdischen Staat die einzige logische Konsequenz aus dieser Analyse. Ihnen zufolge solle ein solcher zunächst vor allem demokratisch sein; der Übergang zum Sozialismus könne erst in einem zweiten Schritt erreicht werden.

Zum anderen ging die PKK äußerst aggressiv gegen ihre politischen Konkurrent:innen vor, um sich als führende Kraft zur Vertretung des kurdischen Volkes zu etablieren. Sicher muss vieles, was die Bewegung in ihren frühen Jahren insbesondere zur Durchsetzung ihres Machtanspruchs und im Umgang mit Aussteiger:innen tat, kritisch gesehen werden. Heute jedoch ist die PKK eine grundlegend andere Organisation, als sie es noch in den 1980er- und 1990er-Jahren war (diesem Wandel widmen wir uns in Kapitel 7). Zudem kritisierte sie sich bereits im Jahr 1981 selbst dahingehend, dass die Aktionen gegen politische Konkurrent:innen nicht das richtige Maß gefunden hatten. Ihren früheren Umgang mit Aussteiger:innen sollte sie später ebenfalls aufarbeiten.

Doch ist trotz alledem nicht zu leugnen, dass gerade ihre vorgeführte Gewaltbereitschaft der PKK Zuspruch unter den Kurd:innen verschaffte. Denn auch deshalb traute man es ihr im Gegensatz zu anderen Gruppen schnell zu, das kurdische Volk gegen die Angriffe des türkischen Staates zu verteidigen (vgl. Brauns und Kiechle 2010: 44, 47)

Sämtliche Möglichkeiten der freien politischen Meinungsäußerung waren in der damaligen Türkei in noch dramatischerem Maß als heute begrenzt (vgl. Joost 2022: 236). Die brutale Repression des Staates zerstörte die Voraussetzungen für öffentliche Diskurse. Als nach dem Militärputsch 1980 etwa das Kriegsrecht verhängt wurde, galten Versammlungen von mehr als drei Personen als eine verbotene »Zusammenrottung« (vgl. Eckes und Çelebi 2021: 103).

Bis zum Jahr 1980 hatte sich die PKK bereits eine relevante Unterstützung unter den Bäuer:innen, Arbeiter:innen und Studierenden der Region aufgebaut. Während der Zeit des Militärputschs wurden deshalb viele ihrer Mitglieder verhaftet und im Militärgefängnis von Amed (türkisch: Diyarbakır) grausamer Folter ausgesetzt; mit dem Ziel, dass insbesondere die inhaftierten Führungsfiguren der PKK sich zum Türkentum bekennen und damit ihrer kurdischen Identität abschwören.

Statt dem Willen ihrer Peiniger nachzugeben, nahmen die Gefangenen den Widerstand gegen die Zustände im Gefängnis auf. Hierfür opferten viele das Letzte, was ihnen dort noch geblieben war: ihr eigenes Leben. In der PKK zur Legende geworden ist dabei der hochrangige Kader Mazlum Doğan, der am 21. März des Jahres 1982, dem Tag des kurdischen Frühlings- und Widerstandsfestes Newroz, mit drei Streichhölzern seine Gefängniszelle in Brand setzte und sich anschließend aus Protest gegen die Haftbedingungen erhängte.

Traditionell werden bei jedem kurdischen Newroz-Fest Feuer entzündet. Während der Feiertag selbst für das Ende von Entbehrung und Tyrannei sowie den Anbruch einer neuen Zeit steht, repräsentiert das Newroz-Feuer den Widerstand gegen die Unterdrückung. Doğans Aktion war daher für alle Kurd:innen eindeutig als Widerstandshandlung mit höchster symbolischer Strahlkraft zu erkennen.

In der Folge traten am 14. Juli andere Gefangene in einen unbefristeten Hungerstreik, in der kurdischen Freiheitsbewegung auch »Todesfasten« genannt. Als Bedingungen, um die Aktion zu beenden, verlangten sie eine anwaltliche Vertretung und diverse Verbesserungen ihrer Haftbedingungen, wie etwa das Tragen eigener Kleidung und ein Ende der Folter. Nach 55 Tagen, noch bevor eine der Forderungen erfüllt worden war, starb mit Kemal Pir der erste hungerstreikende Gefangene (vgl. Brauns und Kiechle 2010: 51).

Das »Todesfasten« machte erstmals international auf die Situation der Gefangenen aufmerksam. Für die kurdische Bevölkerung stellten die Hungerstreiks einen Beweis für die Entschlossenheit der PKK dar. Indem etliche Kader hinter Gittern um menschenwürdige Haftbedingungen kämpften, verhalfen sie ihrer Organisation zu immer größerer Popularität (vgl. Çakır 2018: 269).

Diejenigen Kader, die nach dem Militärputsch nicht inhaftiert worden waren, zogen sich für zwei Jahre geschlossen in den Libanon und nach Syrien zurück. Von dort aus begann die PKK, mittels intensiver Schulungen ihre Rückkehr in die Türkei vorzubereiten.

Vom bewaffneten Kampf zur vielgestaltigen Volksbewegung

Im Jahr 1982 nahm die PKK ihre Aktivitäten in der Türkei wieder auf. Dabei stellte sie schnell fest, dass es dort auch weiterhin keinen Freiraum für legale politische Aktivitäten gab. Zunächst vermied sie die Konfrontation mit der türkischen Armee. Dies änderte sich am 15. August 1984 mit den ersten Angriffen der PKK auf deren Militärbasen. Die dabei gefangen genommenen Soldaten wurden nach kurzer Zeit wieder freigelassen, damit sie die Botschaft von der neu gegründeten kurdischen Guerilla verbreiten konnten. Noch sollten die Angriffe auf das verhasste türkische Militär vor allem Zustimmung bei der kurdischen Bevölkerung schaffen.

Obwohl die PKK ihre militärischen Aktivitäten im Laufe der 1980er-Jahre intensivierte, war es ihr ebenso wichtig, ihre Popularität unter den Menschen weiter auszubauen. 1985 gründete sie zu diesem Zweck die Nationale Befreiungsfront Kurdistans (ERNK), eine zivile Massenorganisation für all jene, die nicht Kader in der PKK werden wollten, aber dennoch deren Ziele unterstützten. Ihre Aktivitäten waren nicht nur im engeren Sinne politischer Natur, sondern umfassten etwa auch die Pflege der kurdischen Kultur. Letztlich zielte man darauf ab, die gesamte Gesellschaft zu organisieren. Die Gründung der ERNK war damit ein entscheidender Schritt zum Aufbau einer breiten politischen Bewegung, die auf den Ideen Öcalans fußte.

Im Jahr darauf begann schließlich der eigentliche Guerilla-Krieg. Das unmittelbare Ziel der PKK bestand darin, die türkische Armee aus Kurdistan zurückzudrängen. Tatsächlich konnte sie dabei immer wieder militärische Erfolge erzielen und bald einige zunächst eher abgelegene Gebiete Kurdistans unter ihre Kontrolle bringen. Was für die PKK eine Befreiung angestammter kurdischer Territorien bedeutete, war in den Augen der Türkei nichts weiter als Terrorismus.

Als die PKK Anfang der 1990er-Jahre einen Stellungskrieg gegen das riesige, hochgerüstete türkische Militär zu führen versuchte, scheiterte sie. Doch insbesondere die Zerstörung zahlreicher Dörfer (siehe Kapitel 2) weckten in der kurdischen Bevölkerung Hass auf den türkischen Staat. In dieser Situation konnte die PKK relativ erfolgreich als Schutzmacht der kurdischen Bevölkerung auftreten und wurde so zu einer Kraft mit tatsächlich massenhaftem politischen Rückhalt.

Durch ihre gewaltige Unterstützung sah sich die kurdische Freiheitsbewegung zunehmend in der Lage, neue Wege zur Durchsetzung ihrer Ziele zu beschreiten. Bereits im Jahr 1990 gründete sich mit der Arbeiterpartei des Volkes (HEP) die erste prokurdische Partei, welche bei den folgenden Parlamentswahlen mit 23 Abgeordneten in das türkische Parlament Einzug hielt. Zwar wurde die HEP schon zwei Jahre später verboten, unter dem Vorwand, sie habe gegen den Verfassungsgrundsatz der »Unteilbarkeit des Staates und des Volkes« verstoßen. Doch die Politiker:innen hatten sich mit der Demokratiepartei (DEP) bereits eine Ausweichmöglichkeit geschaffen, unter deren Namen sie ihre Arbeit fortsetzen konnten. 1994 wurde auch sie verboten.

Dieser Prozess, bei dem das türkische Verfassungsgericht alle paar Jahre Parteien verbietet, welche die kurdische Frage auf politischem Wege lösen wollen, deren Politiker:innen sich jedoch umgehend in einer anderen Partei weiter organisieren, wiederholt sich bis heute. Was im ersten Moment wie ein lästiges, aber harmloses Katz-und-Maus-Spiel zwischen dem türkischen Staat und den kurdischen Aktivist:innen klingt, war und ist für die Betroffenen oft lebensgefährlich. Zahlreiche Vertreter:innen sogenannter prokurdischer Parteien wurden bis dato ermordet oder mussten wegen ihrer politischen Tätigkeit Jahre und Jahrzehnte in türkischen Gefängnissen verbringen.

Auch begann die kurdische Freiheitsbewegung Anfang der 1990er-Jahre damit, eigene kurdischsprachige Medien und diplomatische Vertretungen wie etwa ein Exilparlament in Europa aufzubauen. In Städten wie Şirnex und Cizîr formte sie zivile Komitees und entwickelte eine Art Parallelstaat (vgl. Brauns und Kiechle 2010: 74). Öcalan gab zunehmend europäischen Medien Interviews und präsentiert sich mehr als Politiker und Staatsmann denn als Chef einer Guerilla.

Im Jahr 1993 revidierte er außerdem die einstige Kernforderung der PKK nach einem eigenen kurdischen Staat: Einen solchen müsse es nicht geben, wären Kurd:innen und Türk:innen tatsächlich gleichberechtigt. Im selben Jahr erklärte die PKK erstmals einseitig den Waffenstillstand gegenüber dem türkischen Staat und demonstrierte damit ihre Bereitschaft zu Friedensverhandlungen. Acht weitere Male sollte dies bis heute noch geschehen. Meist ignorierte der türkische Staat die Waffenstillstandserklärungen und setzte seine Angriffe fort.

Der schon zur Gründungszeit der PKK als entscheidend erkannte Kampf für die Emanzipation der Frau wurde in diesen Jahren zu einem Ziel mit höchster Priorität. Die Kurdinnen begannen nun selbst, eigenständige Widerstandsformen gegen den türkischen Staatsterrorismus zu entwickeln und massenhaft anzuwenden. Viele Frauen schlossen sich der Guerilla an und veränderten damit auch die früher stark von Männern dominierte PKK (vgl. Brauns und Kiechle 2010: 240).

Parallel geriet der militärische Kampf gegen den hochgerüsteten NATO-Staat Türkei an seine Grenzen. In den Jahren 1994 und 1995 wurde die PKK zunehmend aus den türkischen Gebieten verdrängt; Angriffe der Konterguerilla zerstörten die zivilen Unterstützungsstrukturen (vgl. Brauns und Kiechle 2010: 74–75). Um der PKK die Rückzugsräume in den angrenzenden Staaten zu nehmen, führte das türkische Militär grenzüberschreitende Operationen unter Beteiligung von bis zu 100 000 Soldaten durch (vgl. Çakır 2018: 313).

Mit schwankender Intensität setzt sich dieser Krieg bis heute fort. Häufig finden die Kämpfe allerdings nicht mehr auf dem Gebiet der Türkei, sondern in anderen Teilen Kurdistans statt. Über drei Jahrzehnte des bewaffneten Kampfes haben dabei vor allem gezeigt, dass keine Seite diese Auseinandersetzung jemals endgültig militärisch für sich wird entscheiden können.

PKK – eine Terrororganisation?

Die kurdische Freiheitsbewegung hat sich in ihrer Vielgestaltigkeit aus der PKK entwickelt und kann heute nicht mehr mit ihr gleichgesetzt werden. Ihre größten Teile sind mittlerweile ziviler Natur und arbeiten auf legalem politischem Wege an einer gesellschaftlichen Veränderung. Doch um auf der Ideologie eines ungeteilten türkischen Volks beharren zu können und um die Freiheitsbewegung zu kriminalisieren, sieht der türkische Staat bis heute in jeglichem kurdischen Engagement eine wenigstens implizite Unterstützung der PKK – und folglich Terrorismus.

Diese Perspektive geht zudem über bloße Innenpolitik hinaus: Auf Drängen der Türkei gilt die PKK auch den meisten NATO-Staaten und ihren engen Verbündeten als eine terroristische Organisation. Um diese Deutung zu untermauern, werden ihr vonseiten des türkischen Staates immer wieder kriminelle Aktivitäten angehängt.

Als bei einem Sprengstoffanschlag auf der Istiklal-Straße in Istanbul Mitte November 2022 sechs Menschen starben, reiste Innenminister Süleyman Soylu unmittelbar an den Ort des Geschehens und erklärte: »Wir werden sie bestrafen.« Gleichzeitig verhängte die Türkei eine offizielle Nachrichtensperre. Nur noch offizielle Statements der Regierung durften verlesen werden und Twitter, das wichtigste Medium der türkischen Gegenöffentlichkeit, wurde vorläufig gesperrt. Nicht einmal 24 Stunden nach dem Anschlag beschuldigte Soylu öffentlich die PKK und die YPG, den Anschlag begangen zu haben.

Ungeachtet der Tatsache, dass die PKK unmittelbar erklärte, in keiner Verbindung zu der Tat zu stehen, und dass derartige Angriffe auf städtische Zentren und Zivilist:innen auch nicht zu deren Praxis gehören, nutzte der Vorwurf der regierenden AKP-MHP-Mehrheit: Die Mobilisierung antikurdischer Stimmungen und die Hetze gegen die PKK war für Erdoğan ein probates Mittel, um seine Anhänger:innen für den anstehenden Wahlkampf um die Präsidentschaft im Mai 2023 zu mobilisieren.

Als vollends absurd entlarvte sich die Behauptung, dass zudem die syrisch-kurdische YPG an dem Anschlag beteiligt gewesen sei. Niemals zuvor hatte diese Organisation auf türkischem Territorium agiert. Warum sollte sie das als dediziert syrische Gruppierung auch? Außerdem hätte sie dem türkischen Staat mit einem solchen Terroranschlag vor den Augen der Weltöffentlichkeit einen Grund geliefert, den Norden Syriens anzugreifen – Pläne, die Erdoğan bereits auf der UN-Vollversammlung im September 2019 vorgestellt hatte. Ein Terroranschlag in der Türkei wäre damit offensichtlich ihren eigenen Interessen zuwidergelaufen.

Bis heute ist unklar, wer wirklich für die Tat verantwortlich zeichnet. Weitaus näher an der Realität als Schuldzuweisungen in Richtung der PKK und der YPG liegt allerdings die Beobachtung, dass die türkische Regierung sich nie für die wahren Urheber:innen des Terroranschlags interessierte. Stattdessen war es ihr wichtiger, diesen für ihre eigenen politische Zwecke zu instrumentalisieren.

Die Frage, ob es sich bei der PKK um eine terroristische Organisation handelt, beschäftigt auch europäische Gerichte. Seit 2002 wird sie ebenso wie ihre angeblichen Nachfolgeorganisationen alle sechs Monate neu auf die Liste terroristischer Organisationen, die sogenannte EU-Terrorliste, gesetzt. Gegen diese Praxis geht die kurdische Freiheitsbewegung regelmäßig juristisch vor. Am 3. April 2008 urteilte der Europäische Gerichtshof (EuGH) erstmals, dass die PKK und deren vermeintliche Nachfolgeorganisationen zu Unrecht auf der EU-Terrorliste geführt werden (vgl. Brauns und Kiechle 2010: 399). Auch für die Zeitspanne von 2014 bis 2017 kam der EuGH in späteren Jahren zu diesem Schluss. Ende 2022 bestätigte das Gericht zwar die Listung der PKK für die Jahre nach 2017, gestand gleichzeitig aber zu, dass die Einwände der Kläger:innen berechtigt gewesen seien. Wie das Urteil in zukünftigen Verfahren ausfallen wird, ist daher offen.

Für noch weit größeres Aufsehen als die Klagen vor dem EuGH sorgte zuletzt ein Urteil des obersten belgischen Gerichts, des sogenannten Kassationshofs. Im Zuge eines Verfahrens gegen zahlreiche kurdische Politiker:innen und Aktivist:innen entschied dieser im Januar 2020 in letzter Instanz, dass es sich bei der PKK nicht um eine Terrororganisation, sondern um eine bewaffnete Organisation in einem nichtstaatlichen internationalen Konflikt handle. Nach belgischem Recht fällt sie folglich nicht unter das Antiterror-Strafrecht; vielmehr gilt stattdessen das humanitäre Völkerrecht und die PKK kann damit wie das türkische Militär ein sogenanntes Kombattantenprivileg für sich in Anspruch nehmen.

Laut dem obersten belgischen Gericht ist die PKK keine Vereinigung, die darauf abzielt, terroristische Straftaten, also solche, die beispielsweise die Zivilbevölkerung einschüchtern oder die sozialen Grundstrukturen eines Landes destabilisieren, zu begehen. Die Angriffe der PKK-Guerilla richten sich nachgewiesenermaßen ausschließlich gegen militärische Ziele. Vergangene Aktionen gegen die Polizei beschränkten sich zudem auf Einheiten, die an den Operationen der türkischen Armee beteiligt waren.

In Belgien wurde seit 2020 sämtliche strafrechtliche Verfolgung von Kurd:innen aufgrund politischer Betätigung eingestellt. Auch die Schweiz und etliche Länder des globalen Südens lehnen es ab, die PKK zu einer Terrororganisation zu erklären (vgl. Paech 2020); das Gleiche gilt für die Vereinten Nationen. Dagegen haben deutsche Gerichte der PKK das Kombattantenprivileg bislang verweigert. Die Aktionen gegen das türkische Militär gelten deshalb für die Justiz hierzulande bis auf Weiteres als Terrorismus und die PKK folglich als Terrororganisation.

Dass unterschiedliche juristische Auffassungen zu der Frage existieren, ob eine Organisation wie die PKK unter den Terrorismusbegriff fällt, ist wenig verwunderlich. Schon immer war der Terrorismus des einen der Freiheitskampf des anderen. Der Anti-Apartheid-Aktivist, spätere Friedensnobelpreisträger und südafrikanische Präsident Nelson Mandela galt im Westen lange Zeit als Terrorist, in den USA sogar bis Mitte der 2000er-Jahre. Ähnlich verhält es sich mit dem PKK-Vorsitzenden Abdullah Öcalan noch heute.

»Terrorismus« ist insofern kein klassischer Rechtsbegriff, sondern ein Kampf- und Angstbegriff, der beliebig zu politischen Zwecken instrumentalisiert werden kann. Versuche, Terrorismus juristisch zu definieren, sind hingegen neuerer Natur und umstritten. Ob man eine Organisation als terroristisch auffasst, ist primär eine politische Frage. So entschied auch der deutsche Staat einst, die PKK zu einer Terrororganisation zu erklären. Wie es dazu kam und wie überhaupt die kurdische Freiheitsbewegung Deutschland erreichte, erzählen wir in den beiden folgenden Kapiteln.

4 Schützenhilfe für die Türkei: Die Verfolgung der kurdischen Bewegung beginnt

Einen derartigen Gerichtsprozess hatte es weder zuvor noch jemals wieder danach in Deutschland gegeben: 18 Angeklagte, eine Verhandlungs- und Vorbereitungszeit von über 7 Jahren und eine eigens für 8,5 Millionen D-Mark zum bombensicheren Gerichtssaal umgebaute Polizeikaserne. Der »Düsseldorfer Kurdenprozess« gegen angebliche PKK-»Terrorist:innen« sprengte alle Superlative. Nach Aussage des Generalbundesanwalts handelte es sich dabei um »den größten Prozess in der Geschichte der deutschen Strafjustiz«.

Zum Symbol des 1994 zu Ende gegangenen Gerichtsverfahrens wurde der sogenannte »Kurdenkäfig« – meterhohe, dicke Plexiglasscheiben, hinter denen die Angeklagten getrennt vom Gericht und dem Publikum Platz nehmen mussten. Die einzige Möglichkeit, mit ihren bis zu 20 Meter entfernten Verteidiger:innen und Übersetzer:innen zu kommunizieren, waren kleine, etwa auf Brusthöhe angebrachte Luftlöcher. Dazu mussten die Verteidiger:innen aufstehen, zur Scheibe laufen und sich wie ihre Mandant:innen herunterbeugen, um in die Öffnungen zu sprechen. Nie zuvor waren Menschen in der Bundesrepublik vor Gericht in einen Käfig gesteckt worden – eigens für die vermeintlich hochgefährlichen Kurd:innen hatte man diese Praxis eingeführt.

Auch anhand der Haftbedingungen der Angeklagten zeigte sich die Sonderjustiz, welche der deutsche Staat für das erste PKK-Verfahren praktizierte. Nach ihrer Inhaftierung ab Januar 1987 wurden die Beschuldigten bis zum Beginn des Prozesses für über ein Jahr nahezu vollständig von der Außenwelt abgeschirmt. Der Bezug von Schriftstücken jeglicher Art, aber insbesondere von Publikationen der kurdischen Freiheitsbewegung, war für sie stark eingeschränkt. Briefe an die Gefangenen kamen oft erst Wochen später oder gar nicht an. Sogenannte Kontrollrichter:innen zensierten die schriftliche Kommunikation mit den Anwält:innen. Häufig wurden die Einzelzellen mittels Fliegendraht oder einer Lochblende vor den Fenstern abgedunkelt und die Frischluftzufuhr begrenzt (vgl. Eckes und Çelebi 2021: 43).

Nicht einmal das Licht konnten die kurdischen Gefangenen selbstständig in ihren Zellen an- und ausschalten. Besuche waren ihnen nur zweimal im Monat für eine Dauer von höchstens 30 Minuten gestattet und jegliche Formen von Körperkontakt inklusive des Reichens der Hand dabei verboten. Schließlich wurde auch die Kommunikation zwischen den Angeklagten untereinander stark eingeschränkt. Zu diesem Zweck hatte man sie auf vier verschiedene Haftanstalten im ganzen Bundesgebiet aufgeteilt.

Die Gefangenen sahen in den deutschen Gefängnissen gewisse Parallelen zu den Folterknästen der Türkei. *Der Spiegel* kommentierte, dass die Sonderhaftbedingungen »Sprachlosigkeit« hervorriefen: Faktisch handele es sich um etwas, das es in Deutschland gar nicht geben dürfe und international als Folter geächtet sei: Isolationshaft.

Der Düsseldorfer Prozess war nicht nur der größte Strafprozess in der Geschichte der deutschen Justiz, sondern auch der Sündenfall des deutschen Rechtsstaats vor seinen eigenen Grundsätzen – der Zeitpunkt, an dem er damit begann, seine Prinzipien mit Füßen zu treten, sobald vermeintliche PKK-Mitglieder auf der Anklagebank sitzen. Doch wie konnte es so weit kommen?

Die Anfänge der kurdischen Freiheitsbewegung in Deutschland

Als Anfang der 1980er-Jahre zahlreiche kurdische Oppositionelle nach Westdeutschland flohen, gründeten sich hierzulande die ersten Organisationen und Vereine der Freiheitsbewegung. Die Kurd:innen wollten die deutsche Gesellschaft über die Entwicklungen in Kurdistan aufklären und griffen hierbei zu Mitteln, die sie aus ihrer Heimat kannten. Bereits 1980 veranstalteten sie dazu am Kölner Dom den ersten kurdischen Hungerstreik in Deutschland.

Zunächst waren diese Bemühungen wenig erfolgreich. Die kurdischen Aktivist:innen mussten erst lernen, wie sie die westdeutsche Öffentlichkeit erreichen konnten. Schon sehr früh halfen ihnen dabei einige wenige deutsche Unterstützer:innen etwa aus Hamburg und Karlsruhe. Sobald es der kurdischen Freiheitsbewegung aber einmal gelang, Aufmerksamkeit für ihre Aktionen zu schaffen – so etwa bei einem Sternmarsch 1984 nach Bonn –, begegnete die Zivilgesellschaft ihnen häufig mit Solidarität.

Mit der Zeit entwickelte sich Westdeutschland zu einem wichtigen Zentrum der kurdischen Freiheitsbewegung in Europa. Einen Meilenstein erreichte sie am Newroz-Tag des 21. März 1984: Mit der Föderation der patriotischen Arbeiter- und Kulturvereinigungen aus Kurdistan (FEYKA Kurdistan) hatte man den ersten europäischen Dachverband der kurdischen Freiheitsbewegung gegründet (vgl. Çakır 2020: 63; vgl. Kaplan und Kenan 2020: 78).

In den ersten Jahren interessierte sich der westdeutsche Staat noch nicht für die kurdischen Organisierungsbemühungen auf seinem Territorium. Dies änderte sich jedoch ab 1982. Parallel zum Todesfasten der PKK-Gefangenen in den türkischen Folterknästen setzte die Überwachung der kurdischen Freiheitsbewegung in Deutschland ein. Nach der Gründung der FEYKA Kurdistan wurde im Juli 1984 erstmals ein kurdischer Verein polizeilich durchsucht.

Zuvor war der türkische Außenminister Vahit Melih Halefoğlu nach Deutschland gereist und hatte sich dort mit seinem deutschen Amtskollegen für Verhandlungen getroffen. Das Muster, dass Besuchen und Unterredungen deutscher und türkischer Regierungsmitglieder unmittelbar Durchsuchungsaktionen oder sonstige Repressalien folgen, wiederholt sich seitdem bis zum heutigen Tag.

Im September desselben Jahres besuchte der türkische Ministerpräsident Turgut Özal Bundeskanzler Helmut Kohl (CDU). Die kurdischen Organisierungsbemühungen in Deutschland waren Özal ein Dorn im Auge. Erst einen Monat zuvor hatte die PKK in der Türkei den bewaffneten Kampf gegen das Militär aufgenommen und neben ihrer Aufklärungsarbeit sammelte die kurdische Freiheitsbewegung in Deutschland Spenden, um diesen zu unterstützen.

In der an das Gespräch zwischen Özal und Kohl anschließenden Pressekonferenz erklärte der türkische Ministerpräsident, man habe sich über mögliche Maßnahmen gegen »türkeifeindliche Aktivitäten« in der Bundesrepublik beraten. Da aber jegliche Bemühung für eine kurdische Unabhängigkeit in den Augen des türkischen Staates die Integrität der Nation gefährdet, war für jeden informierten Beobachter klar, dass die Repression gegen die kurdische Freiheitsbewegung Kerngegenstand der Unterredung gewesen sein musste.

Erfolgreich gelang es der türkischen Regierung, ihre deutschen Partner in dieser Angelegenheit auf ihre Seite zu ziehen. Obwohl die kurdische Freiheitsbewegung ihr Konzept des bewaffneten Kampfes nie auf Deutschland übertragen hatte, entwickelte die Repression gegen sie hierzulande bald einen kontinuierlichen Charakter. 1985 begannen Verfassungsschutz, Bundesanwaltschaft und Polizei, die PKK mit Terrorismus in Verbindung zu setzen.

Ein mysteriöser Mord in Schweden

Nicht nur in Deutschland, sondern auch in zahlreichen anderen Staaten Westeuropas hatte sich die kurdische Freiheitsbewegung in den 1980er-Jahren angefangen zu organisieren. Um zu verstehen, wie sich die Repression bis zu ihrem vorläufigen Gipfel, dem Düsseldorfer Prozess, steigern konnte, müssen wir im Folgenden in eines dieser Länder, nämlich nach Schweden, schauen.

Die schwedische Regierung leitete damals der demokratische Sozialist Olof Palme, der gerade im Begriff war, den Wohlfahrtsstaat mit einem ambitionierten Reformprogramm zu komplettieren. Vor allem aber setzte er außenpolitisch Akzente und trat für die Belange des globalen Südens, Abrüstung und eine Entspannung mit der Sowjetunion ein. Deshalb wurde Palme im Ersten Golfkrieg von 1980 bis 1988, unter dem maßgeblich Kurd:innen zu leiden hatten (siehe Kapitel 2), schnell zum UN-Sondervermittler zwischen den beiden Kriegsparteien ernannt. Gegen die Folterexzesse nach dem Militärputsch 1980 in der Türkei legte er Beschwerde bei der Europäischen Kommission für Menschenrechte ein. Später bezeichnet die PKK ihn deshalb als »Freund der unterdrückten Völker« und mithin als Freund der Kurd:innen.

Am 28. Februar 1986 wurde Palme ermordet. Als der Ministerpräsident gerade von einem Kinobesuch mit seiner Frau am späten Abend nach Hause spazierte, trafen ihn zwei Kugeln – er starb noch am

Tatort. Die Gründe und die Urheberschaft dieses Anschlags sind bis heute umstritten und von Mythen und Theorien umrankt. Gerade in der Anfangszeit wurden erhebliche Ermittlungsfehler begangen; erst vor wenigen Jahren legte sich die schwedische Polizei auf die These fest, dass ein inzwischen verstorbener Einzeltäter hinter der Tat gestanden habe.

Im Jahr 1986, unmittelbar nach dem Mord, verzichtete der Stockholmer Polizeichef Hans Holmér darauf, eine Mordkommission mit erfahrenen Kommissar:innen einzusetzen, und ernannte sich stattdessen selbst zum Chefermittler. Das stößt als merkwürdig auf: Zwar war er zuvor Chef des schwedischen Geheimdienstes Säpo gewesen, doch brachte er keine praktische Ermittlungserfahrung in Mordfällen mit.

Holmér lenkte unmittelbar den Verdacht für den Mord auf die PKK. Trotz lautstarker Dementi und entgegen der Tatsache, dass keine Hinweise oder ein konsistentes Motiv für ihre Beteiligung vorlagen, wurde diese Theorie immer wieder bemüht. Der Chefermittler befeuerte den Verdacht gegen die Organisation mit jedem seiner öffentlichen Statements; so sprach er etwa von einer »95-prozentig sicheren Hauptfährte«, die zur PKK führe, und postulierte noch Jahre später die Existenz einer »Kurdenspur«, welcher er damals nachgegangen sei.

Im Jahr 2020 stellte die schwedische Polizei die Ermittlungen zu dem Mordfall weitestgehend ein und erklärte dabei, dass es nie eine »Kurdenspur« gegeben habe. Die Frage, warum der damalige Chefermittler dies dennoch immer wieder behauptet hatte, öffnet Raum für Theorien und Spekulationen. Schon im Februar 1987 wurde Holmér von seinem Posten entbunden, da die Kritik an seiner einseitigen und unprofessionellen Ermittlungsarbeit zu laut geworden war. Das staatliche Vorgehen gegen die kurdische Freiheitsbewegung in Europa hatte sich aber zu diesem Zeitpunkt bereits wesentlich verschärft.

Die Lüge von der PKK als Täterin hinter dem Palme-Mord erreichte schnell auch die Bundesrepublik, wodurch sich das Bild von einer Organisation, die zu allem bereit und fähig sei, in der deutschen Öffentlichkeit etablierte.

Die PKK wird zum »Hauptfeind der inneren Sicherheit«

Als die kurdische Freiheitsbewegung am 22. März 1986 zum kurdischen Newroz-Fest den ersten Jahrestag der Gründung ihrer Massenorganisation, der ERNK, in der Rhein-Ruhr-Halle in Duisburg feiern wollte, versuchte die Polizei dies mit einem Großaufgebot zu verhindern. Die Eingänge des Veranstaltungsorts wurden blockiert und Menschen, die für die Beamt:innen kurdisch aussahen, in ihren Autos angehalten und kontrolliert. Kurz zuvor war das Gerücht aufgekommen, dass Öcalan selbst nach Duisburg reisen würde, um bei den Feierlichkeiten zu sprechen.

Mehmet Demir, Gründungsmitglied von FEYKA Kurdistan und eine wichtige Person in der kurdischen Freiheitsbewegung, hatte die Versammlung in der Rhein-Ruhr-Halle angemeldet. Den damaligen Innenminister Nordrhein-Westfalens, Herbert Schnoor (SPD), kannte er gut. Demir wusste: Das Gerücht war absurd. Als er bei Schnoor anrief, um zu erfahren, warum diese zentrale Feier mit riesigem Aufwand verhindert werden soll, antwortete jener, dass das Bundesinnenministerium den Einsatz angeordnet habe. Das Bundesland Nordrhein-Westfalen sei dabei komplett rausgehalten worden. Glücklicherweise konnte das Newroz-Fest trotz des Großaufgebots letztlich stattfinden.

Demir glaubt heute, dass das Gerücht, Öcalan habe nach Duisburg kommen wollen, durch den Bundesnachrichtendienst in Zusammenarbeit mit anderen NATO-Geheimdiensten lanciert worden war. Belegen lässt sich das nicht. Klar ist aber, dass die Verbreitung von Gerüchten zum klassischen Werkzeug von Geheimdiensten gehört und dass die PKK der NATO damals als der wesentliche Faktor für die Instabilität der Türkei galt – desjenigen Staates, der die Ostflanke des Militärbündnisses bildet. Die Schwächung der PKK und aller ihr nahestehenden Organisationen hätte damit im Interesse der NATO gelegen.

Unabhängig davon, wer letztlich für die Verbreitung des Gerüchts verantwortlich gewesen war, nahmen die regelmäßigen staatlichen Versuche, Veranstaltungen der kurdischen Freiheitsbewegung in Deutschland zu unterbinden, im März 1986 in Duisburg ihren Anfang.

Parallel dazu, ebenfalls im Frühjahr 1986, intensivierte Deutschland seine Beziehungen mit der Türkei. Bundespräsident Richard von Weizsäcker (CDU) reiste eigens dafür in das Land. Die Militärdiktatur war drei Jahre zuvor offiziell beendet worden und die frisch abgehaltenen Wahlen erweckten den Anschein von Demokratie. Dass man zu diesen aber nur wenige Parteien zugelassen hatte und dass die Türkei gleichzeitig einen schmutzigen Krieg in Kurdistan führte, für den die Bundesrepublik Waffen lieferte, änderte trotz aktivistischer Bemühungen, die Öffentlichkeit zu sensibilisieren, nichts an der deutschen Türkeipolitik. Denn neben ihrer geostrategischen Bedeutung war die nach dem Militärputsch neoliberal ausgerichtete Wirtschaft des Landes ein lukratives Anlagefeld für hiesige Unternehmen.

Aufgrund der zunehmenden Stärke der kurdischen Freiheitsbewegung fernab ihrer Heimat drängte die türkische Regierung die Staaten Westeuropas dazu, härter gegen diese vorzugehen. Dabei griff man auch auf nachrichtendienstliche Methoden zurück: So inszenierte der türkische Geheimdienst MİT am 15. August 1986 einen Anschlag auf das türkische Generalkonsulat in Hamburg. Nur wenig später wurde die PKK beschuldigt, die Tat begangen zu haben (vgl. Brauns und Kiechle 2010: 392). Dennoch vertieften sich die Beziehungen zwischen deutschen und türkischen Behörden zu dieser Zeit. Im Mai 1987 traf sich beispielsweise ein Kreis aus Polizeiexpert:innen beider Länder in Hamburg und diskutierte dabei unter dem Tagesordnungspunkt »Separatismus« den weiteren Umgang mit der kurdischen Freiheitsbewegung.

Im Dezember 1986 erließ der Bundestag ein neues Gesetz zur Bekämpfung von Terrorismus und im folgenden Januar eröffnete die Bundesanwaltschaft das Ermittlungsverfahren gegen angebliche PKK-Mitglieder. Der Düsseldorfer Prozess – der erste große Schlag der deutschen Sicherheitsbehörden gegen die kurdische Freiheitsbewegung – kam ins Rollen. Im Juli 1987 durchsuchte die Polizei, begründet mit dem laufenden Ermittlungsverfahren und in zuvor unbekanntem Ausmaß, kurdische Vereine und Privatwohnungen. Dabei wurden massenhaft Dokumente, Kontaktlisten und Spendengelder beschlagnahmt. Vermehrt verweigerte man politisch aktiven Kurd:innen eine Aufenthaltsgenehmigung. Verbote von Veranstaltungen und Demonstrationen, staatlich verordnete Hausarreste gegen Aktivist:innen der kurdischen Freiheitsbewegung sowie das Verbot, Zeitungen herauszugeben, komplettierten diese frühe Repressionswelle. Stets im Hintergrund stand dabei der Verdacht, dass die Betroffenen im Sinne des Paragrafen 129a Strafgesetzbuch (StGB) eine terroristische Vereinigung gebildet hätten. Was es mit diesem besonders scharfen Schwert der deutschen Strafjustiz auf sich hat, erklären wir in Kapitel 6.

Allgemein etablierte sich in den Jahren 1986 und 1987 eine systematische staatliche Repression gegen die kurdische Freiheitsbewegung in Westeuropa. In der Bewegung wurde deshalb die Erzählung populär, dass bei einer Sitzung der westeuropäischen Geheimdienste wenige Monate nach dem Mord an Palme ein gemeinsames Vorgehen gegen die PKK beschlossen worden war. Die Vermutung ist plausibel – aber beweisen lässt auch sie sich nicht.

Eine Behörden- und Medienkampagne flankierte damals das verstärkte behördliche Vorgehen gegen die PKK. Mittendrin: Kurt Rebmann, der von 1977 bis 1990 als politischer Beamter die Bundesanwaltschaft leitete. 1924 geboren, gehörte er zu einer Generation von ursprünglich im NS-Regime sozialisierten Jurist:innen, die noch lange Zeit nach dem Ende der Naziherrschaft die staatlichen Institutionen der Bundesrepublik prägen sollten. Beispielsweise forderte er, um dem Terrorismus der Rote Armee Fraktion (RAF) zu begegnen, die Wiedereinführung der Todesstrafe. Als »Hardliner« galt er nicht nur anderen, sondern auch er selbst bezeichnete sich als einen solchen.

Im Zuge seiner Auseinandersetzung mit der kurdischen Freiheitsbewegung schuf Rebmann das Mantra von der PKK als »Hauptfeind der inneren Sicherheit« Deutschlands (vgl. Schultz 1998c: 17). In der breiten Öffentlichkeit wurde daraus die plumpe Behauptung gestrickt, dass sie alle ihre politischen Gegner:innen umbringen wolle. Allgemeiner stand dahinter das Narrativ, der sogenannte »Ausländerterrorismus« stelle bald das wesentliche Sicherheitsrisiko der Bundesrepublik dar. Die »großzügige und an unseren Sicherheitsbedürfnissen nicht orientierte Asyl- und Ausländerpolitik« werde »auf weite Sicht zu einem Faktor der Instabilität in unserem Staate«, so Rebmann (Schultz 1998c: 17).

Zahlreiche Medien stürzten sich auf diese Behauptung. *Die Welt* prophezeite etwa, dass ein »importierter Ausländer-Terrorismus« sukzessive die Bedrohung durch den Linksterrorismus ablöse, während die *Süddeutsche Zeitung* vor dem vermeintlich »sehr liberalen Asylanten- und Ausländerrecht« warnte. Wohin diese Hetze führen sollte, zeigte sich nur wenige Jahre später: Am 26. Mai 1993 schaffte der Bundestag nach zahlreichen Brandanschlägen auf Geflüchtetenunterkünfte und rassistischen Pogromen das Recht auf Asyl im Grundgesetz de facto ab. Seitdem erhalten Geflüchtete nur noch in Ausnahmefällen Asyl gemäß Grundgesetz. Lediglich internationale rechtliche Verpflichtungen der Bundesrepublik sind dafür verantwortlich, dass eine relevante Zahl von Geflüchteten in Deutschland heute überhaupt Asyl bekommt.

Am 22. Januar 1988 erließ die Bundesanwaltschaft gegen Dutzende vermeintliche PKK-Führungskader Haftbefehl. Der türkische Innenminister Mustafa Kalemi bedankte sich anschließend »mit großer Freude« dafür, dass man Rücksicht auf die türkischen Sorgen genommen habe.

Derweil strickte Generalbundesanwalt Rebmann weiter an seinem Mythos von der PKK als »Hauptfeind der inneren Sicherheit« Deutschlands. In einer Pressemitteilung vom 27. Juli 1988 erklärte er, sie habe die Entführung eines Richters oder Staatsanwalts geplant, um diese als Geiseln für den Austausch mit inhaftierten Kadern zu nutzen. Belege für die Behauptung konnte er allerdings nie vorlegen.

Doch viele Medien verbreiteten seine Äußerungen unkritisch weiter. Staatliche Behörden galten und gelten für die meisten Journalist:innen als eine derart vertrauenswürdige Quelle, dass sie sich in der Regel ohne weitere Prüfung auf diese verlassen. Für die kurdische Freiheitsbewegung war es deshalb schwierig, sich mit ihrer eigenen Perspektive gegenüber der des Bundesanwalts in der Öffentlichkeit durchzusetzen – ein grundsätzliches Problem, mit dem von Repression betroffene Gruppen allgemein auch heute noch zu kämpfen haben.

Ein Hamburger Kurde im größten Strafprozess der deutschen Geschichte

Am 24. Oktober 1989 begann schließlich der viereinhalb Jahre dauernde Düsseldorfer Prozess. Für ihn wurden Dutzende internationale Haftbefehle ausgestellt, unter anderem gegen Öcalan selbst, zwischenzeitlich mehr als 20 Kurd:innen inhaftiert und letztlich gegen 19 von ihnen Anklage erhoben. Schweden, Österreich und Frankreich lieferten mutmaßliche Verdächtige nach Deutschland aus, um ihnen hier den Prozess machen zu lassen. Die meisten der Angeklagten sprachen kein oder nur wenig Deutsch, einige nicht einmal Türkisch. Sie waren in Kurdistan aufgewachsen und im Laufe der 1980er-Jahre nach Westeuropa gekommen.

Eine Ausnahme bildete der zum Zeitpunkt seiner Inhaftierung erst 21-jährige Hüseyin Çelebi, Sohn einer türkischen Mutter und eines kurdischen Vaters, geboren in Hamburg. Seit seiner frühen Jugend war er als Sozialist erst in der deutschen Linken und später in der kurdischen Freiheitsbewegung aktiv. Sein ebenfalls sozialistischer Vater Rifat Çelebi prägte ihn dabei stark. Dieser hatte bereits im Jahr 1974 die erste kurdische Demonstration Deutschlands organisiert und seinen Sohn dazu mitgenommen. Das zweieinhalb Jahre vor seiner Haft begonnene Studium der Sozialpädagogik musste Hüseyin zwischenzeitlich wieder abbrechen. Nun war er der jüngste Angeklagte, saß in Isolationshaft und wurde wegen seiner guten Deutschkenntnisse und seines Wissens über das hiesige Rechtssystem zur wichtigsten Person, um gemeinsam mit den Anwält:innen die Verteidigungsstrategie im größten Strafprozess der deutschen Justizgeschichte auszuarbeiten.

Der zentrale Anklagepunkt des Düsseldorfer Verfahrens ist schnell auf den Punkt gebracht: die Existenz einer terroristischen Vereinigung innerhalb der PKK. Man beachte den Wortlaut: Nicht bei der PKK selbst, sondern lediglich bei einer Struktur innerhalb dieser handle es sich um eine terroristische Vereinigung. Was bis dahin als ein klarer Vorwurf erschien, offenbarte sich allerdings schnell als widersprüchlich, sobald der Ankläger in Form der Bundesanwaltschaft gebeten wurde, die mutmaßlichen Hintergründe und Details dieser Splittergruppe zu erläutern: Zunächst behauptete sie, dass die gesamte Führungsriege der PKK in Westeuropa und im Nahen Osten Teil der terroristischen Vereinigung sei; an anderer Stelle beschwor sie einen vermeintlich existierenden PKK-Geheimdienst als die eigentliche Terrorstruktur herauf; anschließend erklärte sie, dass auch die Gebietsverantwortlichen der PKK, also mittlere Kader, zu dieser Vereinigung gehören; und schließlich nahm sie den Standpunkt ein, dass nur eine Zelle innerhalb der Europaführung eine terroristische Struktur gebildet habe.

In der Anklageschrift warf die Bundesanwaltschaft den Angeklagten vor, Teil eines angeblich existierenden »Volks- und Revolutionsgerichts« der PKK zu sein, welches die Liquidierung von Parteifeinden beschließe.

Zudem behauptete man in der sogenannten Libanon-Anklage, dass zwei Personen »zu einem nicht bekannten Zeitpunkt im Januar/Februar 1987« in einem Guerillacamp der PKK im Libanon erschossen worden seien (vgl. Schultz 1998c: 38-41). Schließlich bemühte sich die Bundesanwaltschaft, eine Verbindung zwischen dem Mord an Olof Palme und den angeklagten Aktivist:innen herzustellen, scheiterte jedoch daran, konkrete Anhaltspunkte dafür zu finden. Neben der 430 Seiten starken Anklageschrift, hatte sie außerdem gerichtsrelevante Dokumente von insgesamt 30 000 Blatt beziehungsweise 170 Leitz-Ordnern zusammengetragen.

Aber Çelebi ließ sich von diesem Papierberg nicht abschrecken, sondern arbeitete ihn konsequent durch. Schnell erkannte er dabei Widersprüche, Lücken und lose Behauptungen. Nicht nur schuftete er fast jeden Tag, bis das Licht in seiner Zelle gelöscht wurde, an der Widerlegung der Anklageschrift, zugleich schrieb er regelmäßig seitenlange Briefe an seine Mitgefangenen und korrespondierte mit politischen Mitstreiter:innen außerhalb des Gefängnisses. Selbst die an intensive politische Arbeit gewöhnten PKK-Kader konnten sich nicht erklären, wie er dieses Pensum bewältigte.

Çelebi und die anderen Angeklagten begriffen das Verfahren gegen sich als Pilotprozess, mit dem der deutsche Staat Erfahrungen im Umgang mit politisch unliebsamen Befreiungsbewegungen wie der PKK sammeln wollte. Regelmäßig nannte Rebmann bei Pressekonferenzen etwa auch die irische IRA oder diverse palästinensische Organisationen als Beispiele für gefährliche antikoloniale Bewegungen, auf welche die Bundesrepublik eine Antwort finden müsse.

Gleichzeitig nahm gerade Çelebi die Anklage mit großem Humor: Als ihn ein Kamerateam später darauf ansprach, ob er und die anderen Angeklagten denn wirklich Terrorist:innen seien, antwortete er, dass selbst Jesus Christus nach der Definition des deutschen Staates ein Terrorist gewesen sei – und damit befänden sich die Kurd:innen immerhin in bester Gesellschaft.

Noch vor dem ersten Prozesstag erregte das Strafverfahren in der Öffentlichkeit erhebliche Aufmerksamkeit. Dabei erhielt insbesondere die Sichtweise der Bundesanwaltschaft medial großen Raum, sodass die meisten Medien eine Atmosphäre der Vorverurteilung transportierten. Nicht wenige Journalist:innen kritisierten allerdings auch den Charakter der Anklage im Prozess. Denn ein deutsches Gericht könne sich nicht anmaßen, über die Legitimität der Befreiungsbewegung eines anderen Landes zu urteilen. Damit berührten sie einen wichtigen Punkt: Noch nie zuvor hatte ein deutsches Gericht versucht, über Vorgänge Recht zu sprechen, die auf fremdem Staatsgebiet stattfanden, und noch nie zuvor war der Vorwurf der Bildung einer terroristischen Vereinigung gegen Mitglieder einer ausländischen Organisation angewandt worden – einer Organisation, die es zudem in der Bundesrepublik gar nicht offiziell gab. Offensichtlich hatte der Düsseldorfer Prozess einen internationaleren Charakter als jeder deutsche Strafprozess vor ihm. In der Praxis führte dies zu einer Reihe von Problemen.

Allein die notwendige Übersetzungsarbeit zwischen dem Deutschen, dem Türkischen und zwei unterschiedlichen kurdischen Dialekten[2] war ein komplexes Unterfangen. Ursprünglich sollte im Prozess simultan übersetzt werden, doch ein Gutachten kam zu dem Schluss, dass dies nicht möglich sei. Zu Verhandlungsbeginn waren die Gerichtsdolmetscher bereits damit überfordert, die durch die kurdischen Angeklagten verlesenen politischen Texte korrekt ins Deutsche und Türkische zu übersetzen (vgl. Eckes und Çelebı 2021: 158). Ihre Übersetzungsversuche waren voller Fehler, was insbesondere Çelebi im Verhandlungssaal immer wieder skandalisierte. Selbst Gerichtsakten wurden teilweise falsch oder tendenziös übersetzt (vgl. Schultz 1998c: 16).

Den Düsseldorfer Prozess begleitete eine Welle der öffentlichen Solidarität. Zur Demonstration anlässlich seines Auftakts waren etwa 18 000 Menschen gekommen. Dazu aufgerufen hatte ein Bündnis aus kurdischen, türkischen und deutschen Gruppen. An jedem Verhandlungstag füllten Gäste, die ihre Unterstützung für die Angeklagten zum Ausdruck bringen wollten, den Gerichtssaal. Hunderte weitere standen vor dem Gebäude, darunter nicht nur Kurd:innen sondern auch viele Deutsche. Um die Massen der Unterstützer:innen zu organisieren, entwickelte sich eine Art Ablösesystem: Alle halbe Stunde verließen einige Dutzend den Gerichtssaal, damit sogleich andere nachrücken konnten.

2 Das Kurdische hat mit Kurmandschi, Sorani und Zazaki drei verschiedene Hauptdialekte, die stark voneinander abweichen. Mit Mühe können sich Sprecher:innen der unterschiedlichen Varietäten im Alltag gegenseitig verstehen. Für komplexere Erörterungen, wie sie etwa vor Gericht getätigt werden, sind professionelle Übersetzungen aber unabdingbar.

Diese Solidarität äußerte sich nicht nur punktuell, sondern entwickelte einen kontinuierlichen Charakter. Deutschlandweit bildeten sich während der Hochphase des Prozesses in den 1990er-Jahren bis zu 37 Solidaritätskomitees, welche die Angeklagten in der Öffentlichkeit unterstützten und zugleich versuchten, die deutsche Bevölkerung über die Entwicklungen in Kurdistan zu informieren.

Auch Prozessbeobachter:innen aus Frankreich, den Niederlanden, Griechenland, Zypern, Schweden und Syrien erschienen zu den Verhandlungen, darunter renommierte Journalist:innen, Richter:innen und Parlamentarier:innen. In einem Brief an eine Freundin schrieb Çelebi, dass die Solidarität ihnen sehr viel Kraft gebe: »Die Zärtlichkeit der Völker wird für uns praktisch spürbar, wir fühlen sie« (Çelebi 1988: 156).

In den Gefängnissen selbst traten die Angeklagten im April 1989 gegen die Isolationshaft in den Hungerstreik. Parallel besetzten Aktivist:innen zur Unterstützung der Forderungen des Streiks den Kölner Dom. Daneben kam es zu zahlreichen weiteren Aktionen. Im Juni 1989 erklärte sich die Bundesanwaltschaft bereit, die Haftbedingungen der Gefangenen zu verbessern: Unter anderem gestattete man den gemeinsamen Hofgang und den Bezug von Zeitungen.

Für die Beweisaufnahme fanden Zeugenbefragungen in diversen Ländern Westeuropas und der Türkei statt. Dabei schreckte die Bundesanwaltschaft nicht vor der Zusammenarbeit mit türkischen Behörden, welche die kurdische Bevölkerung im eigenen Land unterdrückten, zurück. Stattdessen bat man diese, ihrerseits Ermittlungen zur Aufklärung der Tatvorwürfe aufzunehmen.

Als der Düsseldorfer Prozess schließlich am 7. März 1994 endete, waren bis dahin Kosten in Höhe von 70 Millionen D-Mark entstanden. Die Bundesanwaltschaft konnte keine Belege für die Tatvorwürfe gegen die meisten Angeklagten vorlegen. Zentrale Punkte wie die Existenz eines »Volks- und Revolutionsgerichts« zur Liquidierung von Parteifeinden der PKK sowie die Libanon-Anklage mussten fallengelassen werden. Ein Großteil der Verfahren war bereits zuvor wegen Geringfügigkeit eingestellt worden (vgl. Schultz 1998c: 39–41). Hüseyin Çelebi gehörte zu den ersten acht Angeklagten, die man im Februar 1990 aus der Haft entließ.

Die Verteidigung widerlegte einen Vorwurf nach dem anderen und der Bundesanwaltschaft gingen allmählich die Anklagepunkte aus. Um die vier übrigen, schon seit sechs Jahren in Haft sitzenden Angeklagten dennoch verurteilen zu können, musste sie also kreativ werden. Hilfe erhielt die Staatsanwaltschaft in dieser »Notsituation« durch das Bundesinnenministerium, das am 26. November 1993 das PKK-Betätigungsverbot erließ, welches nicht nur die PKK selbst, sondern auch deren sogenannte »Teil- und Nebenorganisationen« umfasste. Wir werden im folgenden Kapitel genauer erklären, was es mit diesem Fundament der Repression gegen die kurdische Freiheitsbewegung auf sich hat. Vorerst genügt es zu verstehen, dass es sich bei dem Verbot auch um eine Reaktion auf die Probleme der Bundesanwaltschaft im Düsseldorfer Prozess handelte. Da der Versuch, die PKK als die gefährlichsten Terrorist:innen Deutschlands zu stigmatisieren, misslungen war, brauchte es einen neuen juristischen Kniff, um die Partei zu kriminalisieren und öffentlich zu delegitimieren.

Lediglich 4 der 19 Angeklagten konnten letztlich verurteilt werden. Duran Kalkan und Ali Haydar Kaytan erhielten eine Freiheitsstrafe in Höhe von jeweils sechs und sieben Jahren. Da sie diese Zeit schon während des Verfahrens abgesessen hatten, kamen sie unmittelbar im Anschluss an den Prozess frei. Nur zwei Angeklagte wurden wegen eines beziehungsweise zweier Morde und eines Mordversuchs zu lebenslanger Haft verurteilt und nicht direkt entlassen (vgl. Schultz 1998c: 14, 40).

Kalkan sah sich von dem Urteil zu Unrecht stigmatisiert und legte deshalb Revision beim Bundesgerichtshof (BGH) ein, welche jedoch abgelehnt wurde. Auch die Verfassungsbeschwerde beim Bundesverfassungsgericht blieb erfolglos, weshalb er sich im Juli 1997 wegen eines Verstoßes gegen den Gleichheitsgrundsatz an den Europäischen Gerichtshof für Menschenrechte wandte. Dieser stellte schließlich fest, dass es sich bei der sechsjährigen Untersuchungshaft Kalkans um einen Verstoß gegen die Europäische Menschenrechtskonvention gehandelt hatte. Damit gab man ihm recht.

Noch gravierender als die überlange Untersuchungshaft waren die Zeug:innen, welche die Bundesanwaltschaft während des Verfahrens aufgerufen hatte. So konnte die Verteidigung etwa einen von ihnen als V-Mann des türkischen Geheimdienstes MİT entlarven (vgl. Eckes und Çelebi 2021: 83). Vor allem wurde mehrfach auf sogenannte Kronzeug:innen zurückgegriffen. Diese agieren ähnlich wie Belastungszeug:innen im Sinne der Anklage, jedoch mit dem Unterschied, dass sie in der Vergangenheit selbst straffällig geworden waren. Für den Verrat gegenüber ihren ehemaligen Mitstreiter:innen erhalten sie im Austausch eine besonders milde Strafe. Erstmals in Deutschland bei RAF-Verfahren angewandt, hatte man diese hoch umstrittene Regelung im Zuge des Düsseldorfer Prozesses durch Beschluss des Bundestags im September 1989 neu in das deutsche Recht eingefügt.

Für ihre Aussage vor Gericht waren die Kronzeugen im Vorfeld geschult worden, indem die Bundesanwaltschaft sie über die Strategie der Verteidigung unterrichtete. Da man sie zudem über Versprechungen auf Strafnachlass gefügig gemacht hatte, alles vor Gericht zu sagen, was die Anklage plausibilisieren könnte, waren ihre Einlassungen für die Wahrheitsfindung wertlos. Dennoch wurden diese als Beweismittel herangezogen.

Der wichtigste Kronzeuge des Düsseldorfer Prozesses war Ali Çetiner, ein Gründungsmitglied und in den 1980er-Jahren Europaverantwortlicher der PKK, den man im Oktober 1987 jedoch nach einer internen Untersuchung von all seinen Ämtern enthoben und aus der Partei ausgeschlossen hatte (vgl. Schultz 1998c: 16). Nach seiner Verhaftung wegen Mordverdachts zeigte er sich bereit, alles dafür zu tun, um möglichst schnell wieder auf freien Fuß zu kommen – auch wenn das hieß, seine ehemaligen Mitstreiter:innen dem deutschen Staat auszuliefern. Für Çetiner war Verrat nichts Neues: Schon als man 1988 in Schweden die »Kurdenspur« im Mordfall Palme wieder aufwärmen wollte, trug er bereitwillig im Auftrag der Säpo dazu bei. Nun wurde er nach Deutschland »ausgeliehen«, um hier sein Lied von der Täterschaft der PKK zu singen (vgl. Schultz 1998c: 16). Nach Meinung zahlreicher unabhängiger Prozessbeobachter:innen wären ohne den Einsatz von Kronzeugen wie Çetiner nicht einmal die wenigen Verurteilungen möglich gewesen, zu denen es tatsächlich kam. Die Bundesanwaltschaft erklärte, dass insbesondere seine Aussagen »außerordentlich wichtig« gewesen seien; davor habe sie sich nur auf eine »mutige Indizienkette« gestützt.

Vor Gericht fiel Çetiner durch seine extrem schlechte psychische Verfassung auf, machte aber dennoch umfassende Aussagen über die europaweite Struktur der PKK und lieferte »Informationen«, mit denen 4 der ursprünglich 19 Angeklagten verurteilt werden konnten. Was davon wahr und was erlogen war, ließ sich kaum beurteilen. An späteren Verhandlungstagen relativierte er zudem die Aussagen, die er bei seinen ersten Befragungen getroffen hatte, erheblich. Çetiner, dem selbst eine lebenslange Freiheitsstrafe drohte, wurde für seine Kooperation vom deutschen Staat großzügig belohnt und in einem gesonderten Prozess für den von ihm begangenen Mord zu äußerst milden fünf Jahren Haft verurteilt.

Nach dem Ende der Verhandlungen erklärte der Senatsvorsitzende Richter im Rahmen der Urteilsbegründung, dass sich so ein Prozess nicht wiederholen dürfe. Tatsächlich sollte es ein solches Verfahren in einem derartigen Umfang nie wieder geben. Dennoch war der Düsseldorfer Prozess der Prototyp für die Verfolgung von PKK-Kadern mit dem Terrorismusvorwurf in Deutschland, weil darin erstmals gerichtlich festgestellt wurde, dass es sich bei der Organisation um eine terroristische Vereinigung handle. Wer sich fortan in ihr engagierte, stand deshalb unter unmittelbarem Terrorismusverdacht.

Über die Kronzeugenregelung war eine juristisch relevante Theorie entwickelt worden, wie die PKK in Deutschland funktioniere, auf die man sich in späteren Verfahren immer wieder berufen konnte. Später verweigerten sich die Gerichte daher oft der Debatte, ob es sich bei der PKK um eine terroristische Vereinigung handelt, mit der Begründung, dass dies bereits festgestellt worden sei. Nun ging es lediglich um den Nachweis, was der jeweilige Angeklagte in der Organisation für Aufgaben übernommen hatte.

Was sich in Düsseldorf abspielte, war deshalb kein herkömmlicher Prozess im juristischen Sinne, sondern vielmehr ein Angriff auf den Befreiungskampf des kurdischen Volkes. Auch wenn Çelebi, die Angeklagten und ihre Verteidigung dessen Inszenierung erfolgreich unterlaufen konnten, zieht das Verfahren unheilvolle Konsequenzen nach sich: Eine politisch motivierte und nicht ergebnisoffene Prozessführung ist bis heute im Umgang mit Personen aus der kurdischen Freiheitsbewegung charakteristisch. Dagegen gerieten die rechtsstaatlich fragwürdigen Umstände, unter denen die wenigen Verurteilungen zustande gekommen waren, in der Öffentlichkeit bald in Vergessenheit.

Çelebi entschied sich, nicht länger in Deutschland zu bleiben, sondern ein aktiver Teil des Kampfes in Kurdistan zu werden. Mitte Oktober 1992 starb er im Alter von nur 25 Jahren beim Versuch, ein Guerilla-Camp der PKK zu verteidigen. Rifat Çelebi fand das Grab seines Sohnes erst 23 Jahre später in den Haftanin-Bergen, bettete ihn um und begrub ihn feierlich gemeinsam mit anderen kurdischen Guerilla-Kämpfer:innen.

5 Ein Bewegungsverbot, das ein Vereinsverbot sein will: Die PKK wird in die Illegalität gedrängt

Als die türkische Armee in der ersten Hälfte der 1990er-Jahre in Nordkurdistan Tausende Dörfer zerstörte, war davon auch das nahe Amed (türkisch: Diyarbakır) gelegene Licê (dt.: Lice) betroffen. Am 22. Oktober 1993 verübten türkische Militärs in der kurdischen Kleinstadt ein Massaker. Mindestens 30 Zivilist:innen wurden unter Einsatz deutscher Waffen ermordet, die Überlebenden größtenteils vertrieben, ihre Häuser mit Flammenwerfern in Brand gesteckt und ihr Dorf durch Bombenabwürfe nahezu vollständig ausradiert.

Da auch deutsche Medien berichteten, wusste die Gesellschaft hierzulande schnell um die Kriegsverbrechen der türkischen Armee. Im Gegensatz zur Regierung war die kurdische Bevölkerung äußerst aufgebracht darüber, was in Kurdistan geschah. Zu Tausenden protestierten sie vor den Konsulaten der Türkei und anderen türkischen Institutionen in Deutschland. In schneller Abfolge kam es zu mehreren militanten Aktionen gegen beispielsweise Reisebüros, Banken, Firmen und Fluggesellschaften. Im November 1993 wurden 59 türkische Einrichtungen vor diesem Hintergrund angegriffen. Für welche Anschläge dabei die PKK verantwortlich zeichnete und welche sich spontan aus der aufgeheizten Stimmung ergaben, ist kaum zu rekonstruieren.

Am 4. November 1993 warfen PKK-Anhänger:innen Brandsätze in den Gastraum der türkisch geführten Kneipe Hermannseck in Wiesbaden. Ein Mensch starb in den Flammen – das erste Opfer eines Brandanschlags der PKK in Deutschland. Erst weitaus später, im Jahr 2009, gestand der frühere Leiter der PKK-Region Süddeutschland, Aslan Y., vor dem Oberlandesgericht (OLG) Frankfurt am Main seine

Mitverantwortlichkeit an mehreren Angriffen dieser Art zwischen November 1993 und Februar 1994, darunter auch auf die Kneipe Hermannseck. Für seine Taten wurde er zu einer Freiheitsstrafe von vier Jahren verurteilt (vgl. Morres 2013: 52). Doch obwohl die Urheberschaft Anfang November 1993 noch unklar war, bekräftigte Außenminister Klaus Kinkel (FDP), der sich schon Monate zuvor für ein PKK-Verbot ausgesprochen hatte, erneut: »Die PKK muss sofort verboten werden!«

Spätestens seit dem Giftgasangriff auf Helebce (dt.: Halabdscha) galten Kurd:innen in der deutschen Öffentlichkeit als Opfer (vgl. Brauns 2019). Selbst der PKK-Prozess hatte daran im Wesentlichen nichts ändern können. Nun wandelte sich jedoch das öffentliche Bild: Deutschland diskutierte über ein angebliches »Kurdenproblem« und der diffamierende Begriff der »Terrorkurden« machte die Runde. Eine rassistische Denklogik nach dem Muster »Kurd:in = PKK = Terrorismus« begann sich in den Köpfen festzusetzen.

Bereits am 10. November 1993 debattierte der Bundestag über »Anschläge terroristischer Kurdenorganisationen auf türkische Einrichtungen in Deutschland und die deutsch-türkischen Beziehungen«. Bundesinnenminister Manfred Kanther (CDU) wollte, wie große Teile der Gesellschaft damals, nicht einsehen,, dass Deutschland längst zu einem Einwanderungsland geworden war: Anstatt die Kurd:innen als dessen Einwohner:innen mit eigenen Rechten und Bedürfnissen zu verstehen, verkündete er, dass das deutsche »Gastrecht missbraucht« werde. Was er damit nicht sagte, aber implizierte: Ein Gast habe keine Ansprüche zu stellen, sondern sich an die Regeln des »Gastlandes« zu halten.

Doch so etwas wie ein »Gastrecht« existiert in der Bundesrepublik nicht: Die Rechte der Kurd:innen leiten sich wie die aller anderen Einwohner:innen Deutschlands von ihrem Aufenthaltsstatus und ihrer Staatsbürgerschaft ab. Kanthers Gerede vom Gastrecht war deshalb offensichtlicher Populismus.

Außenminister Kinkel stimmte in diese Stimmungsmache mit ein und ließ wissen, dass »der durch ausländische Mitbürger verübte Terror in unserem Land uns mit Abscheu erfüllt«, und verwies anschließend auf die »Bedrohung des türkischen Staats« durch die PKK (Schultz 1998c: 44).

Im selben Monat gingen in Bonn 20 000 Kurd:innen und solidarische Unterstützer:innen auf die Straße und forderten, dass Deutschland einen Beitrag zur Lösung des Konflikts zwischen der PKK und dem türkischen Staat leisten solle, anstatt kurdische Organisationen im eigenen Land zu verbieten (vgl. Morres 2013: 8). Ihre Rufe verhallten ungehört.

Auf der mehrtägigen Innenministerkonferenz Ende November 1993 debattierte man kontrovers über ein mögliches PKK-Betätigungsverbot. Letztlich konnte sich Kanther durchsetzen. So trat am 26. November 1993 durch Verfügung des Bundesinnenministeriums das PKK-Betätigungsverbot in Kraft. Die kurdische Freiheitsbewegung bekam nun in der Breite die volle Wucht des deutschen Repressionsapparates zu spüren.

Am Tag des Erlasses durchsuchten mehr als 600 Polizeibeamt:innen, kurdische Organisations-, Geschäfts- und Wohnräume an über 100 Orten. Etliche Vereinslokale wurden leergeräumt und deren Vermögen beschlagnahmt. Um auch gegen die Kader der Bewegung vorzugehen, erstattete man gegen mehrere kurdische Politiker:innen gleichzeitig unter dem vorgeschobenen Verdacht der »Bildung einer terroristischen Vereinigung« Anzeige.

Insgesamt waren 35 Vereine in 29 Städten, darunter überregionale Organisationen wie der Dachverband kurdischer Vereine FEYKA Kurdistan und Verlage, von der ursprünglichen Verbotsverfügung betroffen. Abrupt endete ihre Arbeit, weil die oft schwer bewaffneten Polizist:innen nicht nur die Einrichtung der Vereine konfiszierten, sondern deren Räumlichkeiten anschließend versiegelten, sodass diese nicht länger betreten oder benutzt werden konnten. Für die kurdische Freiheitsbewegung begann damit eine Phase besonders intensiver Repression.

Juristische Hintergründe des PKK-Betätigungsverbots

Die PKK trägt ihr Selbstverständnis, eine politische Partei zu sein, bereits im Namen. Für Parteienverbote ist in Deutschland laut Grundgesetz das Bundesverfassungsgericht zuständig. Doch für die Entfesselung des deutschen Repressionsapparates und das Verbot der PKK kam ein Rechtsgebiet zur Anwendung, das wohl die wenigsten mit politischer Verfolgung in Zusammenhang bringen würden: das Vereinsrecht. Ohne weitere Erläuterung stellte die Verbotsverfügung des Bundesinnenministeriums lapidar fest, dass es sich bei der PKK nicht um eine Partei im Sinne des Grundgesetzes handle. Das Bundesverfassungsgericht war damit außen vor und der Weg für ein Verbot nach dem Vereinsgesetz frei. Die Hürden für ein Verbot wurden dadurch erheblich gesenkt.

Das »PKK-Verbot« erforderte jedoch noch weitere gewagte juristische Kniffe. Denn wie sollte das Bundesinnenministerium überhaupt eine Organisation verbieten, die offiziell gar nicht in Deutschland tätig war? Die Verfasser:innen der Verfügung hatten diese Problematik durchaus vor Augen, argumentierten aber, dass die PKK verdeckt über deren angebliche »Teil- und Nebenorganisationen« hierzulande aktiv sei. Das sogenannte »PKK-Verbot« erstreckt sich daher nicht nur auf die Partei als solche. Von der PKK unabhängige Vereine und Organisationen der kurdischen Freiheitsbewegung wurden also in der ursprünglichen Verfügung schlicht als Teil- oder Nebenorganisationen definiert, um sie daraufhin verbieten zu können. Hierbei nahm man vor allem die Massenorganisation ERNK, den Berxwedan-Verlag sowie die Nachrichtenagentur Kurd-Ha ins Visier. Nicht nur wurden diese Vereinigungen mit dem Erlass aufgelöst und eine Betätigung in ihnen unter Strafe gestellt, zugleich kriminalisierte man auch das Zeigen ihrer Kennzeichen und Symbole. Das PKK-Betätigungsverbot galt zudem insbesondere für die Gründung etwaiger Ersatzorganisationen.

Während sich der Erlass selbst auf eine ganze Reihe von Paragrafen des Vereinsgesetzes stützte, waren und sind die Aktivist:innen und Sympathisant:innen der kurdischen Freiheitsbewegung insbesondere mit Paragraf 20 desselben, der sich mit der »Zuwiderhandlung gegen öffentliche Verbote« befasst, konfrontiert. Um hiervon betroffen zu sein, genügt es bereits, ein T-Shirt oder eine Halskette mit PKK-Symbolik zu tragen. Allein in den ersten vier Jahren nach der Verfügung wurden Tausende Ermittlungsverfahren nach Paragraf 20 Vereinsgesetz eröffnet (vgl. Schultz 1998a: 57). Für schuldig Befundene hatten eine Freiheitsstrafe von bis zu einem Jahr oder empfindliche Geldstrafen zu befürchten.

Engagement in Vereinigungen der kurdischen Freiheitsbewegung galt nun als »verdeckte« Betätigung für die PKK und war damit verboten. Eine solche, wie der Erlass sie unterstellt, existierte jedoch nicht: Die Aktivitäten in den verbotenen kurdischen Vereinen unterschieden sich qualitativ erheblich von der Arbeit der PKK-Kader. Auch wenn die Freiheitsbewegung in den 1990er-Jahren noch zentralistischer organisiert war, wurde die Verbotsverfügung ihrer realen Struktur schon damals nicht gerecht. Bis heute witzeln Aktivist:innen, dass die deutschen Behörden anscheinend glauben, die kurdischen Vereine in Deutschland erhielten ihre Anweisungen direkt per Anruf vom PKK-Zentralkomitee aus dem Nahen Osten.

Galgenhumor hilft, angesichts der eigenen Verfolgung nicht zu verzweifeln. Welche Ausmaße das »PKK-Verbot« bereits in seinen frühen Jahren angenommen hatte, zeigte sich etwa am Vorgehen gegen den Kurdischen Elternverein München. Diesen Familientreffpunkt, in dem Eltern unter anderem Kurdisch-Unterricht für ihre Kinder organisierten, weil sie ihn an staatlichen Schulen nicht erhielten, verbot der bayrische Innenminister Günther Beckstein (CSU) am 30. November 1995 unter Rückgriff auf den jüngst verabschiedeten Erlass: Angeblich plane man in dem Verein insgeheim Terroranschläge. Am darauffolgenden Tag durchsuchten bewaffnete Polizist:innen in Kampfmontur den Treffpunkt sowie 14 Privatwohnungen – eine weitere traumatisierende Erfahrung für Kinder und Eltern, die erst wenige Jahre zuvor aus der Türkei hatten fliehen müssen.

Nach der Verfügung, der 35 Vereine zum Opfer gefallen waren, sollte der Verbotseifer der deutschen Innenpolitik bis heute noch mindestens 17-mal zuschlagen. Doch selbst für diejenigen Organisationen, die der kurdischen Freiheitsbewegung nahestehen und nicht direkt von einem Verbot betroffen sind, gehören Überwachung und einschüchternde Razzien häufig zum Alltag.

Zur Begründung des PKK-Betätigungsverbots führte der Erlass im Wesentlichen fünf Argumente auf: Erstens verstieße die PKK gegen Strafgesetze; zweitens gefährde sie die innere Sicherheit; drittens stelle sie ein Risiko für die öffentliche Ordnung dar; viertens handle sie dem

»Gedanken der Völkerverständigung« zuwider und fünftens bedrohe sie »sonstige erhebliche Belange der Bundesrepublik Deutschland«.

Etliche Passagen im vorliegenden Buch widerlegen diese Begründung implizit. Warum die Argumente schon damals äußerst fragwürdig waren und heute nichts anderes als absurd sind, werden wir erst im letzten Kapitel explizit erläutern. An dieser Stelle wollen wir deshalb nur auf zwei Begründungen des Erlasses tiefer eingehen, weil sich an ihnen exemplarisch zeigt, wie schamlos das Bundesinnenministerium 1993 vorging.

So rechtfertigte man das Verbot mit der Behauptung, die Aktivitäten der PKK würden »erheblich das Verhältnis [Deutschlands] zum türkischen Staat« stören. Die »politische Agitation der PKK und ihr nahestehender Organisationen« habe »zwischenzeitlich ein außenpolitisch nicht mehr vertretbares Ausmaß erreicht«. Wollte man daraus einen allgemeinen Grundsatz ableiten, so müsste man sagen, dass die Redefreiheit nach Auffassung des Bundesinnenministerium dort endet, wo sie den außenpolitischen Belangen des deutschen Staates im Wege steht.

Zudem behauptete man, die verübten Straftaten der PKK behindern »das friedliche Zusammenleben sowohl in der Türkei als auch in Deutschland«. Da erstere zu dem Zeitpunkt, als diese Zeilen geschrieben wurden, gerade einen brutalen Krieg gegen die eigene kurdische Bevölkerung führte (siehe Kapitel 2), kommt man nicht umhin, das Argument als einen Fall zynischer Täter-Opfer-Umkehr zu bezeichnen.

Mit dem PKK-Betätigungsverbot wurde die notwendige politische Auseinandersetzung mit der kurdischen Freiheitsbewegung durch ihre polizeiliche und justizielle Unterdrückung ersetzt. Die Grundrechte ihrer Aktivist:innen, darunter die Vereinigungs-, Versammlungs-, Meinungs- und Pressefreiheit, waren nunmehr scharf begrenzt und teilweise sogar abgeschafft. Die Folgen des Erlasses sind letztlich zu vielfältig, um sie in einem Kapitel aufzulisten. Das seit 30 Jahren geltende PKK-Betätigungsverbot, welches dem Namen nach eine Partei verbietet und selbst ein Vereinsverbot sein will, ist bis heute das entscheidende Instrument zur Kriminalisierung der kurdischen Freiheitsbewegung, die Basis der Repression gegen Kurd:innen in Deutschland und zugleich ein besonderes Zugeständnis an die Interessen des türkischen Staates.

Geopolitische Gründe des »PKK-Verbots«

Auch wenn die kurdische Freiheitsbewegung in Deutschland Anfang der 1990er-Jahre viel Arbeit damit hatte, sich gegen ihre Kriminalisierung zu wehren, erreichte sie dennoch einen ersten Erfolg bei ihrem eigentlichen Hauptziel, der Aufklärung der deutschen Öffentlichkeit. Als die Bundesrepublik zu dieser Zeit Panzer und anderes Militärgerät unter anderem aus DDR-Beständen an den türkischen Staat lieferte und dessen Einsatz 1992 im Krieg gegen die kurdische Bevölkerung nachgewiesen werden konnte, berichtete man nun erstmals auch hierzulande kritisch über die Unterstützung der Türkei.

Für die deutsch-türkischen Beziehungen war diese Kritik allerdings eine Belastung. Dass gerade Außenminister Kinkel schon seit Beginn seiner Amtszeit forderte, die PKK zu verbieten, sollte deshalb kaum verwundern – die Türkei bestand schließlich darauf. Die damalige türkische Ministerpräsidentin Tansu Çiller besuchte am 20. September 1993 die Bundesrepublik und führte dabei intensive Gespräche unter anderem mit Bundeskanzler Kohl. Auf ihrer Agenda stand zu dieser Zeit das internationale Vorgehen gegen die kurdische Freiheitsbewegung. Nur wenig später traf sie sich auch mit US-Präsident Bill Clinton. Als die kurdischen Proteste in Deutschland eskalierten, waren diese Unterredungen schon längst abgeschlossen. Der tragische Tod eines Besuchers der Wiesbadener Kneipe Hermannseck erweist sich deshalb rückblickend nicht als *Ursache* für das PKK-Betätigungsverbot, sondern als *Anlass*. Die entscheidenden Gründe sind bis heute außen- und geopolitischer Natur – dieselben, aus denen heraus der deutsche Staat wegschaute, als die türkische Armee mit den von ihm gelieferten Waffen Kriegsverbrechen gegen die kurdische Zivilbevölkerung verübte.

Deutschland hatte und hat starke Interessen in der Türkei. Die vielfältigen Rüstungsexporte der Bundesrepublik während der 1980er- und 1990er-Jahren haben wir bereits in Kapitel 2 beschrieben. Doch auch in der jüngeren Legislaturperiode von 2017 bis 2021 befand sich die Türkei immer noch unter den zehn wichtigsten Abnehmern deutscher Waffenexporte. Die engen ökonomischen Verflechtungen zwischen den beiden Ländern bestehen seit Jahrzehnten; 2022 erreichte das bilaterale Handelsvolumen mit 51,6 Milliarden Euro einen vorläufigen Höhepunkt. Fast 8 000 deutsche Unternehmen beziehungsweise türkische Unternehmen mit deutscher Kapitalbeteiligung sind in der Türkei tätig.

Parallel erfüllt das Land für die gesamte westliche Welt eine wichtige geostrategische Funktion: Zur Zeit des Düsseldorfer Prozesses in den 1980er-Jahren bildete die Türkei die Ostflanke der NATO zur Sowjetunion – ein Außenposten, fernab der westlichen Kernstaaten des Pakts. Durch ihren regionalen Einfluss sollte eine Dominanz der UdSSR in der an Bodenschätzen reichen arabischen Welt verhindert werden. In den 1990er-Jahren, nach dem Fall der Sowjetunion, galt die Türkei weiterhin als Brücke zwischen Europa und dem Nahen Osten. Zudem hoffte man weiterhin, mit ihrer Hilfe den Einfluss des misstrauisch beäugten Russlands in Zentralasien und der arabischen Welt zurückdrängen zu können. Auch heute noch hat das Land am Bosporus diese Brückenkopf-Funktion. Doch wegen seiner guten Beziehungen zu Russland gilt es zugleich als der untreue NATO-Partner, dessen Abdriften in den chinesisch-russischen Machtblock mit Diplomatie und Zugeständnissen unbedingt verhindert werden muss.

Die kurdische Freiheitsbewegung analysierte das besonders enge Verhältnis zwischen deutschem und türkischem Militär, das bis in die Zeit des Osmanischen Reiches zurückgeht, stets als »Waffenbrüderschaft«. Das PKK-Betätigungsverbot sei demnach eine konsequente Fortsetzung dieser toxischen Beziehung.

Das »PKK-Verbot« als Startpunkt einer Eskalationsspirale

Falls das Bundesinnenministerium gehofft hatte, dass die kurdische Freiheitsbewegung mit dem PKK-Betätigungsverbot verschwinden würde, erreichte sie damit das genaue Gegenteil. Statt die staatliche Schließung ihrer Vereinsräumlichkeiten zu akzeptieren, brachen vielfach Kurd:innen kurzerhand in diese ein und besetzten sie. Gleichzeitig ging die Bewegung juristisch gegen die Verbotsverfügung vor. Sämtliche verbotenen Vereinigungen mit Ausnahme der PKK und ERNK reichten vor dem Bundesverwaltungsgericht Klage ein. Mit der Entscheidung vom 19. Juli 1994 durften alle örtlichen kurdischen Vereine ihre Tätigkeit legal weiterführen. Dadurch hatten sie sich erfolgreich gegen das PKK-Betätigungsverbot gewehrt. Für überregionale Organisationen wie FEYKA Kurdistan galt die Verbotsverfügung jedoch weiterhin (vgl. Schultz 1998c: 48 f.).

Welcher soziale Sprengstoff in dem PKK-Betätigungsverbot steckte, zeigte sich erstmals zum kurdischen Newroz-Fest 1994. Ähnlich wie in der Türkei wurden die damit verbundenen Veranstaltungen fast überall in Deutschland verboten. Die kurdische Freiheitsbewegung war aber fest entschlossen, sich das Feiern dieses wichtigsten kulturellen Festes nicht verbieten zu lassen. Vor allem in Mannheim und Augsburg eskalierten die Auseinandersetzungen zwischen Polizei und Kurd:innen infolgedessen. Der bayrische Innenminister Günther Beckstein ließ die Polizei alle Reisebusse auf der Straße nach Augsburg anhalten, um Kontrollen durchzuführen. Die anreisenden Kurd:innen besetzten daraufhin aus Protest die Autobahnen. Später griff die Polizei kurdische Feierlichkeiten an: 1017 Ermittlungsverfahren, unter anderem wegen schweren Landfriedensbruchs, waren die Konsequenz (vgl. Bürgel 1997: 103) – einige von ihnen mündeten in Abschiebungen oder mehrjährigen Haftstrafen ohne Bewährung. Auch außerhalb von Augsburg und Mannheim kam es an vielen Stellen zu Autobahnbesetzungen. Verbote von Newroz-Feiern waren in den nächsten Jahren keine Seltenheit. So sehr wie 1994 sollte die Situation aber nie wieder eskalieren.

Im September desselben Jahres wollten Frauen der kurdischen Freiheitsbewegung von Mannheim zum Europarat nach Straßburg ziehen, um gegen die türkischen Kriegsverbrechen in Kurdistan zu demonstrieren. Der Protestmarsch wurde jedoch verboten. Daraufhin besetzten sie friedlich das Mannheimer Rathaus und forderten, dass dieser dennoch stattfinden dürfe. Die Polizei nahm sie unter Gewaltanwendung fest und setzte dabei ihre Schlagstöcke ein: Mehrere Frauen wurden verletzt und erlitten Knochenbrüche, zwei Schwangere unter ihnen sogar Fehlgeburten (vgl. Bürgel 1997: 104).

Allgemein fanden zu dieser Zeit etliche Protestaktionen der kurdischen Freiheitsbewegung statt – und etliche Male wurde darauf mit harter Repression reagiert. Um sich dagegen zur Wehr zu setzen, griffen die PKK und ihre Anhänger:innen in Auseinandersetzung mit dem deutschen Staat auch auf militante Mittel zurück. Die bereits erwähnten Anschläge auf türkische Geschäfte und Einrichtungen setzten sich 1994 fort, was das Bild der Kurd:innen in der Öffentlichkeit noch weiter verschlechterte. Aktionen wie diese lieferten den Medien immer neue Anlässe, um die PKK zu diffamieren: »Ferngesteuerter Terror der PKK«, »Kommunistische Terrororganisation« und »Polit-Kriminelle« waren einige der Urteile, die *Spiegel*, *Focus*, *Frankfurter Allgemeine* und andere damals über die Bewegung fällten (zitiert nach Schultz 1998b: 55). Die Solidarität mit der kurdischen Freiheitsbewegung selbst unter progressiv eingestellten Unterstützer:innen begann zu schwinden.

Gleichzeitig kritisierten deutsche Medien jedoch auch die Bundesregierung für ihre Mitverantwortung an dem Krieg zwischen dem türkischen Staat und der PKK. Mit ihrer Außenpolitik trage sie eine Teilschuld daran, dass der Konflikt nach Deutschland »importiert« werde. Diese Vorstellung eines in die Bundesrepublik importierten Konflikts hält sich bis heute. Doch wird sie der Realität einer Gesellschaft, der die Kurd:innen schon lange angehören, nicht gerecht. Mindestens die Hälfte der Türk:innen und Kurd:innen, die in Deutschland leben, sind hier geboren und aufgewachsen. Die Bundesrepublik ist über ihre eigene Geschichte, Politik und Bevölkerung tief mit dem Krieg um Kurdistan verwoben und die Rede vom »Konfliktimport« dient lediglich dazu, diese über viele Jahrzehnte gewachsene Tatsache zu verschleiern.

Die starke Repression und sinkende öffentliche Unterstützung für die kurdische Freiheitsbewegung taten dem Aktivismus innerhalb der kurdischen Bevölkerung allerdings keinen Abbruch. Im Gegenteil: Der damalige ERNK-Europasprecher Kani Yılmaz behauptete, dass die Mitgliederzahl seiner Organisation seit dem »PKK-Verbot« um das Doppelte angewachsen sei. Auch der *Spiegel* schlussfolgerte angesichts der vielfältigen Aktivitäten der kurdischen Freiheitsbewegung im Juli 1995, dass das PKK-Verbot die Bewegung weiter gestärkt habe (Der Spiegel 1995). Das Bundesinnenministerium und die ihm unterstellten Behörden konnten deshalb mit der Bilanz des Erlasses unmöglich zufrieden sein.

In dieser Situation reagierte der deutsche Staat widersprüchlich: Während einerseits die Behörden weiter an der Eskalationsspirale drehten, versuchten andererseits Innenpolitiker:innen und Geheimdienste auf höherer Ebene neue Wege zu gehen. So traf im August 1995 der Abteilungsleiter des Verfassungsschutzes, Klaus Grünewald, Öcalan in dessen Hauptquartier und verdeutlichte ihm, dass eine Ausweitung des bewaffneten Kampfes auf Deutschland gravierende Folgen hätte. Bei dem Gespräch wurde die Möglichkeit eines anderen Kurses der PKK deutlich.

Dennoch untersagte man am 12. März 1996 in Dortmund die Demonstration für eine »Politische und Demokratische Lösung in Kurdistan«. Bei der Durchsetzung des Verbots kam es zu einer de facto polizeilichen Abriegelung des Landes Nordrhein-Westfalen: An allen größeren Straßen, Bahnhöfen, Grenzübergängen oder Autobahnen wurden einreisende Kurd:innen durchsucht, zurückgeschickt und in zuvor nicht gekanntem Ausmaß massenhaft verhaftet. Öcalan reagierte, indem er aus Syrien dem deutschen Staat drohte: Würden die Festgenommenen in die Türkei abgeschoben, gäbe es in Deutschland Selbstmordanschläge.

Nur wenige Wochen später, Anfang April 1996, verbreitete die Bundesregierung schließlich über die Kölner Boulevardzeitung *Express* die Meldung, dass die PKK einen Anschlag auf Bundeskanzler Kohl plane. Hierbei bezog sie sich auf Informationen des Bundeskriminalamtes (BKA), welches diese wiederum aus einer sehr dubiosen, unglaubwürdigen Quelle erhalten hatte. Weitere Ermittlungen des BKA ergaben schnell, dass es keine Hinweise auf ein geplantes Attentat der PKK gab. Trotzdem hatte die Bundesregierung die Informationen zur Boulevardpresse durchgestochen – denn derartige Gerüchte waren ihr dabei behilflich, ihre harte Politik gegen die PKK vor der Öffentlichkeit zu rechtfertigen.

Teile der Zivilgesellschaft hatten das extreme Ausmaß der Repression gegen die kurdische Freiheitsbewegung inzwischen erfasst. 1996 stellt der deutsche Strafverteidigertag fest, dass es in den Jahren nach dem PKK-Betätigungsverbot zur größten Welle polizeilicher Massenfestnahmen in der Nachkriegsgeschichte gekommen war.

Den entscheidenden Schritt, um diese Eskalationsspirale aufzuhalten, ging schließlich Öcalan. In einem Interview mit der BBC im April 1996 erklärte er, dass die Behauptungen von geplanten Attentaten der PKK gegen deutsche Politiker:innen jedweder Grundlage entbehren. Die Gewalteskalation in der Bundesrepublik sei sinnlos und werde von ihm abgelehnt. An die Anhänger:innen der kurdischen Freiheitsbewegung in Europa appellierte Öcalan, auf Gewalt zu verzichten und sich an die Gesetze zu halten. Sie taten, was er von ihnen verlangte.

Im Gegenzug erlaubte die Bundesregierung wieder Festivals der kurdischen Freiheitsbewegung mit mehreren Zehntausend Teilnehmer:innen. Während die Polizei bei diesen Großveranstaltungen über das Zeigen von PKK-Symbolik hinwegsah, wurden Aktivist:innen bei kleineren Versammlungen dafür festgenommen und Ermittlungen wegen des Verstoßes gegen das Vereinsgesetz eingeleitet.

Im August 1997 verstärkte Öcalan seine Bemühungen für eine Deeskalation und proklamierte in einem ZDF-Interview den bedingungslosen Gewaltverzicht der PKK in Deutschland. Zwar wurde die kurdische Freiheitsbewegung dadurch nicht entkriminalisiert, doch die Verfolgungsintensität nahm in der Folge merklich ab. Die Zahl der Ermittlungsverfahren gegen PKK-Anhänger:innen sank und ab 1998 verfolgte der Staat die Kader der Partei nicht mehr unter dem Terrorismusparagrafen des Strafgesetzbuches. Damit galten diese für deutsche Behörden nun nicht länger als Terrorist:innen, sondern als gewöhnliche Kriminelle – eine zaghafte Verbesserung.

Auch wenn die PKK bis heute grundsätzlich auf Gewalt in Deutschland und Europa verzichtet, kam es nie zu einem grundsätzlichen Bruch in der Repressionspolitik des deutschen Staates. Das Betätigungsverbot besteht seit 30 Jahren fort und stellt immer noch das zentrale Instrument zur Kriminalisierung der kurdischen Freiheitsbewegung dar. Doch nicht alle Repression hierzulande basiert auf dem »PKK-Verbot«: Das Vorgehen gegen die Kader der Bewegung folgt einer anderen juristischen Grundlage. Was es damit auf sich hat, erzählen wir im nächsten Kapitel.

6 Politisches Strafrecht gegen Kader der PKK

Veysel Satılmış, 1982 in Kanîreş (türkisch: Karlıova) geboren, ist einer der inzwischen fast 70 Kurd:innen, die seit 2010 wegen ihrer politischen Betätigung nach den Paragrafen 129a und 129b StGB angeklagt und zu teils hohen Haftstrafen verurteilt wurden. Politisch aktiv war er schon seit frühester Jugend. Für sein Engagement in der prokurdischen Partei der Demokratie des Volkes (HADEP) wurde er im Alter von 20 Jahren verhaftet und musste eine kurze Gefängnisstrafe verbüßen. Weil ihm klar war, dass er fortan im Fokus der Polizei stehen würde, verließ er seine Heimat, reiste im November 2002 nach Europa und beantragte Asyl in Deutschland, welches ihm zunächst verwehrt wurde. Eine anschließende Klage führte im Jahre 2004 schließlich zum Erfolg: Seine Asylberechtigung wurde anerkannt, eine Niederlassungserlaubnis folgte. Für ihn stand fest, dass er sich auch im Exil politisch für das kurdische Volk einsetzen will.

Den Ort des Treffens mit Satılmış im Mai 2023 konnten wir nicht frei wählen. Das Gespräch war nur in dieser einen Stadt im Ruhrgebiet möglich, deren Namen wir zur Wahrung seiner Privatsphäre nicht nennen wollen. Denn für den deutschen Staat ist er ein verurteilter »Terrorist«, ein »Gefährder der inneren Sicherheit«. Satılmış selbst versteht sich dagegen als kurdischer Politiker, der für die legitimen Anliegen seines Volkes kämpft. In einem Café in der Stadtmitte können wir uns in Ruhe unterhalten. Seit man unseren Gesprächspartner am 19. September 2022 nach vier Jahren und drei Monaten aus der Haft entlassen hat, darf er das Gebiet der Ausländerbehörde dieser Stadt nicht ohne eine offizielle Genehmigung verlassen. Zur Kontrolle muss er jeden Tag zwischen 15 und 16 Uhr die örtliche Polizeidienststelle aufsuchen, um dort seine Unterschrift zu hinterlassen.

Wenige Tage vor seiner Entlassung aus der Haft hatte Satılmış ein Schreiben der Ausländerbehörde erhalten. Darin wurde ihm mitgeteilt, dass man ihn angesichts der rechtskräftigen Verurteilung wegen »Terrorismus« aus der Bundesrepublik Deutschland auszuweisen gedenke. Weil im Falle der Türkei aber ein Abschiebehindernis besteht, sind Betroffene einer umfassenden staatlichen Kontrolle unterworfen: Aufenthaltsbeschränkung, tägliche Meldepflicht, Kontakt- und Kommunikationsverbot zu allen Personen und Organisationen, die der PKK »angehören oder ihr angehört haben«, Untersagung jeglicher politischer Betätigung und Androhung von Zwangsgeldern im Falle eines Verstoßes gegen diese Auflagen. Gegen Satılmış ist außerdem ein 20-jähriges Einreise- und Aufenthaltsverbot verfügt worden. Schließlich gefährde er laut Paragraf 53 Absatz 1 Aufenthaltsgesetz »die öffentliche Sicherheit und Ordnung, die freiheitliche demokratische Grundordnung oder sonstige erhebliche Interessen der Bundesrepublik Deutschland«. Diese Maßnahmen könne er sich – so die Lesart der Behörden – selbst zuschreiben, weil er sich »nicht glaubhaft« von seinem »sicherheitsgefährdenden Handeln« distanziert habe und damit uneinsichtig sei.

Ist Satılmış gezwungen, einen Arzt oder eine Ärztin in einer anderen Stadt aufzusuchen, bedeutet das für ihn einen ungeheuren bürokratischen Aufwand: Unterlagen müssen besorgt und vorgelegt, Genehmigungen eingeholt sowie Dinge übers Internet geregelt werden, bevor er überhaupt erst in einem Wartezimmer sitzt. Auch kann er nicht einfach in die Nachbarstadt fahren, um seine Familienangehörigen zu besuchen, weil ihm das untersagt ist. Stattdessen bleibt ihnen nichts anderes übrig, als zu ihm zu kommen. In seinen Worten:

> »Von der Festnahme bis zur Freilassung ist man als Betroffener einem großen psychischen Druck ausgesetzt. In Freiheit ist es nicht anders. Im Kopf setzt sich fest: Ich bin ein freier Häftling und habe die Befürchtung, dass das alles jederzeit wieder geschehen kann. Jede staatliche Handlung wirkt wie ein Schlag, alles Zivile wird vernichtet, wenn du ins Gefängnis kommst.«

Hinzu kommt, dass das OLG Stuttgart eine vierjährige Führungsaufsicht angeordnet hat. Während dieser Zeit ist Satılmış einem oder einer Bewährungshelfer:in unterstellt und weiterhin dazu verpflichtet, jeden Wohnsitzwechsel, jede Arbeitsaufnahme oder andere etwaige Änderungen seines Lebensbereiches mitzuteilen sowie sich einmal monatlich bei seiner Aufsichtsperson persönlich vorzustellen. Diese Auflagen zielen darauf ab, die politische Identität der Betroffenen, ihre Ideen und Perspektiven zu brechen, sie mundtot und handlungsunfähig zu machen. Das ist die aktuelle, bittere Situation des kurdischen Politikers. Welche Vorgeschichte hat ihn zu diesem »unfreien Leben in Freiheit« geführt?

Am späten Nachmittag des 20. Juni 2018 wurde Satılmış in Deutschland festgenommen.

> »Polizeibeamte, maskiert, groß, von kräftiger Statur, bewaffnet mit automatischen Maschinengewehren, überfielen mich vor der Haustüre. Ich wurde mit Gewalt auf den Boden geworfen, auf meinem Rücken kniete ein Polizist. Es war eine Machtdemonstration vor Publikum, der Nachbarschaft und sollte das Bild einer ganz gefährlichen Person vermitteln.«

Er fügt hinzu:

> »Jede Festnahme soll wie ein Schock sein. Es wird eine Atmosphäre geschaffen, die wir nie vergessen sollen. Sie wollen signalisieren: ›Seht her, was wir mit euch machen können.‹ Die Festnahmen werden von Personen ausgeführt, die sich sehr gut mit solchen Methoden auskennen.«

Nach der Festnahmeaktion habe er Polizeibeamte beobachtet, wie sie sich per »High five« zu der Operation gratulierten, als hätten sie gerade etwas ganz Großes vollbracht. Satılmış sei zur örtlichen Polizeistation gebracht und körperlich durchsucht worden. Danach habe er, an Füßen und Händen gefesselt, in einer stundenlangen Fahrt nach Karlsruhe zum BGH verharren müssen. Dort sei der Haftbefehl ausgestellt und Untersuchungshaft angeordnet worden. Anschließend fuhr man ihn in die Justizvollzugsanstalt nach Stuttgart-Stammheim.

»Dieses Gefängnis ist ein Ort, an dem früher auch Mitglieder der Rote Armee Fraktion inhaftiert waren. Es wurde gebaut, um die Gefangenen psychisch fertigzumachen, sie zu vereinheitlichen, willensschwach zu machen. Ich habe einen Eindruck davon bekommen«, so Satılmış.

Zehn Monate nach seiner Festnahme, am 16. April 2019, wurde der Prozess gegen ihn in einem der Hochsicherheitssäle des OLG auf dem Gelände der Justizvollzugsanstalt Stuttgart-Stammheim eröffnet. Das alte Gebäude, in dem die Verfahren gegen Mitglieder der RAF stattfanden, ist zwischenzeitlich durch einen fast 30 Millionen Euro teuren Neubau ersetzt worden. Die Anklage beschuldigte den Aktivisten nach Paragraf 129a und 129b StGB der angeblichen Mitgliedschaft in der PKK und professionellen Kadertätigkeit in verschiedenen »PKK-Gebieten«. Mitangeklagt waren vier weitere Kurd:innen aus ähnlichen Beweggründen. Allen wurde zudem vorgeworfen, gemeinsam einen »Aussteiger« entführt und unter Druck gesetzt zu haben.

Kriminalisierung nach allen Regeln des politischen Strafrechts

Der Paragraf 129b ist hinsichtlich der Repression gegen die kurdische Freiheitsbewegung, aber auch andere linke Organisationen und Aktivist:innen, von großer Tragweite, weshalb wir das Thema am Schluss dieses Kapitels noch einmal gesondert aufgreifen.

Die bis heute gültige Rechtspraxis, nach der PKK-Kader strafrechtlich verfolgt werden, hat der BGH in einem weitreichenden Beschluss vom 28. Oktober 2010 festgelegt. Der dritte Strafsenat musste in dieser Sitzung über eine Revision entscheiden (3 StR 179/10). Der Aktivist Vakuf M. war im Dezember 2009 vom OLG Frankfurt am Main in erster Instanz nach Paragraf 129 StGB (»Mitgliedschaft in einer kriminellen Vereinigung«) zu einer Haftstrafe von zwei Jahren und zehn Monaten verurteilt worden. Gegen das Urteil legte er Rechtsmittel ein. Damals galt der sogenannte »Funktionärskörper« der PKK noch als eigenständige »inländische« Vereinigung und wurde nach Paragraf 129 StGB als »kriminelle« Vereinigung eingestuft. Der BGH änderte diese Handhabe grundlegend. Nun galt, dass auch die PKK

> »insgesamt die Voraussetzungen einer kriminellen oder terroristischen Vereinigung im Ausland erfüllt, bei welcher der maßge-

> bende Vereinigungswille außerhalb der Bundesrepublik Deutschland gebildet wird und der Schwerpunkt der Strukturen sowie das eigentliche Aktionsfeld in den von Kurden bevölkerten Gebieten in der Türkei, in Syrien, im Irak und im Iran liegen«.

Außerdem differenzierte man hinsichtlich einer PKK-Mitgliedschaft nicht mehr zwischen dem Kreis herausgehobener professioneller Kader und einfachen Anhänger:innen. Weitere, außenstehende Mitglieder sollten als Unterstützer:innen strafrechtlich verfolgt werden können. Damit schwebt im Prinzip über allen, welche die Ziele und Programmatik der PKK kennen, sich ihr anschließen oder in ihr betätigen, das Damoklesschwert einer Strafverfolgung nach Paragraf 129a und 129b StGB (»Mitgliedschaft in einer kriminellen und terroristischen Vereinigung im Ausland und deren Unterstützung«). Eine weitere Auswirkung des Beschlusses ist die Verdopplung des Strafrahmens von fünf auf zehn Jahre Höchststrafe.

Springen wir zurück zum Prozessauftakt gegen Veysel Satılmış. Zahlreiche Besucher:innen, die immense Sicherheitskontrollen über sich hatten ergehen lassen müssen, begrüßten die Angeklagten. Diese wurden einzeln in Handschellen in den Saal hereingeführt und hinter einer Wand aus Panzerglas sitzend von zehn Justizbeamten »bewacht«. Wollten sie sich den Besucher:innen zuwenden, kreiste das Personal die Angeklagten ein und versperrte ihnen den Blick in den Saal. Satılmış beschrieb in unserem Gespräch die Situation wie folgt:

> »Besonders schlimm war der sogenannte Bunker [die Vorführzellen], ein enger Raum, in dem ich mich aufhalten musste, bis die Sitzung begann oder in den Verhandlungspausen. Ich saß hinter Glas und konnte nur per Mikrofon mit meinen Anwälten kommunizieren. Weil der Schall geschluckt wurde, war das aber eine Qual. Ich verstand kaum etwas. Außerdem wurde ich vor und nach jeder Pause kontrolliert.«

Nach Protesten der Betroffenen und mehreren Anträgen der Verteidigung beendete das Gericht dieses Schauspiel, dessen einziger Zweck in der Inszenierung Satılmış als besonders gefährlichem Angeklagten bestand.

Wie schon im »Düsseldorfer Prozess« stützten die Bundesanwaltschaft und das OLG Stuttgart die gesamte Anklage auch in diesem Verfahren auf die umfänglichen, absurden und ausgedachten Erzählungen eines Kronzeugen: Ridvan Ö. hatte sich im Vorfeld an das LKA gewandt und angeboten, gegen »die PKK« und ihre angeblichen Mitglieder auszusagen. Aufgrund seiner erheblichen privaten Probleme wollte er in ein Zeugenschutzprogramm aufgenommen werden, um auf diese Weise einen gesicherten Aufenthaltsstatus in Deutschland zu erhalten – was direkt im Anschluss an seine Aussage, er sei angeblich gewaltsam entführt worden, auch geschah. Daraufhin leitete man umfassende Maßnahmen der Telekommunikationsüberwachung (TÜK) gegen die Angeklagten und Personen ihres Umfeldes ein. Zu den ersten Vernehmungen wurde Ridvan Ö. mit einem Hubschrauber auf das Gefängnisgelände gebracht und dann mit einem schusssicheren Mercedes zum OLG gefahren, begleitet von bewaffneten Sicherheitskräften. Auch das war Teil der Inszenierung.

In einer gemeinsamen Erklärung der Verteidigung hieß es, »dass das Interesse der Strafverfolgungsbehörden an der Kriminalisierung kurdischer Aktivisten dazu führt, dass sie sich für die Rachegelüste eines abgewiesenen Liebhabers instrumentalisieren lassen«. Der Kronzeuge habe keine geheimen PKK-Strukturen verraten, vielmehr seien die Ermittlungen einzig die Folge privater Konflikte.

An 22 Verhandlungstagen wurde Ridvan Ö. vom Senat, dem Vertreter des Generalbundesanwalts und von zwei der zehn Verteidiger:innen vernommen. Seine Angaben waren von zahlreichen Widersprüchen, Absurditäten und Lügen durchzogen. So behauptete er, Satılmış sei zur gleichen Zeit wie er bei der Guerilla der PKK im Nordirak gewesen und habe dort als Kommandant den Befehl gegeben, einen Spitzel zu erschießen. Satılmış befand sich zu dieser Zeit aber nachweislich in der Türkei im Gefängnis. Die Bundesanwaltschaft sah darin jedoch keinen Grund, gegen den Kronzeugen ein Verfahren wegen Falschaussage einzuleiten. Nicht alle Verteidiger:innen konnten ihn befragen, denn er machte von seinem Aussageverweigerungsrecht Gebrauch.

Obwohl selbst der Senat im Laufe des Prozesses diese Lügen nicht mehr ignorieren konnte, versuchte er, den Kern der Anklage zu retten. Dafür wurde das Motiv einer angeblichen »Entführung« in immer wieder anderen Varianten vorgetragen und von der Verteidigung massiv angegriffen. Noch am 30. April 2021 und 91 Verhandlungstage später, trug der Vorsitzende Richter in der mündlichen Urteilsverkündung eine neue Version vor. »Trotz unzähliger und massiver Regelverstöße wurde Ridvan Ö. so lange im Zeugenschutz belassen, bis er seine Aufgabe, die Belastung der Angeklagten und damit der PKK, erledigt hatte«, so die Verteidigerinnen Franziska Nedelmann und Antonia von der Behrens.

Im Falle des Hauptangeklagten Veysel Satılmış sah es das Gericht als erwiesen an, dass er sich als »hauptamtlicher Kader« in verschiedenen PKK-Gebieten und Regionen Deutschlands politisch betätigt habe. Wegen zusätzlich versuchter räuberischer Erpressung und Freiheitsberaubung wurde er zu einer Haftstrafe von vier Jahren und drei Monaten verurteilt. Das Strafmaß der Mitangeklagten umfasste zwischen eineinhalb und vier Jahren Haft, teilweise mit Bewährung. Die Verteidigung hatte weitgehend Freispruch für die Mandant:innen gefordert.

Wieder einmal war mit der Kronzeugenregelung eine juristisch relevante Theorie über das Funktionieren der PKK angewandt worden. Wenn Strafverfolgungsbehörden und Gerichte vermeintlich justiziable Tatsachen über Personen und Organisationsstrukturen erlangen wollen, schrecken sie anscheinend selbst vor hochgradig fragwürdigen Quellen nicht zurück. Nedelmann und von der Behrens (2021: 10) ziehen folgendes Fazit:

> »Die Bundesanwaltschaft hat mit diesem Verfahren zwar ihr Ziel erreicht, die Angeklagten zu hohen Haftstrafen verurteilen zu lassen. Gleichzeitig ist es ihr jedoch nicht gelungen, ihrer Erzählung von der ach so gefährlichen PKK zum Durchbruch zu verhelfen. Ihr Kronzeuge Ridvan Ö. hat sich selbst und damit auch die ihm blind folgende Bundesanwaltschaft vor Gericht faktisch lächerlich und damit ein äußerst zweifelhaftes Handeln des Generalbundesanwalts öffentlich gemacht. Wer es nötig hat, sich solcher Zeugen zu bedienen und Ermittlungen so einseitig und distanzlos zu führen, ist in einer schwachen Position.«

Sonderbedingungen auch in Haft

Ein weiterer wichtiger Aspekt im Zusammenhang mit den »Terrorismus«-Verfahren betrifft die Gefängnissituation der Betroffenen. Die politischen Gefangenen sind in der Regel einem rigiden Sonderhaftregime ausgesetzt, das aus den 1970er-Jahren stammt. Zumindest in der ersten Zeit gehören dazu 23 Stunden Isolation, alleiniger Hofgang, Ausschluss von Sport- oder sonstigen Angeboten, Verbot von Kontakten mit anderen Gefangenen, Sichtung der Post durch Kontrollrichter:innen und eine Trennscheibe zu potenziellen Besucher:innen. Diese Anordnungen kommen nur in Fällen von Straftaten nach Paragraf 129a oder 129b StGB zur Anwendung. Für die Betroffen, aber auch die Verteidiger:innen sind die Beschränkungen nicht hinnehmbar. Trotz mannigfacher Forderungen nach Abschaffung werden die Sonderhaftbedingungen bis heute aufrechterhalten. Über seine Erfahrung berichtet Satılmış:

> »Ich habe meine Privat- gegen Gefängniskleidung eintauschen müssen: eine ungebügelte, ungepflegte rote Hose. Für mich war das ein Gefühl der Entpersönlichung und Entwertung. Ich habe mich massiv unter Druck gesetzt gefühlt. Normalerweise ist man als politisch aktiver Mensch in der kurdischen Gesellschaft eine anerkannte Persönlichkeit. Mit der Gefängniskleidung soll das zerstört und die Betroffenen dem Gefühl der Machtlosigkeit ausgesetzt werden.«

Das Justizpersonal sei darauf eingeschworen, Gefangene wie ihn zu kontrollieren, streng zu behandeln und sich distanziert zu verhalten. Ein rotes Zeichen an der Tür soll allen gegenüber sichtbar machen, dass es sich um eine »sehr gefährliche Person« in der Zelle handelt, vor der man Angst haben und sie ächten muss: »So funktioniert Isolation. Jede Menschlichkeit soll erstickt werden.« Nach etwa einem halben Jahr sei selbst bei den Beamten die Frage aufgekommen: Dieser Gefangene soll wirklich gefährlich sein? Laut Satılmış habe sich daraufhin zwar keine Kommunikation entwickelt – »aber zumindest eine etwas freundlichere Umgangsweise«.

Einmal wöchentlich seien sein Körper und seine Zelle durchsucht und dabei alles auf den Kopf gestellt worden. Im gleichen Rhythmus habe er nach dem Warum dieser nicht nachvollziehbaren Anordnung gefragt – und lange keine Antwort erhalten. Nur einmal hieß es, sie komme »von ganz oben«.

Um ihn besuchen zu können, musste sich seine Familie regelmäßig abwechseln und die Strecke vom Ruhrgebiet nach Stuttgart und am gleichen Tag zurück auf sich nehmen. Eine besondere Belastung war dabei der Umstand, dass die Angehörigen jedes Mal vom Justizpersonal gefragt wurden, warum sie unbedingt zu »diesem Mann« wollten.

Allen politisch aktiven Kurd:innen sei bewusst, so Satılmış, dass es zu Inhaftierungen kommen kann. »Wir sind psychisch auf eine Festnahme vorbereitet, weil wir die deutsche Politik kennen. Ich war nicht der erste und werde nicht der letzte Betroffene sein.« Wichtig sei es, ein Ziel zu haben und zu wissen, aus welchem Grund man inhaftiert ist: »Das gibt Kraft und das Gefühl, diese dunkle Zeit überbrücken zu können. Ich weiß, dass das, was ich gemacht und für was ich mich eingesetzt habe, richtig war.« Jeder Mensch müsse das Recht haben, »sich gegen den Zwang zur Assimilation zur Wehr zu setzen« – er habe sich »für nichts zu schämen«.

Am Ende des Gespräches ruft Satılmış uns als Gesellschaft dazu auf, mehr danach zu fragen, »warum der Staat die Kurd:innen kriminalisiert, entrechtet und gesellschaftlich isoliert« und warum er ihnen »die fundamentalen Rechte vorenthält« – oder wie es sein könne, dass die Kriminalisierung seit nun 30 Jahren existiert und dennoch »nichts passiert«? Zudem wünscht er, dass sich die Menschen »ein eigenes Bild machen, selbst denken, sich informieren, den Austausch suchen und sich aktiv gegen eine staatliche Politik, die nicht die ihre ist«, wenden.

Ein anderer, der ebenfalls schmerzlich erfahren musste, mit welcher Systematik der deutsche Staat gegen politisch aktive Kurd:innen vorgeht, ist Muzaffer Ayata. Sein Verfahren liegt zwar einige Jahre zurück, doch belegt auch dieser Fall die Unerbittlichkeit und Kontinuität der staatlichen Repression.

Der heute 67-jährige, unter Kurd:innen äußerst geschätzte und angesehene Politiker war wegen seiner prokurdischen Aktivitäten kurz vor dem Militärputsch von 1980 in der Türkei festgenommen und in einem Massenprozess zum Tode verurteilt worden. Die Strafe wurde später in eine 40-jährige Haft umgewandelt. Nach mehr als 20 Jahren im Gefängnis und schwerer erlittener Folter hat man ihn vorzeitig »auf Bewährung« und mit einem lebenslangen Politikverbot entlassen. Daran hielt er sich nicht und nahm stattdessen eine politische Beratertätigkeit bei der prokurdischen HADEP und deren Nachfolgepartei DEHAP auf, die – wie in der Türkei üblich – beide später verboten werden sollten. Das führte zur erneuten Verfolgung. Schließlich musste er das Land verlassen und reiste Anfang 2002 nach Deutschland ein.

Nachdem sein Asylgesuch zunächst als »offensichtlich unbegründet« abgelehnt worden war, erhielt Ayata – ähnlich wie Satılmış – durch eine erfolgreiche Klage schließlich eine Aufenthaltserlaubnis. Sein Leben im Exil widmete er dem unermüdlichen diplomatischen, publizistischen und aktivistischen Engagement für politische Lösungswege im türkisch-kurdischen Konflikt. So war er eine Zeit lang auch Ansprechpartner der HADEP in Deutschland. In dieser Funktion wandte er sich immer wieder an die deutsche Politik, um einen Dialog zu initiieren.

Doch anstatt die Gesprächsangebote aufzugreifen, trat die Bundesanwaltschaft auf den Plan und ließ den Politiker am 8. August 2006 in Mannheim festnehmen. Die Antwort des Staates auf Ayatas Bemühungen um bessere Beziehungen war der Vorwurf, sich als »Mitglied an der in Deutschland bestehenden kriminellen Vereinigung im führenden Funktionärskörper der Organisation PKK« (Paragraf 129 StGB) beteiligt zu haben. Das OLG Frankfurt am Main verurteilte ihn im April 2008 zu einer dreieinhalbjährigen Haftstrafe. Mehrere Anträge seiner Verteidiger auf Aufhebung des Haftbefehls wurden mit der Begründung abgelehnt, dass er sich nicht von der PKK distanziert habe. Stattdessen besteht er darauf, seine politische Arbeit für die Rechte und Befreiung des kurdischen Volkes auch nach der Haftzeit fortsetzen zu wollen. Regelrechten Unmut erregte beim Senat und den Bundesanwälten der Umstand, dass er über Tage hinweg seine Prozesserklärung verlesen hatte, obwohl allen Angeklagten das Recht zusteht, sich vor Gericht (politisch) zu äußern und zu verteidigen. In der Verhandlung am 3. April 2008 sagte Ayata:

»Ich hätte nicht erwartet, dass sich manche Institutionen und Zuständige in einem demokratischen und starken Land wie Deutschland den Kurden gegenüber, welche in ihrem Land unterdrückt oder einem Exilleben ausgesetzt sind, so uninteressiert und pauschal verhalten würden. Ich hatte in diesem Zusammenhang auch nie gedacht, dass man mich dazu bringen würde, ein Buch zu schreiben. Es ist richtig, dass meine Verteidigung zu lang war. Doch: Wer viel Kummer hat, erzählt viel, sagt man bei uns.«

Im Zuge des Revisionsverfahrens gegen das Urteil ist die Strafe in einer Neuverhandlung um zwei Monate reduziert worden. Ayata »verbüßte« sie bis zur letzten Stunde. Wenige Wochen zuvor hatte sich das Regierungspräsidium gemeldet und angekündigt, ihn aus Deutschland ausweisen zu wollen. Deshalb dürfe er das Stadtgebiet von Stuttgart nicht verlassen und müsse sich täglich bei der Polizei melden. Ausländerrechtlich werde er nur noch geduldet. Später erließ das Amt für öffentliche Ordnung zusätzlich ein politisches Betätigungsverbot gegen ihn, speziell für die PKK sowie alle aus ihr hervorgegangenen Organisationen. Ihm wurde untersagt, an öffentlichen politischen Versammlungen, Demonstrationen oder Pressekonferenzen teilzunehmen, politische Ämter zu bekleiden, politische Reden zu halten oder Texte mit kurdischem Bezug zu veröffentlichen. Letzteres verwies auf ein Interview, das Ayata der Zeitschrift *Kurdistan Report* im Jahre 2011 gegeben hatte. Zwar sei es darin – so das baden-württembergische Landesamt für Verfassungsschutz – um die aktuelle politische Situation in der Türkei gegangen, doch habe er statt von der PKK immer nur von »den Kurden« oder »dem kurdischen Volk« gesprochen. Das müsse als ein rein taktisches Vorgehen gewertet werden.

Damit ist die Geschichte noch nicht zu Ende. Kaum, dass Ayata verhaftet worden war, richtete das türkische Justizministerium ein Auslieferungsersuchen an die deutschen Behörden. Darin stand, dass er für die Finanzen der PKK in Europa sowie für den bewaffneten Kampf der »Separatisten« gegen die türkische Armee und Polizei verantwortlich gewesen sei. Ayata hätte deshalb erneut in der Türkei vor Gericht gestellt werden sollen. Ob er dort nach einer Verurteilung jemals wieder freigekommen wäre, ist fraglich. Das OLG Frankfurt am Main ordnete die Auslieferung an, doch die Verteidigung legte Widerspruch ein und die Bundesregierung sah von einer solchen ab. Die Odyssee des kurdischen Politikers endete schließlich, als er Deutschland wieder verließ – nicht, weil es die Behörden so gewollt hätten, sondern aus seiner eigenen Entscheidung heraus.

Ein Paragraf aus Zeiten des Kaiserreichs

Zum Schluss dieses Kapitels wollen wir das Thema der Geschichte und Entwicklung des Repressionsparagrafen 129 noch einmal aufgreifen. Erstmals wurde er im Jahre 1871 – zu Zeiten von Reichskanzler Otto von Bismarck – ins Reichsstrafgesetzbuch aufgenommen. Zusammen mit den wenige Jahre später eingeführten »Sozialistengesetzen« wollte man juristische Instrumentarien schaffen, um sowohl gegen die erstarkende Arbeiter:innenbewegung und sozialdemokratische Organisationen vorzugehen als auch, um sich gegen den aufkommenden Kommunismus in Stellung zu bringen.

Nach Kaiserreich, Weimarer Republik und der Zeit des Nationalsozialismus war der Paragraf 129 schließlich in die Gesetzgebung der Bundesrepublik Deutschland übernommen worden. Dort sollte er nicht lange ungenutzt bleiben: Nur eine Dekade nach Kriegsende wurde die Kommunistische Partei Deutschlands (KPD) als »kriminelle Vereinigung« verboten, ihr Parteivermögen eingezogen und ihre Strukturen zerschlagen. Im Jahre 1976 trat der Paragraf 129a als Ergänzung im Strafgesetzbuch hinzu, um linke, auch militante Gruppen und Bewegungen, die sich Ende der 1960er-Jahre formiert hatten, zu bekämpfen.

So entwickelte sich der Paragraf 129 StGB mit dem 129a und dem im Jahre 2002 hinzugefügten 129b zum zentralen Repressionsinstrument gegen revolutionäre Organisationen und oppositionelle Kräfte im In- und Ausland, welche die bestehenden Verhältnisse infrage stellen und den politischen und wirtschaftlichen Interessen des deutschen Staates entgegenstehen. Sie trifft die »ganze Härte des Gesetzes«, wie Bundesinnenminister Otto Schily (SPD) es einst formuliert hatte.

Diese bekommen politisch aktive Kurd:innen seit Jahrzehnten in Deutschland zu spüren. Sie werden angeklagt und verurteilt wegen angeblicher Unterstützung der oder Mitgliedschaft in einer »kriminellen« (Paragraf 129), »terroristischen« (Paragraf 129a) oder einer »kriminellen und terroristischen« Vereinigung im Ausland (129a und 129b). Nach Auffassung zahlreicher Strafrechtler:innen handelt es sich hierbei um ein politisches Gesinnungsstrafrecht, mit dem Zweck, Menschen als Staatsfeinde zu stigmatisieren und zu verfolgen. Deshalb widerspreche der Paragraf 129 nach Auffassung der Rechtsanwältin Anna Busl (2023: 2), Verteidigerin in mehreren »Terrorismus«-Verfahren, »grundlegend einer demokratischen Verfassung«.

Besonders im Paragrafen 129b zeigt sich dieser politische Charakter. Ihm zufolge kann ein Ermittlungsverfahren nur dann eingeleitet werden, wenn eine Ermächtigung zur strafrechtlichen Verfolgung einer ausländischen Vereinigung vorliegt. Diese erteilt das Bundesjustizministerium im Einvernehmen mit dem Bundeskanzleramt, dem Außen- und Innenministerium sowie den Sicherheitsbehörden. Ihre vermeintlich strafrechtliche Entscheidung trifft die Exekutive aber in Wirklichkeit entlang politischer Interessen. Die Verfolgungsermächtigung bedarf keiner inhaltlichen Begründung und unterliegt nach dem Willen des Gesetzgebers auch keiner gerichtlichen Überprüfung. Anderenfalls könnten – so die Befürchtungen – außenpolitische Überlegungen bei der Abstimmung zwischen den einzelnen Ressorts und den Sicherheitsbehörden preisgegeben werden.

In dem Gesetz heißt es weiter, dass das Justizministerium zu berücksichtigen habe, ob die Bestrebungen der zu verfolgenden Vereinigung gegen die Grundwerte einer die Würde des Menschen achtenden staatlichen Ordnung oder gegen das friedliche Zusammenleben der Völker gerichtet und als verwerflich anzusehen sei. Gemeint ist damit in unserem Fall die Türkei, welche die Kurd:innen seit Jahrzehnten brutal unterdrückt. Warum sollte ein solcher Staat als eine »die Würde des Menschen achtende Ordnung« akzeptiert und entsprechend geschützt werden?

Zwecks Anklage von Aktivist:innen hat man die diversen, seitens der Strafverfolgungsbehörden konstruierten Unterstrukturen der PKK, die angeblich in Deutschland bestehen, im Laufe der Jahrzehnte den aktuellen Entwicklungen angepasst. So sind manche Verdachtskonstruktionen zwar weggebrochen, aber umgehend durch andere ersetzt worden – ein Vakuum bestand zu keiner Zeit.

Ein Wille zu verfolgen, ein Wille zu verurteilen

Am 6. September 2011 erteilte das Justizministerium die allgemeine Ermächtigung zur strafrechtlichen Verfolgung von »zurückliegenden und künftigen Taten« der Europaführung, der Deutschlandverantwortlichen sowie der Sektor-, Regions- und Gebietsleiter:innen der PKK. Seitdem werden kurdische Angeklagte nicht mehr nur für angeblich in Deutschland begangene »Taten« verantwortlich gemacht, sondern auch für sämtliche Gefechtshandlungen der Volksverteidigungskräfte HPG – gleichgültig, wo diese stattfinden.

Politik und Justiz bezeichnen politisch aktive Kurd:innen bis heute als »Kriminelle«, als »Terrorist:innen« oder als beides zugleich und zerren sie vor die Staatsschutzsenate deutscher Oberlandesgerichte. Als handelnde Subjekte mit eigener politischer Identität, teils traumatischer Lebenserfahrung, einer widerständigen Geschichte und großer Bedeutung für die kurdische Gesellschaft werden sie hingegen weder angesehen noch respektiert. Die bundesdeutsche Politik demonstriert seit Jahrzehnten einen in Stein gemeißelten Verfolgungswillen gegenüber der kurdischen Freiheitsbewegung, ebenso wie die Justiz in Umsetzung dieser Orientierung einen ausgeprägten Verurteilungswillen an den Tag legt.

Die Anschläge vom 11. September 2001 hatten weltweit einen Kampf gegen den »internationalen Terrorismus« losgetreten, infolgedessen die Sicherheitsarchitekturen westlicher Staaten, so auch der Bundesrepublik, grundlegend überarbeitet wurden. Für die Kurd:innen sollte diese neue Strategie noch weitreichende Konsequenzen haben. So setzte die damalige rot-grüne Bundesregierung unter Bundeskanzler Gerhard Schröder (SPD) EU-Rahmenbeschlüsse in nationales Recht um: Eine Bundestagsmehrheit verabschiedete in großer Eile mehrere Sicherheits- oder sogenannte Antiterror-Pakete, die schon längst in den ministeriellen Schubladen gelegen hatten. Dutzende Gesetze wurden verschärft und die Befugnisse von Bundesanwaltschaft, Bundespolizei, Bundeskriminalamt und Geheimdiensten massiv erweitert.

»Bevor ich zu meiner Verteidigung übergehe, möchte ich den Wunsch äußern, dass ich der letzte Politiker sein möge, der aufgrund des PKK-Verbots angeklagt wird«, hatte Kazim Ergün, dessen Verfahren nach Paragraf 129 StGB im Januar 2002 vor dem OLG Düsseldorf eröffnet wurde, erklärt. Doch dieser Wunsch sollte nicht in Erfüllung gehen.

Wenige Monate später, am 26. April 2002, stimmte der Bundestag mit den Stimmen von SPD, Grünen und FDP dem 34. Strafrechtsänderungsgesetz zu. Dessen entscheidende Aussage: »Die Paragrafen 129 und 129a gelten auch für Vereinigungen im Ausland« – der Paragraf 129b war »geboren«. Von nun an konnten bewaffnete Konflikte in allen Teilen der Welt zum Gegenstand des deutschen Staatsschutzstrafrechts werden.

Die Befürchtungen vieler, dass sich die Verfolgung nach Paragraf 129b StGB auch gegen die PKK wenden könnte, bestätigte sich acht Jahre später mit dem eingangs erwähnten Beschluss des BGH aus dem Jahr 2010. Seitdem sind allein rund 70 kurdische Aktivist:innen auf dieser Rechtsgrundlage angeklagt und verurteilt worden. Die Gesamtzahl der für schuldig befundenen Kurd:innen nach allen Varianten des Paragrafen 129 geht weit in die Hunderte.

In Verfahren gegen Angehörige der kurdischen Freiheitsbewegung dürfen die Strafverfolgungsbehörden etliche Dinge, die normalerweise nicht strafbar sind, zu »Terrorismus« umdeuten. Darunter fallen etwa die Erledigung finanzieller und organisatorischer Angelegenheiten, das Sammeln von Spenden, die Kontaktpflege zu Mitstreiter:innen oder die Teilnahme an Treffen in kurdischen Gesellschaftszentren. Die Veranstaltung von themenbezogenen Kundgebungen, Mahnwachen, Demonstrationen oder Festivals wird in Anklageschriften negativ als »öffentlichkeitswirksame Aktionen zur Beeinflussung der öffentlichen Meinung im Sinne der PKK« bezeichnet und nicht etwa als die Wahrnehmung eines Grundrechts. Der Vorwurf einer individuellen Straftat ist gar nicht nötig. Stattdessen genügt es für die Anklage, angeblich in die Strukturen der PKK involviert zu sein.

Ermittlungen nach den Paragrafen 129a und 129b StGB ziehen auch geheimdienstliche Maßnahmen wie die Überwachung von Gesprächen auf Mobiltelefonen, das Lesen von Chatverläufen, die Installation von GPS-Trackern an Fahrzeugen, die Auswertung von Geodaten, sogenannte IMSI-Catcher zur Simulierung von Funkzellen, Observationen von Treffen, den Einsatz von V-Leuten sowie die Anbringung von Videokameras gegenüber kurdischen Gesellschaftszentren nach sich. Betroffen ist entsprechend nicht nur die verdächtigte Person, sondern eine Vielzahl Außenstehender.

Das erinnert stark an die Praxis »verdachtsunabhängiger« Polizeikontrollen, auch »Racial Profiling« genannt, die insbesondere migrantische Menschen zum Ziel haben. Derartige diskriminierende, rassistisch motivierte Stichproben sind zwar offiziell verboten, finden aber dennoch statt, häufig mit viel öffentlichem Aufwand. Auch hier wird der Eindruck bei der Bevölkerung erweckt, dass die jeweils betroffene Gruppe gefährlich und eine Kontrolle entsprechend gerechtfertigt sei.

Das Gespräch mit Veysel Satılmış und die Schilderung des Falles von Muzaffer Ayata stehen stellvertretend für die Geschichten all jener kurdischen Aktivist:innen, deren Leben in den vergangenen Jahrzehnten von Repression geprägt waren; deren eigentlich legale Tätigkeiten zu terroristischen Handlungen umdefiniert wurden und die sich massiven geheimdienstlichen Observationsmaßnahmen ausgesetzt sahen. Für etliche von ihnen gilt dies bis heute. Auch können Menschen jeden Alters betroffen sein: So wurde im Februar 2023 der 24-jährige Merdan K. zu einer Haftstrafe von zwei Jahren und neun Monaten verurteilt und im Mai 2023 der 72-jährige Ali E. zu drei Jahren und drei Monaten. Sie alle zahlen den Preis für eine grundfalsche Politik der deutschen Bundesregierungen. Dass die derzeitige Koalition aus SPD, Grünen und FDP diesen Kurs beendet, ist nicht zu erwarten. Gerade deshalb sind gesellschaftlicher Druck, eine konsequente Kritik an der herrschenden Politik sowie Solidarität mit den Kurd:innen alternativlos.

7 Gewandelte Bewegung. Fortgesetzte Repression

Im Herbst 1998 versetzte eine Nachricht Kurd:innen auf der ganzen Welt in Aufregung: Abdullah Öcalan, der verehrte Anführer der kurdischen Freiheitsbewegung, war auf seiner diplomatischen Reise durch Europa in Rom festgenommen worden.

Die Hintergründe: Am Donnerstag, den 12. November, gegen 22 Uhr landete das Flugzeug der russischen Fluggesellschaft Aeroflot mit Öcalan an Bord in Rom. Der PKK-Vorsitzende reichte einem Mitarbeiter der Flughafengesellschaft seinen gefälschten Reisepass und erklärte: »Mein Name ist Abdullah Öcalan. Mit der Absicht, politisches Asyl zu beantragen, bin ich in Ihr Land gekommen.« Sofort wurde er wegen eines deutschen Haftbefehls festgenommen.

Öcalans Verhaftung bedeutete eine handfeste politische Krise. Die Türkei verlangte unmittelbar die Auslieferung des PKK-Vorsitzenden. Nur wenige Tage später gab Italien bekannt, dass man dieser Forderung nicht nachkommen könne, weil Öcalan dort die Todesstrafe droht. Die Frage war nun, was mit dem Repräsentanten des kurdischen Volkes geschehen solle. Eine naheliegende Option bestand darin, Öcalan nach Deutschland auszuliefern; schließlich hatte die Bundesrepublik den Haftbefehl ursprünglich ausgestellt.

Schon 24 Stunden nach seiner Festnahme beruhigte Öcalan per Live-Schalte im kurdischen Fernsehsender Med TV seine Unterstützer:innen: Man unternehme jetzt alle »notwendigen Schritte«, um ihm einen Aufenthalt in Italien zu ermöglichen – es brauche nur Geduld.

Der Vordenker der kurdischen Freiheitsbewegung hatte seine Reise nach Europa angetreten, um die kurdische Frage auf die Agenda internationaler Institutionen wie der EU und der UN zu setzen. Diese sollten Druck auf den türkischen Staat ausüben, um die Demokratisierung voranzutreiben und Friedensverhandlungen aufzunehmen. Außerdem hatte die Türkei Syrien mit Krieg gedroht, falls Öcalan dort weiterhin Unterschlupf findet.

Seine Anhänger:innen verhielten sich größtenteils ruhig. Zwar strömten sie in den nächsten Wochen zu Zehntausenden nach Rom und schlugen ihre Zelte auf einem großen Platz nahe dem Kolosseum auf, der fortan »Piazza Öcalan« genannt wurde, doch hatte dies eher den Charakter eines internationalen Protest-Festivals. Friedlich wollten die Menschen ihre Solidarität mit Öcalan ausdrücken. Anders die türkischen Nationalist:innen: In der Türkei kam es zu einer Verfolgungswelle mit Massenfestnahmen und Lynchmorden an Kurd:innen vor den Augen der Sicherheitskräfte. Während kurdische Geschäfte brannten, warben türkische mit Schildern, auf denen stand: »Hier werden keine italienischen Produkte verkauft.« Gleichzeitig drohte der türkische Außenminister Italien, die Flüchtlingsströme in Richtung des Landes nicht mehr aufzuhalten.

Auch in Europa gab es Ausschreitungen: So setzten türkische Nationalist:innen in Brüssel kurdische Vereine in Brand und in Deutschland wurden kurdische und italienische Jugendliche auf offener Straße angegriffen. Bundesinnenminister Otto Schily befürchtete eskalierende Konflikte zwischen Türk:innen und Kurd:innen, würde Öcalan nach Deutschland ausgeliefert. Außenminister Joseph (Joschka) Fischer von den Grünen sah hingegen in der Festnahme die Chance für eine politische Lösung der kurdischen Frage.

Zwischenzeitlich hatte es den Anschein, als wären Italien und Deutschland bestrebt, Öcalan gemeinsam vor ein internationales Gericht zu stellen. Doch die USA intervenierten auf diplomatischer Ebene und so kam es anders. Deutschland erklärte nun: »Wir wollen Öcalan nicht.« Der PKK-Vorsitzende sei eine »heiße Kartoffel« und jeder, der sie anfasse, verbrenne sich an ihr. Nacheinander bekundeten daraufhin verschiedene andere Staaten, ihn ebenfalls nicht aufnehmen zu wollen.

Öcalan plädierte zu diesem Zeitpunkt für einen Friedensplan, demzufolge die Türkei zu einer »demokratischen Republik« werden solle, die den Kurd:innen volle Meinungsfreiheit garantiere. Sofern PKK-Kämpfer:innen Amnestie erhalten und europäische Institutionen in den Friedensprozess involviert seien, könne es einen dauerhaften Verzicht der PKK auf den bewaffneten Kampf geben. Doch dieses Friedensangebot sollte niemand aufgreifen.

Schließlich entschied sich Öcalan, Italien ohne politischen Status zu verlassen. In einer vom italienischen Ministerpräsidentenbüro gestellten Maschine flog er nach Russland. Ab diesem Zeitpunkt konnte er seinen Aufenthaltsort nicht mehr frei wählen und musste von einem Land in das nächste reisen. So gelangte er über Umwege Anfang November in die kenianische Hauptstadt Nairobi. Am 15. Februar 1999, dem Roja reş (dt.: »schwarzer Tag«), wie ihn viele Kurd:innen nennen, wurde Öcalan schließlich festgenommen und am Flughafen von Mitarbeiter:innen westlicher Geheimdienste an Agent:innen des türkischen MİT übergeben. Mit gefesselten Armen und verbundenen Augen brachte man ihn schließlich in einem Militärflugzeug auf die Gefängnisinsel Imrali im Marmara-Meer. Noch heute ist Öcalan dort ein Gefangener des türkischen Staates. Seit einigen Jahren befindet er sich in Totalisolation. Sein letztes Lebenszeichen, das nach außen drang, war ein kurzes Telefonat im März 2021.

Die Ereignisse, die zur Inhaftierung des PKK-Vorsitzenden führten, werden innerhalb der kurdischen Freiheitsbewegung als »internationales Komplott« bezeichnet. Staaten aus vielen Teilen der Welt spielten dabei eine mehr oder minder aktive Rolle. Obwohl Deutschland nicht die treibende Kraft hinter dieser Verschwörung war, hatte doch ein deutscher Haftbefehl die Ereignisse überhaupt erst ins Rollen gebracht. Zudem gilt: Hätte die Bundesrepublik Öcalan ins Land geholt und vor einem deutschen Gericht angeklagt, wäre seine Odyssee durch Europa wahrscheinlich anders verlaufen.

Öcalans Ergreifung löste auf der ganzen Welt militante Massenproteste von Kurd:innen aus. Gleichzeitig stürzte die Inhaftierung ihres Vordenkers die kurdische Freiheitsbewegung in die tiefste Krise ihrer Geschichte. Anhänger:innen Öcalans waren von Verzweiflung und Orientierungslosigkeit ergriffen. Einige glaubten, dass nun ihre Zeit gekommen sei, die Führung der PKK zu übernehmen. Machtkämpfe brachen aus. In Deutschland zeigten sich Unterstützer:innen verunsichert. Viele wurden nicht nur inaktiv und kündigten ihre einstige Solidarität auf, sondern wandten sich plötzlich aktiv gegen die Bewegung.

Der deutsche Staat reagierte auf diese Krise mit verschärfter Repression: Für ihn schien die Gelegenheit gekommen, den vermeintlichen »Hauptfeind der inneren Sicherheit« endgültig zu zerschlagen und die kurdische Gesellschaft zu spalten. Für die Freiheitsbewegung, deren Guerilla-Strategie sich in den 1990er-Jahren erschöpft hatte, bot diese Krise aber auch eine Chance zur Erneuerung.

Der »Paradigmenwechsel« der kurdischen Freiheitsbewegung

Auf Imrali angekommen, begann Öcalan unmittelbar damit, an seiner Verteidigung für den gegen ihn anberaumten Hochverratsprozess zu arbeiten. Hierfür untersuchte er die historischen Hintergründe des türkisch-kurdischen Konflikts und welche Rolle die PKK darin spielte. Seine Analyse verband er mit dem Plädoyer für eine Türkei, an der alle Bevölkerungsgruppen demokratisch und selbstbestimmt partizipieren können.

Öcalan wandte sich nun deutlicher als zuvor vom Ziel eines eigenen kurdischen Staates ab. Stattdessen erklärte er die »demokratische Republik« und die »demokratische Autonomie« zu den Zielen der Freiheitsbewegung. Damit revidierte der PKK-Vorsitzende nicht nur die zentralen politischen Forderungen seiner Partei, sondern auch die ihnen zugrunde liegende Weltanschauung. Öcalans Verteidigung ging folglich mit der Konzeption einer neuen Politik und Philosophie Hand in Hand.

Schließlich schälten sich im Laufe dieses Prozesses drei weltanschauliche Säulen der kurdischen Freiheitsbewegung heraus: Erstens erklärte Öcalan die Emanzipation der Frau zur allgemein wichtigsten Aufgabe. Da das weibliche Geschlecht als erste Kolonie der Menschheit gilt, müsse dessen Befreiung der eigentliche Kern der nun angestrebten Transformation sein; erst im Anschluss lassen sich andere Unterdrückungsformen beseitigen. Zweitens solle sich die Bewegung fortan für einen »demokratischen Konföderalismus« einsetzen. Gemeint ist damit ein basisdemokratisches Modell zur Organisation der Gesellschaft, das sich an rätedemokratische Traditionen anlehnt. Neben dem friedlichen Zusammenleben unterschiedlicher Ethnien und Religionen steht auch hier die Geschlechterparität im Mittelpunkt. Drittens müsse die Bewegung einen grundlegenden ökologischen Wandel fordern. Neue bedürfnisorientierte Formen des Wirtschaftens in Kooperativen sollen dabei die am Profit orientierte und von Konzernen kontrollierte Produktion ersetzen.

Mit ihren marxistisch-leninistischen Wurzeln hatte die kurdische Freiheitsbewegung nun endgültig gebrochen; der militärische Befreiungskampf rückte in den Hintergrund. Zunächst ging die PKK sogar so weit, im Februar 2000 das generelle Ende des bewaffneten Kampfes zu erklären. Ihre Guerillas, die sogenannten Volksverteidigungskräfte (HPG), zogen sich in ihre Verteidigungsstellungen zurück und stellten ihre Angriffe auf türkische Militärbasen ein. Erst nachdem die Türkei über vier Jahre hinweg den durch die PKK ausgerufenen Waffenstillstand ignoriert hatte und ab Frühling 2004 »Auslöschungsoperationen« gegen die kurdischen Volksverteidigungskräfte startete, änderte sich dies wieder.

Die HPG begründete ihre Gegenangriffe nun mit dem Recht auf Selbstverteidigung (vgl. Brauns und Kiechle 2010: 105). Bis heute agieren ihre Kämpfer:innen militärisch im Grenzgebiet zwischen der Türkei, dem Irak und Syrien. Mit ihren Guerilla-Operationen verteidigen sie ein kleines Gebiet im Kandil-Gebirge im Nordirak – beziehungsweise Südkurdistan –, das sich unter ihrer territorialen Kontrolle befindet.

Für die neue PKK entscheidend sollte aber nicht die bewaffnete, sondern die politische und weltanschauliche Auseinandersetzung sein. Damit rückten Elemente, die zuvor eher von nachgelagerter Bedeutung für die kurdische Freiheitsbewegung waren, in ihr strategisches Zentrum. Dieser tiefgreifende Wandel, oft »Paradigmenwechsel« genannt, stieß zunächst nicht nur auf Gegenliebe in den eigenen Reihen. Die Krise der kurdischen Freiheitsbewegung war schließlich auch von Auseinandersetzungen um eine neue politische Linie geprägt. Dennoch eigneten sich die Aktivist:innen den Paradigmenwechsel im Sinne Öcalans bald massenhaft an und setzten ihn organisatorisch um. Im Februar 2002 verkündete die PKK, alle Aktivitäten unter ihrem bisherigen Namen einzustellen. Zwei Monate später wurde der Kongress für Freiheit und Demokratie gegründet; im Wesentlichen eine Übergangsorganisation mit dem Zweck, die Neustrukturierung der kurdischen Freiheitsbewegung zu koordinieren.

Während dieser Zeit kam es noch zu zwei weiteren Neugründungen, an deren Ende 2005 schließlich die KCK die »Union der Gemeinschaften Kurdistans«, steht. Zwar hat sie seitdem die Rolle als Dachorganisation der kurdischen Freiheitsbewegung von der PKK übernommen, doch handelt es sich bei ihr um eine grundlegend andere Vereinigung. Der relevanteste Unterschied besteht in ihren fehlenden Durchgriffsmöglichkeiten, was sich auf die allgemeine Dezentralisierung und Demokratisierung der kurdischen Freiheitsbewegung zurückführen lässt. Sämtliche weitere Organisationen durchliefen einen ähnlichen Wandel wie die PKK, gründeten sich neu und gaben sich im Zuge dessen neue Namen. Seit 2005 kann die Transformation als umfassend umgesetzt und nicht nur formell beschlossen betrachtet werden (vgl. Joost und Akkaya 2022: 169 f.).

Die gewandelte Weltanschauung und neue Struktur der kurdischen Freiheitsbewegung wurde und wird vom deutschen Staat weitestgehend ignoriert, wie ein Blick in den alljährlichen Verfassungsschutzbericht offenbart: So monierte die Ausgabe für das Jahr 2021 etwa eine »hohe Emotionalisierung der Anhängerschaft« wegen gewaltsamer Auseinandersetzungen in Kurdistan und behauptete zudem eine »nahtlose« hierarchische Eingliederung der europäischen Strukturen der PKK in den Parteiaufbau. Darüber hinaus werden die Vereine, welche der kurdischen Freiheitsbewegung in Deutschland nahestehen, ebenso wie die Jugend-, Frauen-, und Studierendenorganisation als bloße Umsetzungsorgane der PKK diffamiert (vgl. Bundesamt für Verfassungsschutz 2022: 235-237).

Dabei sind es bis heute vor allem drei schädliche Mythen, die sich hartnäckig sowohl in den deutschen Behörden wie auch in der Öffentlichkeit halten:

1. Die PKK kontrolliere die anderen Vereinigungen der kurdischen Freiheitsbewegung im Verborgenen oder sei sogar mit diesen identisch.
2. Die PKK trete weiterhin für einen eigenen kurdischen Nationalstaat ein und begehe dafür terroristische Anschläge.

3. Die KCK sei eine Nachfolgeorganisation mit dem gleichen Charakter oder sogar eine bloße Umbenennung der PKK, mit der man nur versuche, der staatlichen Repression zu entkommen. Unter anderem zeige sich anhand personeller Kontinuitäten, dass es keinen echten Wandel gegeben habe.

Nicht immer treten diese Mythen gemeinsam auf. Der deutsche Inlandsgeheimdienst stellt inzwischen etwa korrekt fest, dass sich die PKK für Autonomie und Selbstverwaltung und nicht mehr für einen eigenen Staat einsetzt. Gleichzeitig taucht diese Falschbehauptung aber in vielen Medienberichten und sogar bei Sympathisant:innen des kurdischen Freiheitskampfes immer wieder auf. Nicht in jedem Fall steht hinter der Verbreitung dieser Mythen ein böser Wille, sondern oft auch bloße Unkenntnis. Deshalb halten wir fest:

1. Die PKK kontrolliert weder die anderen Organisationen der kurdischen Freiheitsbewegung noch ist sie mit diesen identisch.
2. Die PKK hat bereits 1993 von der Forderung nach einem eigenen kurdischen Nationalstaat Abstand genommen und dies unmittelbar nach der Inhaftierung Öcalans als verbindlichen neuen Kurs für die Bewegung durchgesetzt. Zwar befindet sich die HPG weiterhin im Krieg mit dem türkischen Militär, begeht aber keine Anschläge auf Zivilpersonen. Seit der Transformation der Bewegung agiert die Guerilla zudem eigenständiger als zuvor.
3. Die KCK und die PKK sind zwei grundsätzlich unterschiedliche Organisationen. Der Vorwurf einer bloßen Umbenennung ignoriert sowohl die Aussagen der Vereinigungen selbst als auch die Ergebnisse wissenschaftlicher Forschung (vgl. Joost 2022a).

Nachdem ihre im Jahr 2002 bekannt gegebene Auflösung recht bald wieder zurückgenommen wurde, existiert die PKK heute als Bestandteil einer vielfältigen kurdischen Parteienfamilie unter dem Dach der KCK weiter. Im Gegensatz zu früher ist sie aber nicht mehr die zentral bestimmende Organisation der kurdischen Freiheitsbewegung. Personelle Kontinuitäten bestehen zwar in der Tat, jedoch weniger zwischen KCK und PKK, sondern eher zwischen der alten und der neuen PKK.

Statt von einem straff organisierten Führungskader wird die kurdische Freiheitsbewegung heute von geteilten, weltanschaulichen Grundprinzipien zusammengehalten. Jenseits dieser können jedoch durchaus Differenzen bestehen: Während etwa die in den letzten Jahren wichtigste prokurdische Partei der Türkei, die HDP, Gewalt als Mittel der Politik ablehnt und die PKK aufgefordert hat, ihre Waffen niederzulegen, praktiziert letztere weiterhin das Recht auf Selbstverteidigung.

Die PKK ist zwar weiterhin eine Kaderpartei, aber sie nimmt mittlerweile eine andere Rolle in der kurdischen Freiheitsbewegung ein. Viele ihrer ehemaligen Aufgaben werden nun dezentral von Aktivist:innen erledigt. Die Kader steuern die Bewegung nicht mehr, sondern organisieren demokratische Strukturen zur Selbstverwaltung initiativ und vorbildhaft, mit dem Ziel, letzten Endes selbst überflüssig zu werden (vgl. Schaber 2020: 96).

Warum die Repression nicht endet

Wir resümieren: Der deutsche Staat verfolgt eine Bewegung, die sich für die Emanzipation der Frau, Basisdemokratie, das friedliche Zusammenleben unterschiedlicher Bevölkerungsgruppen und eine ökologische Transformation einsetzt. Das erscheint derart unglaublich, dass wir noch einmal zu den Gründen zurückkehren müssen.

Die geostrategische und ökonomische Bedeutung der Türkei für Deutschland und die NATO haben wir bereits in Kapitel 5 thematisiert. Diese Punkte bleiben nach dem Paradigmenwechsel der kurdischen Freiheitsbewegung weiterhin gültig. Neben den außenpolitischen Ursachen gibt es aber auch innenpolitische Gründe für die Repression.

Um diese zu verstehen, blicken wir in das Jahr 2015. In Syrien versetzte gerade ein fürchterlicher Krieg die Zivilbevölkerung in Angst und Schrecken. Hunderttausende mussten fliehen. Da fast überall im Land Kämpfe tobten, machten sich viele auf den Weg nach Europa. Im Spätsommer des Jahres kamen über die sogenannte »Balkanroute« 890 000 Geflüchtete in Deutschland an. Die Welle der Solidarität, welche die Bundesrepublik zunächst erfasste, war außerordentlich. Millionen wurden aktiv. Bis 2018 engagierte sich mehr als die Hälfte Bevölkerung in der ein oder anderen Art und Weise für Geflüchtete (vgl. Institut für Demoskopie Allensbach 2018). Mit ihrem Tatendrang sprangen die Menschen dort ein, wo der Staat versagte – es war der lange Sommer der Migration.

Dennoch begann die Stimmung bereits im Herbst langsam zu kippen. Unentwegt sprach insbesondere die CSU von »Kapazitätsgrenzen« bei der Aufnahme von Geflüchteten und schloss dabei nahtlos an die »Das-Boot-ist-voll«-Rhetorik der 1990er-Jahre an. Obwohl die erste große Welle der Solidarität schon wieder abgeebbt war, betätigten sich weiterhin Hunderttausende ehrenamtlich.

Zu dieser Zeit begannen allerdings rechte Kräfte erstmals damit, Brandanschläge auf die Unterkünfte der Flüchtlinge zu verüben. Bis zum Ende des Jahres zählten Polizei und unabhängige Organisationen wie Pro Asyl mehr als 1 000 Angriffe auf Geflüchtetenwohnheime. Für einige Jahre wurde die Migrations- und Flüchtlingspolitik zur großen polarisierenden Streitfrage der Bundesrepublik.

Während die Mehrheit der Bevölkerung in Deutschland weiterhin für die solidarische Aufnahme von Geflüchteten plädierte und sich die Politik um ein weltoffenes Image bemühte, waren es die »Sorgen« einer lauten und aggressiven Minderheit, für die zusehends Realpolitik gemacht wurde. Die Konservativen hatten das Dogma, wonach sich der lange Sommer der Migration nicht wiederholen dürfe, geprägt.

Der entscheidende Schritt, um dieses zur Realität werden zu lassen, wurde schließlich im März 2016 gegangen. Damals einigte man sich auf den »Aktionsplan zur Begrenzung der Zuwanderung über die Türkei«, auch EU-Türkei-Deal genannt. Während dem Land am Bosporus künftig die Aufgabe zukam, die nach Europa fliehenden Menschen aufzuhalten und notdürftig unterzubringen, erhielt es im Gegenzug von der EU etwa sechs Milliarden Euro für den Job als »Türsteher Europas« – Geld, das eigentlich den Geflüchteten hätte zugute kommen sollen und mit dem Europa sich von der eigenen Verantwortung für deren Aufnahme freikaufen wollte.

Eingefädelt hatten den Deal unter anderem der türkische Autokrat Erdoğan und Angela Merkel (CDU), die sich zu dieser Zeit in Deutschland als Flüchtlingskanzlerin feiern ließ. In der Folge wurde die Türkei zum weltweit größten Aufnahmeland für Geflüchtete: Knapp 3,8 Millionen Menschen aus Syrien lebten dort im Jahr 2021. Gleichzeitig bildete sich auf den griechischen Ägäis-Inseln ein System von überfüllten Lagern, in denen menschenunwürdige Bedingungen herrschten. Besonders das Lager Moria auf der Insel Lesbos, das im September 2020 abbrannte, sollte zum Symbol für Europas Verkauf der Menschenrechte werden.

Inzwischen gilt der EU-Türkei-Deal selbst gemessen an seinen eigenen Zielen als gescheitert. Dennoch ist er zum Vorbild für weitere Deals geworden, die Europa mit seinen Anrainerstaaten abschließen möchte. Das grundlegende Muster bleibt dabei gleich: Die EU zahlt dafür, dass ihr die Gegenseite jetzt und in der Zukunft die Geflüchteten fernhält. Als wir dieses Buchkapitel schreiben, erreicht uns die Nachricht über die Einigung der EU-Innenminister:innen zur »Reform« des europäischen Asylsystems. Weitere Abkommen nach dem Vorbild des EU-Türkei-Deals scheinen lediglich eine Frage der Zeit. Das individuelle Recht auf Asyl wird weiter ausgehöhlt.

Doch nicht nur, dass sich die EU durch den Flüchtlingsdeal auf moralisch fragwürdige Weise von ihrer eigenen Verantwortung freikaufte, sie machte sich damit auch gegenüber einer autoritär regierten Türkei erpressbar. Immer wenn Erdoğan mit den EU-Staaten in Konflikt gerät, kann er nun drohen, die Grenzen nach Europa für Geflüchtete zu öffnen – und bekommt daraufhin meist, was er verlangt.

In Deutschland verschärfte sich im Zuge des EU-Türkei-Deals die Repression gegen die kurdische Freiheitsbewegung. Der neue alte Partner wollte befriedigt werden. Unter anderem kam es zu einer Welle von Razzien und Anklagen nach den Paragrafen 129a und 129b gegen vermeintliche Kader. Schon bald saßen so viele von ihnen in Haft wie seit Jahren nicht mehr. Auch solidarische Unterstützer:innen und Verbündete der Freiheitsbewegung waren fortan verstärkt von Repression betroffen.

Es besteht kein Zweifel, dass die Verfolgung der Bewegung in Deutschland ohne den Faktor Türkei nicht zu erklären ist. Wer aber die Schuld allein beim türkischen Staat sucht, macht es sich zu einfach. Denn der deutsche Staat hat ein eigenes, innenpolitisches Interesse, die kurdische Freiheitsbewegung aus dem öffentlichen Diskurs herauszudrängen und zu verfolgen.

Denn anders als die meisten anderen politischen Kräfte meint es die kurdische Freiheitsbewegung mit ihren Zielen ernst: Nicht nur symbolisch und rechtlich sollen Frauen gleichberechtigt sein, vielmehr wird eine grundlegende gesellschaftliche Transformation zur Gleichstellung der Frau in allen Lebensbereichen gefordert. Nicht nur soll das parlamentarische System gegen autoritäre Kräfte verteidigt werden, sondern einer radikalen Demokratie weichen, in der sich die Gesellschaft frei von staatlicher Einflussnahme selbst verwaltet. Nicht nur sollen profitmaximierende Konzerne energiesparende Produktionsmethoden nutzen, die Industrie soll als solche unmittelbar von der Bevölkerung kontrolliert werden. Der kurdischen Freiheitsbewegung geht es um nicht weniger als einen Sozialismus des 21. Jahrhunderts.

Keine dieser Forderungen widerspricht dem Grundgesetz. Im Gegenteil: Artikel 3 Absatz 2 fordert ein aktives Hinwirken auf die Geschlechtergleichstellung. Weiterhin legt die Verfassung zwar fest, welche Organe die staatliche Gewalt ausüben sollen, verbietet aber nirgends die Schaffung ergänzender Institutionen zur Selbstverwaltung der Gesellschaft – Artikel 9, der die Vereinigungsfreiheit garantiert, räumt diese Möglichkeit sogar implizit ein. Artikel 20a wiederum gebietet den Schutz der natürlichen Lebensgrundlagen für zukünftige Generationen und Artikel 15 eröffnet im Austausch für eine Entschädigung sogar die Möglichkeit der »Vergesellschaftung« von »Grund und Boden« sowie »Naturschätzen und Produktionsmitteln«.

Eine Verwirklichung der Grundprinzipien der kurdischen Freiheitsbewegung steht folglich im Einklang mit dem Grundgesetz. Sie würde aber die jetzige Gesellschaft und ihre Wirtschaftsweise über sich selbst hinaustreiben. Wer diese konservieren möchte, anstatt sie weiterzuentwickeln, dem müssen die politischen Ziele der Bewegung wie ein Angriff auf die herrschende Ordnung erscheinen. Ein solcher radikaler Konservatismus gerät zwar mit der Intention des Grundgesetzes in Konflikt – denn dieses lässt unterschiedliche Möglichkeiten zur Organisierung unserer Gesellschaft und Wirtschaft offen –, doch entspricht er dem Denken in zahlreichen deutschen Behörden; Institutionen, die nicht zuletzt über den repressiven Umgang mit der kurdischen Freiheitsbewegung entscheiden.

Zudem macht sich im staatlichen Umgang mit der kurdischen Freiheitsbewegung auch der strukturelle Rassismus der Behörden bemerkbar. Demnach sollen vermeintliche »Ausländer« vor allem arbeiten und ansonsten die Klappe halten – denn diese seien in Deutschland sowieso nur Gäste. Kurd:innen mit oder ohne deutschem Pass, die offensiv ihre Grundrechte wahrnehmen und einfordern, erscheinen in einem derartigen Weltbild wie eine Provokation.

Um seine Autorität zu bewahren, müsse der Staat solchen Provokateur:innen von Zeit zu Zeit eine Lektion erteilen, um sie zu disziplinieren und die sozialen Hierarchien und Ordnung zu erhalten. Zwar widerspricht dieses Vorgehen unseren rechtsstaatlichen Grundprinzipien, aber dafür steht es mit radikal konservativen und staatszentrierten Denktraditionen durchaus in Einklang (vgl. Deppe 2016: 173; vgl. Strobl 2021: 11). Das Recht gerät dann zum Mittel, um die bestehende Ordnung zu sichern (vgl. Fisahn 2008: 272).

Die ideologische Bedrohung erscheint dem radikalen Konservatismus vieler deutscher Behörden umso gefährlicher, da die kurdische Freiheitsbewegung in Nord- und Ostsyrien auf eine bereits gelebte Utopie verweisen kann. Seit inzwischen elf Jahren werden dort die Prinzipien der Geschlechtergleichstellung, demokratischen Autonomie und Selbstverwaltung sowie des friedlichen Zusammenlebens unterschiedlicher Ethnien verwirklicht.

Wir sind wieder im Jahr 2012: Als sich die Truppen der Zentralregierung über den Sommer aus den kurdischen Regionen im Nordosten Syriens zurückzogen, erlangten die kurdischen Volksverteidigungseinheiten der YPG die territoriale Kontrolle über das Gebiet. In ganz Rojava, Westkurdistan, haben seitdem für die gesamte Bevölkerung offene Räte die Selbstverwaltung der Region übernommen. Die alten staatlichen Strukturen wurden von einem neuen basisdemokratischen System abgelöst.

Seit dieser Revolution arbeitet man unter schwierigen Bedingungen und parallel zum Krieg mit dem IS und der Türkei in ganz Nord- und Ostsyrien an der Utopie des demokratischen Konföderalismus. Mittlerweile sind auch arabische, früher durch den IS kontrollierte Städte Teil der autonomen Administration in Nord- und Ostsyrien (AANES) geworden, sodass dieses einmalige politische Projekt inzwischen einen multiethnischen Charakter angenommen hat.

In Syrien ist der Bürgerkrieg noch nicht beendet. Die autonome Region wird immer wieder durch die Türkei angegriffen und die Überbleibsel des IS bleiben, obwohl die Terrormiliz inzwischen territorial besiegt worden ist, eine Bedrohung. Nicht zuletzt deshalb sieht sich die Selbstverwaltung mit zahlreichen Problemen konfrontiert. Meist entspricht die Realität vor Ort noch nicht der angestrebten Utopie. Aber man befindet sich auf dem Weg dorthin.

Die autonome Administration ist inmitten des Krieges zu einem Modell für das friedliche Zusammenleben unterschiedlicher Ethnien und Religionen geworden. Schon jetzt hat sie den Menschen, die in ihr leben, Geschlechtergleichstellung, Demokratie und Sicherheit gebracht. Der Begriff »Rojava« ist für staats- und kapitalismuskritisch denkende Menschen auf dem gesamten Globus zu einem Beispiel für die Möglichkeit einer freieren und gerechteren Welt geworden.

Den Willen und die Überzeugungskraft, die eine Bewegung entwickelt, sobald sie einen echten Beleg für die Umsetzbarkeit ihrer Ideen hat, fürchten radikale Konservative hierzulande seit jeher. Die Repression gegen die kurdische Freiheitsbewegung reiht sich damit nahtlos in eine deutsche Tradition ein, die der Anwesenheit von Kurd:innen in der Bundesrepublik lange vorausgeht: Anfang des 19. Jahrhunderts waren es Anhänger:innen der französischen Revolution, die den staatlichen Verfolgungseifer fürchten mussten, während des 20. Jahrhunderts nahm man mit Parteien- und Berufsverboten die Kommunist:innen ins Visier – und im 21. Jahrhundert ist es schließlich unter anderem die kurdische Freiheitsbewegung, gegen die mit einer ähnlichen Staatsräson vorgegangen wird.

Schon immer hat der deutsche Staat in seinem Verfolgungseifer auch gegen seine eigenen Grundprinzipien verstoßen. Als die Bundesrepublik etwa 1956 die KPD verbot, hatte sie wenige Jahre zuvor den Zeitungen, die dieser nahestanden, die Drucklizenz entzogen. Warum die Behörden auch heute noch vor einer Beschneidung der Pressefreiheit zum Zweck der Repression nicht Halt machen, erzählen wir im folgenden Kapitel.

8 »Die Bücher, die sie beschlagnahmten, haben sie auf den Müll geworfen«

Europa und insbesondere Deutschland sehen sich gerne als Hort der Medien- und Kunstfreiheit. Journalist:innen und Künstler:innen sollen hier ohne staatliche Einschränkungen frei arbeiten können: »Die Pressefreiheit und die Freiheit der Berichterstattung durch Rundfunk und Film werden gewährleistet. Eine Zensur findet nicht statt« – dasselbe gilt für die Kunst. So steht es in Artikel 5 des Grundgesetzes.

Mit diesem Wortlaut hat die Realität, in der Ali Kaya lebt, nur wenig zu tun. Der heute 67-jährige Kurde kam 1978 aus der Türkei nach Deutschland: »Ich bin ein Kind aus einer Arbeiterfamilie, habe auf Feldern und in Fabriken gearbeitet«, erzählt er im Gespräch. Heute hat er graues, lichtes Haar und spricht mit ruhiger Stimme. Doch das, was er berichtet, ist äußerst beunruhigend.

Seit Mitte der 1990er-Jahre arbeitete er im Druckereiwesen, später dann im Mezopotamien Verlag, den er unter anderem als Geschäftsführer mit aufgebaut hat. Der Verlag publizierte kurdische Literatur und übersetzte Weltliteratur ins Kurdische: »Wir wollten die Kultur der Völker des Nahen Ostens, der Kurd:innen, Türk:innen, Armenier:innen, Araber:innen und Assyrer:innen, nach Europa bringen und die Kultur Europas in den Nahen Osten.« In Deutschland lebende Kurd:innen »sollten die Welt kennenlernen und sich selbst, ihre eigene Kultur, ihre Geschichte«, erzählt Ali mit leichtem Stolz, als wir ihn besuchen.

Der Verlag veröffentlichte Bücher von Abdullah Öcalan neben Übersetzungen von Karl Marx, Noam Chomsky und anderen Denker:innen. Zudem befanden sich Belletristik von John Steinbeck, Thomas Mann, Günter Grass und weiteren Größen der Weltliteratur sowie kurdische Grammatik- und Kinderbücher im Sortiment – und natürlich Werke kurdischer Schriftsteller:innen. Die meisten von ihnen wurden vom türkischen Staat verfolgt; etwa Yaşar Kemal, einer der bekanntesten

Schriftsteller des Landes, der bereits 1955 mit dem Roman *Memed mein Falke* weltberühmt geworden war, oder Murat Türk, der seit 1995 im Gefängnis sitzt und den autobiografisch geprägten Roman *Zeit der Brombeeren* über die Erlebnisse eines verletzten Guerilla-Kämpfers geschrieben hatte.

»Hierzulande Publikationen in der eigenen Muttersprache veröffentlichen zu können, stellte auch eine Alternative zur Verbotspolitik in der Türkei dar. Das, was die Menschen dort nicht sehen und leben konnten, wollten wir ihnen hier anbieten«, sagt Ali. Als wir ihn bitten, die Gründungsgeschichte des Verlages seit Anfang der 1990er-Jahre zu erzählen, zuckt er nur mit den Schultern: Das sei nicht möglich, »weil die Polizei uns überhaupt keine Unterlagen mehr gelassen hat«.

Ali spielt damit auf die Razzien an, die im Frühjahr 2018 und 2019 sein Lebenswerk zerstört haben. Doch wie kommen deutsche Sicherheitskräfte dazu, einem Buchverlag alle Dokumente wegzunehmen? Solange es den Mezopotamien Verlag in der Bundesrepublik gab, stand er im Visier der Behörden. Ihr erster Vorwurf, er werde zur Finanzierung der PKK genutzt, ließ sich noch leicht widerlegen, weil der Betrieb praktisch keine Gewinne machte. Der zweite Vorwurf, der Verlag nütze dem organisatorischen Zusammenhalt der PKK, war dagegen hinterhältiger.

Kurdische Kunst, Kultur und Medien fördern die kurdische Identität, auf der die PKK als Befreiungsbewegung wiederum aufbaut. Insofern kann gegenüber allem, was die kurdische Identität fördert, auch der Vorwurf erhoben werden, dass dies dem organisatorischen Zusammenhalt der PKK nütze und damit gegen das Gesetz verstoße. Insofern nimmt das Verbot der Partei zugleich die Form einer rassistischen Diskriminierung gegen alles Kurdische an.

Immer wieder kam es zu Durchsuchungen der Verlagsräumlichkeiten und des Lagers. Auch der MIR-Musikverlag im gleichen Gebäude war betroffen. Dieser führte in erster Linie Kunst und Kultur, veröffentlichte kurdische Lieder auf CDs oder Kassetten, beherbergte eines der weltweit größten Archive kurdischer Musik und sammelte kurdische Kunst aus Armenien, dem Iran, Syrien, Russland, dem Irak und der Türkei. Bei den Razzien wurden oft Tausende Bücher und Tonträger beschlagnahmt, die daraufhin in irgendeinem Behördenkeller verschwanden. Ali erzählt mit beherrschter Stimme: »Die Bücher, die sie 1995 beschlagnahmten, haben sie auf den Müll geworfen. Sie wurden von kurdischen Müllmännern gefunden, die bei der Stadt Köln arbeiteten. Alles, was wir noch verwenden konnten, sammelten wir aus dem Müll raus.«

Als die Polizei 2005 auch Alis Privatwohnung durchsuchte, waren er und seine Frau gerade unterwegs und die beiden Kinder allein zu Hause. Die Beamten sagten zu ihnen: »Euer Vater schickt das Geld, das er verdient, in die Berge an die Guerilla.« Tausende kurdische Kinder und Jugendliche in diesem Land mussten die oft traumatische Erfahrung des Einbruchs bewaffneter Sicherheitskräfte in die intimste Privatsphäre erleben – häufig, nachdem sie es gerade erst aus der Türkei herausgeschafft hatten, in der ihre Kinderzimmer ebenfalls durchsucht worden waren.

Auch auf Messen schikanierte die Polizei die Stände des Verlags: »Einmal hatten wir auf der Frankfurter Buchmesse ein Werk von Öcalan veröffentlicht und dafür Plakate ausgehängt. Sofort kam die Polizei von zwei Seiten und belagerte den Stand«, berichtet Ali. Auf einer Abendveranstaltung verlangte man, die Bücher, auf deren Cover das Gesicht Öcalans prangte, unter dem Tisch zu verstecken. So glimpflich ging es nicht immer aus: Wieder und wieder wurden Büchertische auf kurdischen Festivals und Konzerten komplett verboten. Ali erzählt weiter:

> »Einmal kamen sie und beschlagnahmten Kassetten. Sie kamen und schauten auf die Deckel der Kassetten, ob sich darauf kurdische Motive befänden. Danach wählten sie die Kassetten aus, die sie mitnahmen. Es ging ihnen gar nicht um den Inhalt, denn den kannten sie gar nicht. Bei den CDs machen sie es genauso: Sie wählten anhand der Bilder diejenigen aus, die sie beschlagnahmten. Von den Beschlagnahmungen erhielten wir nie etwas zurück.«

Man sollte meinen, dass die Beschlagnahmung von Kulturgütern schon allein aufgrund der deutschen Geschichte für Behörden eine schwierige Abwägungsfrage darstellt; etwas, das selbst dann, wenn es für notwendig erachtet wird, nur wohlüberlegt stattfindet. Angesichts der Tatsache, dass in diesen Fällen einzig das Bild auf dem Cover ausschlaggebend war, ist davon allerdings nicht auszugehen.

Die größte Razzia erlebten der Mezopotamien Verlag und der MIR-Musikverlag schließlich im März 2018. Insgesamt wurden acht Lastwagen voll Literatur, Tausende CDs, das Archiv sowie ein komplettes Studioinventar beschlagnahmt. Doch dabei sollte es nicht bleiben: Ein knappes Jahr später, am Dienstag, den 12. Februar 2019, kam es zu Folgedurchsuchungen und erneuten Beschlagnahmungen. Die kompletten Verlagsinfrastrukturen inklusive aller Geschäftsunterlagen wurden konfisziert und die beiden Gewerbe nun endgültig verboten, ihre Webseiten abgeschaltet sowie die Räumlichkeiten versiegelt. Insgesamt beschlagnahmte die Polizei 50 000 Gegenstände, für deren Verladung in LKWs sie drei Tage brauchte. Ali erzählt: »Für die Nacht hatten sie das ganze Gelände mit Flutlicht erleuchtet und Aufpasser aufgestellt, sodass niemand reinkonnte.« Und weiter: »Wir hatten so viel Arbeit reingesteckt und alles wurde beschlagnahmt. Von diesem Schmerz zu erzählen, ist ganz schön schwierig. 30 Jahre Arbeit und an nur einem Tag ist alles wieder auf null.«

Doch nicht nur das, auch die Kund:innendaten der bis dahin noch legalen Verlage wurden ausgewertet, wodurch man diese potenziell für Überwachung und Verfolgung verwenden konnte. Denn dem Staat war nun bekannt, welche Kund:innen was für Bücher und Musik gekauft hatten. Ergäben sich daraus »Anhaltspunkte für strafrechtlich relevantes Verhalten«, leite man die Informationen an die zuständigen Behörden weiter, teilte das Bundesinnenministerium (vgl. 2019) damals mit.

Als Geschäftsführer war Ali danach arbeitslos, einen Anspruch auf Sozialleistungen hatte er nicht: »Ich musste noch drei Jahre in einer Reifenfabrik in Aachen arbeiten, bevor ich in Rente gehen konnte.«

Die Verlage bemühten sich darum, juristisch gegen das Verbot vorzugehen. Ihre Anwälte argumentierten, dass es sich beim beschlagnahmten Programm um das weltweit größte Lager kurdischen Kulturguts handele und ein generelles Verbot deshalb nicht mit dem Grundsatz der Verhältnismäßigkeit vereinbar sei. Außerdem habe es seit Bestehen der Verlage kein einziges Verfahren wegen eines individuellen Buches oder einer CD gegeben. Doch bis heute sind der Mezopotamien Verlag und der MIR-Musikverlag verboten. Ali Kaya und seine Anwälte überlegen nun, das Urteil vor den Europäischen Gerichtshof für Menschenrechte zu bringen, weil die Behörden sein Recht auf Meinungsfreiheit und kulturelle Freiheit verletzt haben. Doch diese Verfahren ziehen sich meist über Jahre.

Bei den verbotenen Verlagen handelt es sich nicht um Ausnahmen. Bereits kurz nach dem Erlass des Betätigungsverbots im November 1993 wurden sowohl der Berxwedan-Verlag als auch die kurdische Nachrichtenagentur Kurd-Ha mit der Begründung verboten, dass es sich bei ihnen um PKK-Nebenorganisationen handle. Ersterer gab unter anderem die *Serxwebûn* (dt.: »Unabhängigkeit«), eine Parteizeitung der PKK, jährliche Wandkalender sowie Erinnerungen an gefallene Kämpfer:innen heraus, letztere veröffentlichte Nachrichten zu den Geschehnissen in Kurdistan. Zwei Jahre später wurde nach einer polizeilichen Razzia auch der Agri Verlag in Köln verboten und 15 Tonnen an Büchern, Zeitschriften, Zeitungen und Videokassetten beschlagnahmt.

Politische Verantwortung für die Verbote des Mezopotamien Verlags und des MIR-Musikverlags trägt Horst Seehofer (CSU) als damaliger Bundesinnenminister. Doch auch die Ampel-Regierung sieht keinen Handlungsbedarf und will an ihnen festhalten. Die Bücher und CDs verrotten nun langsam in irgendwelchen Behördenkellern – wenn man sie nicht schon entsorgt hat. Derzeit laufen immerhin Verhandlungen, ob zumindest das Musikarchiv an ein Museum übergeben werden soll.

Jeglicher kultureller Ausdruck ist verdächtig

Doch es geht nicht nur um Bücher, CDs und Kassetten: Jeglicher Ausdruck kurdischer Kultur bis hinein ins Private kann ins Visier der Behörden geraten. So wurden ab 1993 teilweise sogar kurdische Fußballturniere und Hochzeiten verboten, zum Beispiel in Köln, wo die Sicherheitskräfte Mitte der 1990er-Jahre eine Hochzeitsfeier untersagten, weil damit zu rechnen sei, dass man dort Gelder für die PKK sammeln werde. Hunderte Gäste waren umsonst angereist.

Auch sperrten sich deutsche Standesämter lange Zeit, kurdische Namen, welche die Buchstaben X, W und Q enthalten, in Geburtsurkunden einzutragen. Diese kommen im türkischen Alphabet nicht vor und waren in der Türkei deshalb aufgrund des Verbots der kurdischen Sprache untersagt. Die deutschen Behörden wollten keine Schwierigkeiten bei der Informationsübertragung an türkische Ämter und verhinderten deshalb die Eintragung. So war es Eltern nicht möglich, einem in Deutschland geborenen Kind zum Beispiel den beliebten Namen Cigerxwîn zu geben. Aus diesem Grund hatten zahlreiche kurdische Kinder auch hierzulande einen offiziellen türkischen Passnamen und einen informellen Rufnamen. Erst 2003, als es Kurd:innen in der Türkei erlaubt wurde, kurdische Namen anzunehmen, änderten die deutschen Behörden ihre Praxis ebenfalls.

Kurdische Newroz-Feierlichkeiten und Festivals werden seit 1986 immer wieder untersagt oder mit aberwitzigen Auflagen behindert. So war es auf der Kulturfeier 2017 in Köln an einem heißen Spätsommertag mit Zehntausenden Menschen nicht einmal erlaubt, Wasser zu verkaufen. Die Behörden argumentierten, die Einnahmen könnten der PKK zugutekommen.

Kurd:innen werden durch die Beschneidung und Einschränkung ihres Rechts auf Versammlungsfreiheit wichtige Gelegenheiten genommen, um ihre eigene kulturelle und politische Identität nach außen zu tragen. Auch die regelmäßigen polizeilichen Durchsuchungen kurdischer Vereine stellen einen Angriff auf die kurdische Kultur dar, sind sie doch Orte, die der Pflege dieser Identität durch Diskussionen, Veranstaltungen und ein generelles Zusammenkommen dienen.

Jeder Verlag, jedes Buch, jedes Lied, jede Hochzeit, jedes Kulturfest, jeder Verein, selbst ein bloßer Sprachkurs kann betroffen sein – rein aus dem Grund, dass sich auch die Freiheitsbewegung für die kurdische Kultur einsetzt. Der tatsächliche Vorsatz interessiert die deutschen Verfolgungsbehörden nicht mehr: Ob etwa ein Kulturfest, das die Geschichte des kurdischen Volkes und damit auch die Genese seiner Unterdrückung thematisiert, die Tätigkeit der PKK legitimieren oder nur an die eigene Vergangenheit erinnern soll, ist den Gerichten egal. Einzig zählt, ob die Wirkung der Aktivitäten als eine Förderung des Zusammenhaltes der PKK interpretiert werden kann. Das Verbot zeichnet sich damit durch eine gewaltige Dehnbarkeit aus, die sich beliebig auf alles Kurdische erweitern lässt.

Bei den 10. Kurdischen Kulturtagen 2019 in Nürnberg intervenierte das türkische Generalkonsulat beim Oberbürgermeister gegen eine Fotoausstellung, bei der im Hintergrund der Portraitaufnahme einer kurdischen Frau aus Rojava ein Bild Abdullah Öcalans zu sehen war. Die Stadt entschied schließlich, das beanstandete Bild entfernen zu lassen. Auch durfte es in Folge nicht länger zur Bewerbung der Ausstellung genutzt werden. Die betroffene Künstlerin sah ihre Kunstfreiheit eingeschränkt und protestierte, jedoch ohne Erfolg.

Kurdische Künstler:innen werden immer wieder Opfer von Einschränkungen und Zensur, insbesondere jene, die in der Türkei aktiv sind. Ein beliebtes Mittel ist dabei die Visumspolitik. So verweigerte die deutsche Botschaft in der Türkei zwei Musiker:innen der Band um den prominenten Sänger Mem Ararat Ende 2019 die Einreise nach Deutschland. Zuvor hatten die türkischen Behörden bereits Konzerte in seiner Heimatstadt Amed untersagt.

Die Liste an Fällen von Verfolgung und Unterdrückung kurdischer Kultur in den letzten 30 Jahren ließe sich noch lange fortsetzen. Unsere Beispiele stehen stellvertretend für Ereignisse, die regelmäßig hierzulande geschehen, ohne größere Aufmerksamkeit in der breiten Öffentlichkeit zu bekommen.

Kurdische Medien im Fadenkreuz

Neben der kurdischen Kultur haben es die Behörden auch auf kurdische Medien abgesehen – nicht nur in Deutschland, sondern in ganz Europa. Vor allem Zeitungen, Zeitschriften und Fernsehsender sind betroffen.

Kurdische Journalist:innen haben Erfahrung im Umgang mit staatlicher Repression. Zum einen natürlich, weil viele von ihnen aufgrund ihrer Tätigkeit aus der Türkei fliehen mussten. Diese Verfolgung hat mit dazu beigetragen, dass heute ein transnationales kurdisches Mediennetzwerk existiert, das sich über ganz Westasien und Europa erstreckt. Denn viele vertriebene Journalist:innen üben ihre Profession in den Ländern, die sie aufgenommen haben, weiter aus (Schamberger 2022). Zum anderen, weil sie zu großen Teilen auch nach der Flucht Verfolgung ausgesetzt sind. Selbst in Deutschland und Europa kommt es immer wieder zu massiven Einschränkungen der Pressefreiheit, zu Razzien und Verboten gegen kurdische Medien. Zwar müssen Journalist:innen der kurdischen Freiheitsbewegung anders als in der Türkei nicht um ihr Leben und ihre persönliche Freiheit fürchten, dennoch wird ihre Arbeit auch hierzulande durch staatliche Repression behindert oder zeitweise komplett unmöglich gemacht.

Doch warum gibt es überhaupt eigenständige kurdische Medien im Ausland? Der Bedarf entstand vor allem mit der Flucht Zehntausender Kurd:innen in den 1980er- und 1990er-Jahren nach Europa, die über die Situation in ihrer Heimat informiert bleiben wollten. Viele von ihnen standen der kurdischen Freiheitsbewegung nahe, sodass auch die meisten kurdischen Medien von dieser geprägt waren oder sogar von ihr herausgegeben wurden. Die Bewegung hatte ein Interesse daran, die kurdische Diaspora zu organisieren und ihre Identität zu stärken. Zudem sollten Veröffentlichungen unter anderem in deutscher, französischer und englischer Sprache die europäische Öffentlichkeit über die Entwicklungen in Kurdistan aufklären.

Insbesondere der Satellitensender Med TV, dessen Team erst kurz vor der Gründung aus der Türkei hatte fliehen müssen, war ein Meilenstein in der Entwicklung kurdischer Medien. Der Kanal, der am 15. Mai 1995 on air ging, stellte für Kurd:innen in Europa, aber auch in Kurdistan selbst eine Revolution dar und trug massiv zur Schaffung einer kurdischen Identität und zur Vernetzung der weltweit verstreuten Community bei.

Die Türkei begann bald darauf diplomatischen Druck auszuüben: Dem Kanal solle die Rundfunklizenz entzogen werden. Obwohl Med TV aus dem Herzen Europas und mit einer britischen Rundfunkerlaubnis sendete, hatte die Türkei Erfolg. Nachdem das Team bereits im Juli 1996 gezwungen worden war, anderthalb Monate den Betrieb einzustellen, entzog die britische Independent Television Commission (ITC) dem Sender 1999 endgültig die Lizenz – Med TV habe angeblich zur Gewalt gegen die Türkei aufgerufen. Gleichzeitig wurden die Studios in der Kleinstadt Denderleeuw nahe Brüssel von der Polizei durchsucht. Interessanterweise hatte der damalige Vorsitzende der ITC, Robin Biggam, zugleich wirtschaftliche Interessen in der Türkei: British Aerospace, deren Vorstand er angehörte, verkaufte nämlich regelmäßig Rüstungsgüter an die türkische Armee, mit denen diese ihren Krieg gegen die Kurd:innen führte.

Die Verfolgung kurdischer Fernsehsender erstreckt sich über ganz Europa: Auch die Nachfolgesender Medya TV mit französischer Lizenz (bis 2004) und Roj TV (bis 2012) mit dänischer Lizenz wurden verboten, mussten aufgrund von Strafzahlungen schließen oder bekamen ihre Rundfunkerlaubnis entzogen. Im Falle Dänemarks warf die Türkei ihr diplomatisches Gewicht auf der NATO-Ebene in die Waagschale und stimmte erst dann für den dänischen Bewerber Anders Fogh Rasmussen als neuen Generalsekretär des Militärbündnisses, nachdem man ihr unter anderem versprochen hatte, gegen den kurdischen Sender vorzugehen. Ein ähnliches Vorgehen sehen wir heute beim NATO-Beitritt Schwedens, dem das türkische Regime nach monatelanger Verzögerung nur zustimmen wollte, nachdem das Land die Repression gegen Kurd:innen gesteigert und erste kurdische Oppositionelle an die Türkei ausgeliefert hatte.

Die Verfolgung in Europa betrifft nicht lediglich Fernsehsender, sondern auch Zeitungen. Dies macht das zeitweilige Verbot der in Neu-Isenburg erscheinenden Zeitung *Özgür Politika* (dt.: »Freie Politik«) deutlich. Die bis heute einzige kurdische Tageszeitung in Europa war 1995 in einer kleinen Vorstadt Frankfurts am Main von kurdischen Journalist:innen im Exil gegründet worden und berichtete seitdem über die Entwicklungen in Kurdistan. Anfang September 2005 durchsuchten auf Anordnung des damaligen Bundesinnenministers Otto Schily Hunderte Polizist:innen insgesamt 66 Objekte in acht Bundesländern: Arbeitsmaterialien, Bücher, Kassetten, Zeitschriften und das Vermögen des Herausgeberverlages, der E. Xani GmbH, wurden beschlagnahmt. Zwei Monate später hob das Bundesverwaltungsgericht das Verbot zwar auf, doch unter dem gleichen Namen konnte die Zeitung nicht mehr erscheinen. Seit Januar 2006 kommt sie nun unter dem leicht veränderten Titel *Yeni Özgür Politika* (dt.: »Neue Freie Politik«) heraus, steht aber immer noch im Visier der Behörden. So suchte die Polizei mehrfach den Mezopotamien Verlag auf, weil dieser Werbung in der Zeitung schaltete: Einer der Beamten soll bei einem solchen Anlass gesagt haben: »Wenn ihr mit den Anzeigen aufhört, dann kommen wir auch nicht mehr, um euch zu durchsuchen«, erinnert sich Ali Kaya.

Wie schon in den vorherigen Passagen geschildert, ging auch die Verfolgung kurdischer Medien in Europa stets unter dem Deckmantel einer vermeintlichen Unterstützung der PKK vonstatten. Oftmals steckte dahinter jedoch diplomatischer Druck der Türkei. Deutschland und andere Länder der EU gaben diesem nach, weil sie den NATO-Partner unterstützen wollten und die Verfolgung kurdischer Medien und Kultur politisch nicht viel kostete. Razzien und Verbote zogen selten einen großen gesellschaftlichen Aufschrei nach sich. So wurde die Pressefreiheit immer wieder auf dem Altar der Macht geopfert.

Zu einem Ende kurdischer Medientätigkeit kam es trotz Verboten und regelmäßiger Verfolgung in Europa jedoch nie. Im Gegenteil zeigen sich die Journalist:innen äußerst resilient und wissen sich jeweils anzupassen, zum Beispiel indem sie Lizenzen für Satellitensender in verschiedenen Ländern beantragen, während sich die zentralen Sendestudios seit Med TV in Denderleeuw bei Brüssel befinden. Die kurdischen Medienmacher:innen sind oft noch härtere Repression aus der Türkei gewohnt. Aufgrund ihrer Widerständigkeit hat die Verfolgung letztlich nicht zu weniger, sondern zu mehr Aktivität geführt. Zudem sorgt heute auch die technische Entwicklung dafür, dass sich eine direkte staatliche Zensur schwieriger gestaltet. Die Verbreitung des Internets macht es etwa möglich, kurdische Sender per Stream auf der ganzen Welt zu empfangen.

Dabei ist selbst das Netz nicht immer ein Ort der Freiheit. In den Sozialen Medien, deren Mutterkonzerne Profit aus dem Verkauf von Nutzer:innendaten und Werbung ziehen, werden Bilder und Äußerungen mit Bezug zur kurdischen Freiheitsbewegung häufig gelöscht. So verhindert etwa Facebook jegliche Darstellung des Gesichtes von Abdullah Öcalan auf seiner Plattform. Parallel kooperiert das dahinterstehende Unternehmen Meta mit türkischen Behörden und entfernt Nutzer:innenkonten für Sympathiebekundungen mit der kurdischen Freiheitsbewegung. Dies betrifft nicht nur Individuen, sondern auch Institutionen: So war die offizielle Facebook-Seite der YPG-Volksverteidigungseinheiten, die in Nordsyrien unter hohen Verlusten gegen die IS-Terrormiliz kämpfen, über Jahre hinweg nicht verfügbar. Ähnliches widerfuhr der kurdischen Nachrichtenagentur Mezopotamja Ajansı, die sogar in der Türkei legal ist – ein klarer Fall von Zensur.

Die Schwesterplattform Instagram betreibt ein sogenanntes »Shadow Banning« von politischen Konten, die damit zwar nicht komplett gesperrt, aber in ihrer Reichweite massiv gedrosselt und damit unsichtbar gemacht werden.

YouTube, das wiederum zu Google gehört, sperrte im März 2023 den kurdischen Musikkanal Med Muzîk TV mit mehreren Zehntausend Abonnent:innen, weil er gegen die sogenannten Communityregeln verstoßen habe. Welche Regel die legale Veröffentlichung von Musik in diesem Fall genau verletze, wollte der Konzern nicht sagen. Solche Beispiele machen deutlich, dass die Zensurpolitik gegenüber kurdischen Inhalten selbst im vermeintlich freien Internet bereits weit fortgeschritten ist.

Dabei geht sie Hand in Hand mit staatlicher Repression, denn oft werden Bilder und Symbole, die Kurd:innen und solidarische Unterstützer:innen im Internet veröffentlichen, strafrechtlich verfolgt. Einer von vielen Betroffenen ist Emin Çatıkkaş, der seit 31 Jahren in Heilbronn lebt. 2023 erhielt er eine neunmonatige Haftaufforderung, weil er Fotos von Abdullah Öcalan, gestorbenen Guerilla-Kämpfer:innen und kurdischen Flaggen auf Facebook gepostet hatte. Zuvor war ihm aufgrund seines Aktivismus als Vorsitzender eines lokalen kurdischen Vereins bereits der Aufenthaltstitel entzogen worden. Der deutsche Inlandsgeheimdienst versuchte ihn zudem als Spitzel anzuwerben. Dass Emins Bruder in der Türkei vom Staat getötet worden war und seine Schwester dort gerade in Haft saß, spielte für die Behörden keine Rolle.

Widerspruchslos werden diese Einschränkung und Zensur jedoch nicht hingenommen. So regt sich immer wieder Protest, zum Beispiel gegen das Verbot der beiden Verlage, über die wir zu Beginn des Kapitels berichtet haben. Progressive Kultur- und Medienschaffende solidarisierten sich ebenso wie kleinere Verlage und Kulturinstitutionen unter der Überschrift »Gegen politische Zensur und die Einschränkung von Publikationsfreiheit und kultureller Vielfalt – für die Aufhebung des Verbots des Mezopotamien Verlags und des Musikvertriebs MIR Multimedia«. Man argumentierte, dass das Vorgehen der Behörden die Assimilierungspolitik des türkischen Staates gegen die Kurd:innen unterstütze und die »demokratischen Grundrechte der Kunst-, Meinungs-, Presse- und Publikationsfreiheit« massiv beschneide. Ein Zusammenschluss linker Verlage aus Deutschland, Österreich und der Schweiz hat zudem die *Edition Mezopotamya* herausgebracht, welche die wichtigsten deutschsprachigen Titel des verbotenen Verlags neu auflegt und damit wieder zugänglich macht. Finanziert wurde dieses »Projekt gegen Zensur und für die Publikationsfreiheit« aus Spenden.

Spurlos geht die Verbotspolitik jedoch nicht an den Betroffenen vorüber. Kurdische Musiker:innen überlegen sich nun zweimal, welche Cover sie für die Gestaltung ihrer CDs verwenden, ebenso wie Schriftsteller:innen, wo sie ihre Bücher veröffentlichen. In Deutschland gibt es seit dem Verbot des Mezopotamien Verlags keinen exklusiven Herausgeber kurdischer Literatur mehr. Ali Kaya betont zudem die psychologischen Effekte der Repression:

> »In der Türkei war alles verboten. Wenn du dort einen Polizisten auf der Straße gesehen hast, hast du sofort die Straßenseite gewechselt. Deutschland erlaubt den Kurden nicht, von diesen Gefühlen loszukommen. Auch in der Türkei werden Zeitungen und Verlage durchsucht und verboten. Du kommst hierher, in ein demokratisches Land, und auch hier werden deine Zeitung und dein Verlag durchsucht. Man entkommt der Atmosphäre der Verfolgung in der Türkei auch hierzulande nicht. Deutschland lässt uns das in der Türkei Durchgemachte auch hier immer wieder durchleben. Sie behandeln uns wie Kriminelle.«

Große Teile der deutschen Öffentlichkeit interessieren sich nicht für Verbote kurdischer Medien, kurdischer Kulturfestivals oder Auftrittsverbote für kurdische Kulturschaffende. Ihre deutschen Kolleg:innen bleiben allzu oft stumm. Doch die staatlichen Verbote sind Teil einer umfassenden Kampagne zur Zerstörung der kurdischen Kultur. Nach Bestreben der Türkei sollen jegliche Unterschiede verschwinden, um so eine Assimilation der Kurd:innen in die türkische Gesellschaft zu erzwingen. Die Behörden der Bundesrepublik sind ihr dabei mehr als behilflich.

Zugleich zeigt sich am Umgang des deutschen Staates mit Gruppen, die nicht im Zentrum der Macht stehen, sondern an deren Rand, was die Freiheit der Presse und der Kunst auf dem Papier wirklich wert ist. Hier vollzieht sich ein Ausschluss von Kurd:innen mitsamt ihrer Kultur und ihren Medien aus dem Gemeinwesen. Ihre Ideen, ihr Weltbild, ihre Ideale werden stigmatisiert und ausgeschlossen. Sie bekommen allenfalls einen Platz am Katzentisch des öffentlichen Diskurses: »Spiel nicht mit den Schmuddelkindern«, sang Franz Josef Degenhardt schon vor fast 60 Jahren passend dazu.

Dabei bedroht diese Verfolgung nicht nur Kurd:innen, wie Ali erklärt:

> »So wird der Herrschaftsraum Stück für Stück immer weiter ausgebaut. Über die Kriminalisierung der Kurd:innen wird weiteren antidemokratischen Maßnahmen immer mehr Raum gegeben. Diese Kriminalisierung betrifft alle. Was rechtfertigt die Beschlagnahmung von Tausenden von Büchern? Haben wir dort etwa Bomben hergestellt? Das sollte doch auch die deutsche Gesellschaft sorgen, was hier passiert.«

Doch klein beigeben möchte er nicht. Gleich im Anschluss an unser Gespräch bringt er eine Ladung Bücher und Broschüren zur »Wir-wollen-unsere-Welt-zurück!«-Konferenz nach Hamburg, die vom Verfassungsschutz aus den Räumlichkeiten der Uni Hamburg gedrängt wurde (siehe Kapitel 1). Sie fand dennoch statt und hinter dem Büchertisch – zwar ohne Verlag, aber immerhin – stand Ali Kaya.

9 Asyl- und Ausländerrecht als Mittel der politischen Repression

Ein Gastbeitrag von Heike Geisweid

Die Repression gegen Kurd:innen äußert sich nicht nur in strafrechtlicher Verfolgung und Observation, sondern auch im Entzug des Aufenthaltsrechts, in Ausweisungen, in Ablehnungen oder gar Rücknahmen von Einbürgerungen sowie in der Verweigerung von Schutzzuerkennung im Asylverfahren. Maßnahmen, die den Aufenthalt der Betroffenen und ihrer Familien in der Bundesrepublik Deutschland bedrohen, werden zu Recht als existenziell bedrohlich empfunden. Bereits die bloße Möglichkeit ihres Einsatzes wirkt deshalb einschüchternd.

Betroffen von ausländerrechtlichen Regelungen sind alle, die nicht die deutsche Staatsangehörigkeit besitzen. Dazu gehört etwa die Hälfte der kurdischen Community in der Bundesrepublik. Kurd:innen kamen und kommen als politische Flüchtlinge, als Arbeitnehmer:innen oder im Familiennachzug nach Deutschland, woraufhin sie mit entsprechenden Aufenthaltstiteln hier leben. Insbesondere für diejenigen unter ihnen, die politisch aktiv sind, stellen ausländerrechtliche Maßnahmen eine konstante Bedrohung dar. Dazu bedarf es weder einer strafrechtlichen Verurteilung noch eines Ermittlungsverfahrens.

Ein Beispiel: Frau Gül floh nach dem Putschversuch 2016 aus der Türkei nach Deutschland und ist vor Kurzem als Flüchtling anerkannt worden. In der Türkei drohen ihr Festnahme und Folter aufgrund ihrer politischen Aktivitäten für die auch im Parlament vertretene HDP, denn diese formulieren die türkischen Sicherheitskräfte und Gerichte oft zu Unterstützungshandlungen für die PKK um. In Deutschland engagiert sich Frau Gül im örtlichen kurdischen Verein. Hier findet ein großer Teil ihres sozialen und politischen Lebens statt: Sie trifft sich mit anderen Frauen, diskutiert über die Rolle der kurdischen Frau in der Gesellschaft, geht zur Folkloregruppe und nimmt an Demonstrationen beispielsweise gegen die völkerrechtswidrige Besetzung Nordsyriens durch die türkische Armee oder Menschenrechtsverletzungen der AKP-Regierung teil. Der Verein ist im Vereinsregister eingetragen und Mitglied des Dachverbandes der kurdischen Vereine KON-MED, die Veranstaltungen sind öffentlich, die Demonstrationen allesamt angemeldet und legal. Frau Gül beantragt nach ihrer Anerkennung als Flüchtling einen befristeten Aufenthaltstitel.

Im zugehörigen Bescheid steht, dass sie in der Türkei die PKK unterstützt haben soll. Auf den Antrag hin fragt die Ausländerbehörde deshalb bei Landesverfassungsschutz und LKA nach, ob Sicherheitsbedenken vorliegen – und tatsächlich liegt ersterem ein Bericht über Frau Gül vor, der sie als aktives Mitglied des kurdischen Vereins ausweist. Sie nehme dort an Treffen teil, bei denen PKK-Kader Aufgaben verteilen, und sie habe Frauen zu Protesten mobilisiert. Zudem führt der Bericht mehrere prokurdische Demonstrationen auf, an denen Frau Gül teilgenommen hat und auf denen Positionen der PKK vertreten worden seien.

Für die Ausländerbehörde ist Frau Gül damit als Unterstützerin der Organisation »identifiziert«, obwohl sie selbst jede Schuld von sich weist. Denn die Vorhalte des Verfassungsschutzes sind falsch: Im Verein fanden zu keinem Zeitpunkt Treffen mit Kadern statt. Ihre Freundinnen hatte sie nicht mobilisiert, sondern sie besuchten die Proteste aus freien Stücken. Bei den Demonstrationen wurde zwar Kritik am türkischen Regime geäußert, doch handelt es sich dabei um Positionen, wie sie nicht nur die PKK, sondern etliche linke Parteien und Gewerkschaften in Deutschland vertreten.

Im Glauben an ihre Unschuld kümmert sich Frau Gül nicht um ein Anhörungsschreiben der Ausländerbehörde. Ihrer Vorstellung nach können die deutschen Behörden doch nicht mit der gleichen Logik vorgehen wie ihre türkischen Pendants und legales prokurdisches Engagement zu einer PKK-Unterstützung umdichten. Frau Gül wird mit der ihr zugestellten Ausweisung eines anderen belehrt. Sie muss den Aufenthaltstitel abgeben und bekommt eine Duldung zugestellt, auf der steht, dass sie ausreisepflichtig sei und abgeschoben werden könne, sobald der Abschiebeschutz entfällt. Frau Gül hat noch Glück: Solange sie als Flüchtling anerkannt bleibt, darf man sie nicht abschieben. Aufgrund der Ausweisung wird sie aber nur geduldet.

Um eine Gefahr für die öffentliche Sicherheit und Ordnung festzustellen, genügen politische Aktivitäten wie Teilnahmen an prokurdischen Versammlungen und Demonstrationen oder Vorstandstätigkeiten in kurdischen Vereinen, die von den Verfassungsschutzbehörden zu Gefahren für die öffentliche Sicherheit und Ordnung aufgrund eines behaupteten PKK-Bezugs definiert und ausländerrechtlich »sanktioniert« werden. Verurteilungen wegen Verstoßes gegen das PKK-Betätigungsverbot oder gar einer Mitgliedschaft führen unmittelbar zu ausländerrechtlichen Maßnahmen. Denn schließlich habe man mit einer solchen strafrechtlich festgestellt, dass der oder die Betroffene eine Gefahr für die öffentliche Sicherheit und Ordnung darstelle.

Ausweisung und Abschiebung

Frau Gül sah sich mit dem schärfsten Mittel des Aufenthaltsrechts und damit der Ausländerbehörde konfrontiert: der Ausweisung. Diese führt in der Regel zur Beendigung des Aufenthalts in Deutschland und zu einem Verbot der Wiedereinreise. Bei Ausweisung wegen Abwehr einer Gefahr für die Sicherheit der Bundesrepublik ist die Einreisesperre zeitlich auf 20 Jahre ab Ausreise begrenzt. Speziell diese Maßnahme greift tief in die persönlichen und sozialen Lebensverhältnisse von Kurd:innen ein und wird von den Betroffenen oft schlimmer empfunden als eine strafrechtliche Sanktion.

Dabei soll die Ausweisung keine Strafe für ein früheres Fehlverhalten sein, sondern ausschließlich künftigen Beeinträchtigungen erheblicher öffentlicher Interessen innerhalb der Bundesrepublik vorbeugen. Diese spielen neben der öffentlichen Sicherheit und der sogenannten freiheitlichen demokratischen Grundordnung (fdGO) eine wichtige Rolle im Ausländerrecht. Bei der Ausweisung wird eine sogenannte ordnungsrechtliche Präventivmaßnahme verhängt. Den Ausländerbehörden ist natürlich klar, welchen Druck sie bereits mit der bloßen Androhung einer solchen ausüben.

Ausweisungen politisch aktiver Personen, die beispielsweise innerhalb eines kurdischen Vereins tätig sind, werden seit Jahren nach demselben Schema begründet: Die Ausländerbehörde stellt zunächst fest, dass es sich bei der PKK um eine terroristische Organisation handle, da sie auf der EU- und US-Terrorliste steht. Wer dieser jetzt oder in der Vergangenheit angehört oder sie unterstützt hat, gefährde deshalb die fdGO oder die Sicherheit der Bundesrepublik. Alles, was schließlich noch an Informationen fehlt, etwa bezüglich Teilnahmen an Versammlungen oder Vorstandstätigkeiten in Vereinen, stammt zumeist aus Anfragen der Ausländerbehörden bei den Sicherheits- und Verfassungsschutzbehörden.

Trotz ihrer weitreichenden Auswirkungen ist die Qualität auf diese Weise gesammelter Erkenntnisse und deren Interpretation seitens der Nachrichtendienste bei unterstellten PKK-Aktivitäten mehr als bedenklich. So werden in den Berichten des Verfassungsschutzes etwa legale, angemeldete Demonstrationen zu PKK-Versammlungen und Vorstandssitzungen oder organisatorische Versammlungen in kurdischen Vereinen zu Kadertreffen der PKK umgemünzt. Für die Ausländerbehörden sind diese »Erkenntnisse« wiederum Gründe für Ausweisungen von als Unterstützer:innen der Organisation »identifizierten« Personen.

Eine die Ausweisung begründende Unterstützungshandlung besteht in der aktiven Mitgliedschaft in einem Verein, der unter dem Dachverband der kurdischen Vereine KON-MED firmiert. Obwohl dieser in Deutschland völlig legal eingetragen und tätig ist, stellt er in den Augen des Staats- und Verfassungsschutzes eine Nebenorganisation der PKK dar. Der Zweck hinter Veranstaltungen solcher Vereine, so der pauschale Vorwurf, bestehe darin, »Lob und psychische Unterstützung [sic!]« für das Handeln der Partei und ihrer Kader zu generieren.

Ein Vorgehen der Ausländerbehörde wie im Falle Frau Güls wird auch von Verwaltungsgerichten gedeckt. Unerheblich sei demnach, dass der Verein und dessen Veranstaltungen sich vollständig im Bereich des Legalen bewegen. Die Anordnung solle schon die Vorfeldunterstützung des Terrorismus erfassen, ohne dass diese bereits mit einer tatsächlichen Gefährdung der öffentlichen Sicherheit oder Ordnung verbunden sein müsse, die ein versammlungs- beziehungsweise vereinsrechtliches Einschreiten rechtfertigen würde. Dass der Verein eingetragen ist und alle Demonstrationen legal und ohne Schwierigkeiten mit der Polizei durchführt, spielt also für Ausweisungen keine Rolle – es reicht, wenn Verfassungsschutz und Ausländerbehörde eine

Unterstützung der PKK feststellen. Von den Unterstützungshandlungen muss noch nicht einmal eine konkrete Gefährdung der inneren Sicherheit ausgehen: Wegen der »tatbestandlichen Weite« des Unterstützerbegriffs reiche vielmehr die potenzielle Erhöhung des latenten Gefährdungsrisikos, welches von einer Vereinigung, die den internationalen Terrorismus unterstützt, ausgehe.

Damit werden in den Augen der Behörden aktive Mitgliedschaften in einem auf diese Weise als PKK-nah definierten Verein mit regelmäßigen Besuchen der Vereinsräumlichkeiten zu Unterstützungshandlungen, weil sie dessen Gefährdungspotenzial festigen beziehungsweise stärken. Dies erfolge zum Beispiel auch durch die einfache Zahlung von Mitgliedsbeiträgen.

Ausweisungen werden zwar nicht gegen jedes einzelne der vielen tausend aktiven kurdischen Vereinsmitglieder in Deutschland ausgestellt, aber die Möglichkeit der Ausländerbehörde, Überprüfungen einzuleiten und Ausweisungsverfahren durchzuführen, schwebt wie ein Damoklesschwert über ihnen allen – man weiß nie, wen es wann treffen kann.

Ein weiteres Beispiel: Herr Kızıltaş lebt als Arbeitnehmer in der Bundesrepublik. Vor einigen Jahren verdiente er endlich genug Geld, um seine in der Türkei verbliebene Ehefrau und die minderjährigen Kinder auf dem Weg der Familienzusammenführung nachzuholen. Lange schon betätigt er sich im Vorstand des örtlichen kurdischen Vereins, der Mitglied im Dachverband KON-MED ist. Mittlerweile erfüllt er die Voraussetzungen für einen unbefristeten Aufenthalt, den er auch beantragt. Im Rahmen von Niederlassungserlaubnissen erfolgen standardmäßig Anfragen bei Staats- und Verfassungsschutz. Im nächsten Schritt weist man Herrn Kızıltaş aus, da ihm als Vorstandsmitglied des kurdischen Vereins unterstellt wird, er bedrohe die öffentliche Sicherheit und Ordnung. Der Verein sei PKK-nah und mit seiner Tätigkeit als Vorstandsmitglied unterstütze er das von ihm ausgehende Gefährdungspotenzial. Auch stärke er mit seiner regelmäßigen Anwesenheit das Zusammengehörigkeitsgefühl der Organisation.

Da Ehefrau und Kinder noch gültige Aufenthaltstitel haben, erteilt ihm die Behörde eine Duldung mit wöchentlichen Meldeauflagen bei der Polizei. Als seine Familie bei der Ausländerbehörde vorspricht, werden ihre Papiere nicht verlängert. Sie seien zu kurz in Deutschland, um eigene Ansprüche auf einen Aufenthalt erworben zu haben. Entsprechend hängen ihre Aufenthaltstitel von dem des Herrn Kızıltaş ab, der aber aufgrund der angeordneten Ausweisung nicht mehr gelte. Sie alle erhalten Duldungen, verbunden mit der Aufforderung, in ihrem eigenen Interesse freiwillig in die Türkei zurückzukehren – andernfalls werde die Abschiebung vorbereitet.

Für Kurd:innen mit normalen Aufenthaltserlaubnissen folgt auf eine Ausweisung laut Gesetz die Abschiebung in den Herkunftsstaat; und das, obwohl seit dem Putschversuch im Sommer 2016 völlig offenkundig ist, dass die türkische Regierung sogenannte »Säuberungsmaßnahmen« gegen Individuen und Institutionen eingeleitet hat, denen man Unterstützung oder Mitgliedschaft in der PKK oder einer anderen als terroristisch definierten Vereinigung vorwirft. In der Bundesrepublik kommt es regelmäßig zu Abschiebungen in die Türkei: In den ersten vier Monaten des Jahres 2023 wurden bereits 214 Personen in die Türkei abgeschoben, die Tendenz ist seit 2020 steigend.

Einbürgerungsverweigerung und Entzug der Einbürgerung

Ein weiteres migrationsrechtliches Repressionsinstrument, mit dem Kurd:innen sanktioniert werden, besteht in der Ablehnung oder dem Widerruf der Einbürgerung. Dies ist möglich, wenn

> »tatsächliche Anhaltspunkte die Annahme rechtfertigen, dass der Ausländer Bestrebungen verfolgt oder unterstützt oder verfolgt oder unterstützt hat, die gegen die freiheitliche-demokratische Grundordnung, den Bestand oder die Sicherheit des Bundes oder eines Landes gerichtet sind, […] es sei denn, der Ausländer macht glaubhaft, dass er sich von der früheren Verfolgung oder Unterstützung derartiger Bestrebungen abgewandt hat oder ein besonders schwerwiegendes Ausweisungsinteresse besteht« (Paragraf 11 Absatz 1 StAG).

Auch hier finden sich wieder Begrifflichkeiten, die den Behörden viel Interpretationsspielraum einräumen, und auch hier beruhen die relevanten »Erkenntnisse« der Einbürgerungsbehörde in der Regel auf den bereits mehrfach erwähnten fragwürdigen Sicherheitsanfragen bei Staatsbehörden und dem Verfassungsschutz.

Die Argumentationen in den Bescheiden und Urteilen ähneln denen bei Ausweisungen: Die PKK verfolge terroristische Bestrebungen, das heißt, sie gefährde die Sicherheit von Bund und Land sowie die fdGO. Liegen der Behörde nun tatsächliche Anhaltspunkte vor, welche die Annahme rechtfertigen, dass die betreffende Person die PKK unterstützt hat oder unterstützt, scheidet eine Einbürgerung aus. Sollte diese schon erfolgt sein und sich im Nachhinein herausstellen, dass zum Zeitpunkt der Einbürgerung eine Unterstützung verschwiegen wurde, kann sie sogar widerrufen werden.

Als Unterstützung gilt jede Handlung, die Bestrebungen gegen die fdGO beziehungsweise die Sicherheit des Bundes oder eines Landes objektiv zuträgt, das heißt, sich in irgendeiner Weise negativ auf diese auswirkt. Die Betroffenen müssen sich dessen weiterhin bewusst gewesen sein und ihre Entscheidung zur Unterstützung willentlich getroffen haben. Dazu zählen etwa das öffentliche oder nichtöffentliche Befürworten von Positionen der PKK, die Gewährung finanzieller Unterstützung oder die Teilnahme an Aktivitäten zur Verfolgung oder Durchsetzung staatsgefährdender Ziele. In der Realität umfasst dies Mitgliedschaften in kurdischen Vereinen, die dem Dachverband angehören, Teilnahmen an prokurdischen Demonstrationen und andere Tätigkeiten, wie oben bereits erwähnt. Erneut genügt der durch konkrete Tatsachen begründete Verdacht einer Unterstützung gefährdender Bestrebungen – eines Nachweises bedarf es dagegen nicht.

Ebenso wenig ist erforderlich, dass das Handeln des »Ausländers« tatsächlich selbst erfolgreich oder für einen Erfolg der Bewegung ursächlich war. Die Nachweisschwelle liegt bei Einbürgerungen noch tiefer als bei Ausweisungen. Auch eine regelmäßige passive Teilnahme an angeblichen PKK-Veranstaltungen ist geeignet, eine dauerhafte Identifikation mit den Bestrebungen ausreichend zu belegen.

Ein drittes Beispiel: Frau Ünsal kam als Kind auf dem Weg der Familienzusammenführung aus der Türkei zu ihrem Vater. Seitdem lebt sie mit Aufenthaltserlaubnissen in Deutschland. Mit Ende 20 beschließt sie, die deutsche Staatsangehörigkeit zu beantragen. Auch hier werden sodann von der Einbürgerungsbehörde standardmäßig Auskünfte über Ermittlungs- und Strafverfahren eingeholt und Verfassungsschutzbehörden angefragt. Jahre zuvor war Frau Ünsal als Studentin innerhalb des kurdischen Studierendenverbandes in Westdeutschland aktiv, hielt einen Redebeitrag für die Abschaffung des PKK-Verbots und nahm an der symbolischen Besetzung einer TV-Zentrale teil, um auf die Haftbedingungen Abdullah Öcalans hinzuweisen. Der Vortrag zog einen Strafbefehl nach sich, der aber von der Höhe der Geldstrafe her nicht einbürgerungsschädlich war; das Verfahren wegen Besetzung wurde vom Gericht gegen 30 Sozialstunden eingestellt.

Zum Zeitpunkt des Einbürgerungsantrages hat Frau Ünsal das Studium beendet und arbeitet seit Jahren bei einer großen IT-Gesellschaft in Süddeutschland. Die Einbürgerungsbehörde lädt sie aufgrund der Erkenntnisse zu einer mehrstündigen Befragung ein. Diese beginnt noch recht harmlos: »Die islamische Richtung, ist das für Sie ein Thema?«, »Gehen Sie in eine Moschee?«, »Ist das Kopftuch für Sie ein Thema?«. Danach schwenkt die fragende Beamtin aber um: »Sind Sie selbst Kurdin oder nicht?«, »Haben Sie jemals an Demonstrationen oder Versammlungen teilgenommen, bei denen es zu gewalttätigen Ausschreitungen kam oder bei denen zur Gewalt aufgerufen wurde?«, »Haben Sie sich für die PKK engagiert?« – und wirft ihr schließlich vor: »Sie wurden als Teilnehmerin an einer gewalttätig verlaufenden Demonstration für die PKK, für den Verein [...] Kurda e. V. festgestellt!« Im Anschluss geht es um Frau Ünsals politisches Engagement als Studentin. Im Handumdrehen wird ihr vorgehalten: »Das ist aber PKK, oder? Sie waren doch für Kurden, für die PKK tätig. Sie sind schließlich zweimal nachweislich auffällig geworden.« Sie antwortet, diese politischen Tätigkeiten seien ihr damals als Studentin wichtig gewesen. Seit Ende des Studiums, Umzug und Berufstätigkeit habe sie aber keine Kontakte mehr zu den früheren Kreisen und engagiere sich nicht mehr politisch.

Schließlich wird Frau Ünsal mitgeteilt, dass man beabsichtige, den Einbürgerungsantrag abzulehnen, da konkrete Anhaltspunkte darauf hinweisen, dass sie Bestrebungen verfolgt und unterstützt habe, die gegen die fdGO und die Sicherheit des Bundes gerichtet seien, darunter die Teilnahme an zwei Aktionen mit PKK-Bezug. Auch wenn man ihr eine Einbürgerung rein aufgrund der Höhe des Bußgeldes und der Einstellung des Verfahrens nicht verweigern könne, genüge die Feststellung, dass sie damals eine Unterstützerin der PKK gewesen sei. Zudem habe sie sich nicht glaubhaft von ihrer früheren Unterstützung derartiger Bestrebungen abgewandt.

Mit juristischem Beistand kann Frau Ünsal schließlich doch noch eingebürgert werden. Denn die Ansichten der Mitarbeiter:innen in der zuständigen Behörde, wann einbürgerungshindernde Anhaltspunkte, etwa eine Verfolgung oder Unterstützung von terroristischen Bestrebungen, vorliegen, sind rechtswidrig. Die Gerichte verlangen ein Mindestmaß an Nachhaltigkeit in den fraglichen politischen Aktivitäten. Diese müssen erkennen lassen, dass eine dauerhafte Identifikation des »Ausländers« mit der Organisation oder deren Zielen bestehe. Man könne den Betroffenen nicht ewig vorhalten, dass sie früher bei Demonstrationen mit PKK-Bezug teilgenommen oder geringfügige Verstöße gegen das Vereinsgesetz begangen haben, wenn es sich um wenige und bereits länger zurückliegende Vorhalte handelt. Schließlich sei es nicht nötig, sich glaubhaft von früheren Überzeugungen abzuwenden, wenn dem Verfassungsschutz keine Kenntnisse über weitere Tätigkeiten in den letzten Jahren vorliegen.

Kein Flüchtlingsschutz für Kurd:innen

Ein Blick ins Asylrecht offenbart, dass die für Asylverfahren zuständige Behörde, das Bundesamt für Migration und Flüchtlinge, Entscheidungen zum Nachteil politisch aktiver Kurd:innen trifft – welche die meisten Gerichte bisher zum Glück jedoch aufheben. Auch hier zeigt sich, dass repressive Entscheidungen politisch motiviert und gesteuert sind. So bewerten das dem Innenministerium unterstellte Bundesamt für Migration und Flüchtlinge und das Auswärtige Amt ein und dieselbe Situation in der Türkei vollkommen unterschiedlich.

Auswärtiges Amt, Europarat und Europäische Union attestieren der Türkei seit dem Putschversuch 2016 Defizite im Bereich der Rechtsstaatlichkeit. Die im Zuge dessen geführten politischen Strafverfahren wegen des Vorwurfs der Mitgliedschaft in der PKK und anderer Organisationen legen nämlich nahe, dass die türkische Justiz mittlerweile nur noch in stark begrenztem Umfang unabhängig ist. Seit 2016 sind zum Beispiel mehr als ein Drittel aller Richter:innen und Staatsanwält:innen in der Türkei entlassen und durch regimetreue Jurist:innen ersetzt worden. Außerdem ist folgende Praxis wohl dokumentiert: Richter:innen, die in den Augen des Regimes kontroverse Entscheidungen treffen, werden suspendiert oder (straf-)versetzt, woraufhin deren loyale »Stellvertretung« bei den gleichen Angeklagten zum »richtigen« Ergebnis kommt.

Ein viertes Beispiel: Herr Inan wurde in der Türkei wegen Mitgliedschaft in einer terroristischen Vereinigung, der PKK, zu einer Haftstrafe von sechs Jahren und drei Monaten verurteilt und floh bald darauf in die Bundesrepublik Deutschland. Im Strafverfahren warf man ihm vor, als Mitglied einer prokurdischen studentischen Gruppierung in einer Kleinstadt im Osten der Türkei an einer – damals genehmigten – Newroz-Veranstaltung teilgenommen und eine kurze Eröffnungsrede gehalten zu haben. Das türkische Gericht ging davon aus, dass die Veranstaltung im Auftrag der PKK organisiert worden war, da diese im selben Jahr dazu aufgerufen hatte, im ganzen Land Newroz zu feiern. In den Augen der Richter:innen machte das Herrn Inan zu einem Mitglied der Partei. Mehrere Monate saß er zunächst in Untersuchungshaft, bis sein Anwalt eine Entlassung während des laufenden Verfahrens erreichen konnte. Auf Anraten seines Verteidigers tauchte er unter und floh aus dem Land. Sowohl bei der Festnahme als auch während der Untersuchungshaft wurde er immer wieder gefoltert, da er die Vorwürfe der Sicherheitskräfte, ein Mitglied der PKK zu sein, nicht akzeptieren wollte.

Zuvor war Herr Inan schon mehrmals bei Demonstrationen festgenommen und einmal wegen Teilnahme an einer Kampagne zur Einführung kurdischsprachigen Unterrichts an Schulen und Universitäten wegen Mitgliedschaft in der PKK angeklagt, aber letztlich freigesprochen worden. Das Bundesamt für Migration und Flüchtlinge lehnt seinen Antrag auf Feststellung der Flüchtlingseigenschaft in Folge ab. Die Justiz in der Türkei sei unabhängig und die Verfahren rechtsstaatlich – das zeige schließlich sein Freispruch in dieser Angelegenheit. Da er einen fairen Prozess zu erwarten habe, müsse er sich ihm auch stellen. Zudem seien die Tatvorwürfe im türkischen Urteil nach Sichtung der vorgelegten Unterlagen bewiesen und die Verurteilung daher zu Recht erfolgt. Dass Herr Inan jeweils bestritten hatte, Mitglied der PKK gewesen zu sein oder mit der Organisation in Verbindung gestanden zu haben, spiele keine Rolle.

Die Verurteilung basiert jedoch auf einem mehr als schwammigen Terrorismusbegriff und lässt die Voraussetzungen des Tatbestands unterspezifiziert. So geht man nämlich bereits davon aus, dass die fraglichen Aktivitäten im Auftrag der PKK durchgeführt worden seien, sodass die Frage lediglich lautet, ob dem Angeklagten Unterstützung oder Mitgliedschaft in der Partei zur Last gelegt werde. Der Umstand, an genehmigten Demonstrationen prokurdischen oder staatskritischen Inhalts teilgenommen zu haben, reiche zur Verurteilung aus. Damit macht sich das Bundesamt zum Handlanger der türkischen Strafverfolgungsbehörden, die demokratische Bewegungen als Aktivitäten zur Unterstützung der PKK und Aktivist:innen als Parteimitglieder kriminalisieren.

Statt den zugrunde liegenden Terrorismusbegriff zu kritisieren, beschäftigt man sich in Herrn Inans Fall mit der Frage, ob das Strafmaß von sechs Jahren und drei Monaten für Mitgliedschaft in der PKK (durch die Organisation einer Newroz-Veranstaltung) gängig sei, was schließlich bejaht wird. Eine unverhältnismäßige oder diskriminierende Strafverfolgung liege deshalb nicht vor. In der Konsequenz kommt das Bundesamt zu dem Ergebnis, dass Herrn Inans Prozess nicht zur Verfolgung eines politischen Gegners instrumentalisiert worden sei, sondern dass es sich dabei um Kriminalitäts- beziehungsweise Terrorismusbekämpfung gehandelt habe.

Die Behauptung einer unabhängigen Justiz und rechtsstaatlicher Verfahren in der Türkei ist hanebüchen. Gerichte und Strafverfolgungsbehörden klagen entsprechend der Doktrin des Regimes politische Gegner:innen an und verurteilen diese daraufhin mit konstruierten organisatorischen Zusammenhängen. Personen, denen staatsfeindliche Betätigungen zur Last gelegt werden, können unter den politischen Verhältnissen in der Türkei nicht mit einem fairen Strafverfahren rechnen.

Da das Bundesamt für Migration und Flüchtlinge gut ein Jahr für seine ablehnende Entscheidung benötigt hat und das gerichtliche Verfahren weitere drei Jahre dauert, ist Herr Inan insgesamt mehr als vier Jahre von seiner Frau und der während seiner Flucht geborenen Tochter getrennt. Die Familienzusammenführung kann erst nach einem positiven Gerichtsurteil beantragt werden – eine unglaublich belastende Situation für die junge Familie.

Mit der seit 30 Jahren quasi zementierten Einstufung der PKK als Terrororganisation lässt sich jedes prokurdische Engagement sanktionieren, solange man dieses mit Tätigkeiten für die Partei gleichsetzt. Welche einzelnen politischen Aktivitäten tatsächlich die PKK unterstützen, interpretieren und definieren Kriminalämter und Verfassungsschutz der Länder und des Bundes, Ausländerbehörden sowie die Gerichte. Dabei wird prokurdisches Engagement jedoch immer weitgreifender mit Tätigkeiten für die PKK gleichgesetzt. Das Migrationsrecht ist wie kaum ein anderes Recht von der jeweiligen politischen Agenda des Innen- und Außenministeriums beeinflusst und geprägt. In Deutschland bekommen das insbesondere die Kurd:innen zu spüren.

Heike Geisweid ist seit 1996 als Anwältin für Migrationsrecht und Asyl mit Schwerpunkt Türkei und Kurdistan in Bochum tätig. Zudem betätigt sie sich bei Azadî, dem Rechtshilfefonds für Kurdinnen und Kurden, sowie bei MAF-DAD – Verein für Demokratie und Internationales Recht.

10 Die Repression fordert ihre Toten – auch in Deutschland

Die Aktion, für die der Kurde Hamza Polat in Erinnerung bleiben sollte, schockierte die deutsche Gesellschaft. Obwohl sich die kurdische Freiheitsbewegung deutlich von der Praxis distanziert hatte, griff der junge Mann zu diesem letzten Mittel, um ein Zeichen zu setzen. Sein Vater sagte später, es sei der Druck des deutschen und türkischen Geheimdienstes gewesen, von dem Hamza sich befreien wollte.

Am 8. März des Jahres 2000 zog der 28-Jährige vor das Reichstagsgebäude in Berlin, vorbei an Besuchergruppen und anderen Tourist:innen, übergoss seinen Körper mit Benzin und zündete sich vor den Augen der schockierten Zuschauer:innen an – und verbrannte. Einen Abschiedsbrief hatte Hamza nicht hinterlassen. Wer seine tragische Tat verstehen möchte, muss die Symbolik der Aktion interpretieren, mit seiner Familie sprechen und die Lebensumstände des jungen Mannes näher betrachten.

Hamza stammte aus einer in Augsburg lebenden Familie, die seit dem verhinderten Newroz-Fest des Jahres 1994 (siehe Kapitel 4) im Visier von Polizei, Justiz und Verfassungsschutz steht. Einer seiner Brüder war in der Vergangenheit zu einer 27-monatigen Gefängnisstrafe verurteilt worden und befand sich deshalb in einer ausweglosen Situation: Die deutschen Behörden hatten seine Aufenthaltserlaubnis nicht verlängert und die türkischen Behörden ihm den Pass entzogen.

Seit Mazlum Doğan 1982 an Newroz seine Gefängniszelle in Amed angezündet hatte (siehe Kapitel 3), gilt die Selbstverbrennung in der kurdischen Freiheitsbewegung als Widerstandspraxis. Obwohl Abdullah Öcalan 1998 erklärte, dass diese abzulehnen sei und er sich ein Ende solcher Aktionen wünsche, zünden sich auch später immer wieder vereinzelt kurdische Aktivist:innen demonstrativ in der Öffentlichkeit an.

Hamzas Tat stand eindeutig in dieser Tradition und sollte Protest ausdrücken. Den Ort seiner Selbstverbrennung vor dem Bundestag hatte er gezielt ausgewählt. Unzweifelhaft ist deshalb auch, dass er mit seiner Tat ein Zeichen gegenüber der Politik setzen wollte. Laut Hamzas Vater hatten der deutsche Geheimdienst ebenso wie der türkische MİT die prekäre Situation der Familie ausgenutzt und über Jahre hinweg versucht, seinen Sohn und andere Mitglieder als Spitzel anzuwerben. Für den Verrat wurden ihnen Geld, Vergünstigungen und selbst ein türkischer Diplomatenpass angeboten. Doch weil Hamza seine kurdischen Freund:innen und Genoss:innen nicht verraten wollte, folgte auf das Zuckerbrot die Peitsche: Fortan war es ihm praktisch unmöglich, das Haus zu verlassen, ohne von der Polizei in Gewahrsam genommen zu werden.

»Er hat sich getötet, weil er die sechs Jahre andauernden Anwerbeversuche genauso wenig ertrug wie den auf ihn ausgeübten Druck«, so Hamzas Vater. Seine Mutter erklärte, dass sie die Verantwortung für den Tod ihres Sohnes in erster Linie beim deutschen Staat sehe. Nachdem auch der Versuch gescheitert war, mit einer Klage vor dem Europäischen Gerichtshof für Menschenrechte gegen den Umgang der Behörden mit der Familie vorzugehen, griff er zu dem in seinen Augen letzten Mittel, der Selbstverbrennung.

Obwohl Hamza Polat den Entschluss letztlich von sich aus gefasst hatte, war seine Tat auch eine Folge der Repression des deutschen Staates gegen die kurdische Freiheitsbewegung. Die behördlichen Schikanen hinderten die Familie daran, ein Leben in Sicherheit und Freiheit zu führen, weshalb sie wie Tausende andere Kurd:innen überhaupt erst nach Deutschland gekommen waren, und trieben den jungen Mann schließlich zu seiner Tat.

Noch heute fühlen sich leider immer wieder Kurd:innen gezwungen, zur Selbstverbrennung zu greifen. Auch die heutige Dachorganisation der kurdischen Freiheitsbewegung, die KCK, hatte erst 2013 wiederholt, dass diese Aktionen unter keinen Umständen stattfinden dürfen. Stattdessen rief sie dazu auf, andere Formen des Protests und Widerstands zu nutzen.

Teils wurden die Selbstverbrennungen in Deutschland auch zum angeblichen Beleg für einen »gefährlichen außereuropäischen Fanatismus« innerhalb der kurdischen Freiheitsbewegung umgedeutet. Die Taten, die vielfach gegen die Repression der deutschen Behörden gerichtet waren, sollten plötzlich als Vorwand dienen, um genau die dafür ursächliche staatliche Überwachung zu rechtfertigen.

Doch dahinter steckt eine Doppelmoral. 1969 zündete sich Jan Palach auf dem Prager Wenzelsplatz an, um gegen die militärische Niederschlagung der Reformbewegung des »Prager Frühlings« durch die Staaten des Warschauer Pakts zu protestieren. Bis heute wird der junge Student im ganzen Westen als Märtyrer für die Freiheit gefeiert. In Deutschland sind mehrere Straßen nach ihm benannt.

Auch als sich der tunesische Gemüsehändler Mohamed Bouazizi 2010 aus Protest gegen staatliche Schikanen und Misshandlungen selbst verbrannte und dies die Protestwelle des »Arabischen Frühlings« auslöste, wurde dessen Handeln im Westen gewürdigt. Beispielsweise verlieh ihm das Europäische Parlament 2011 posthum den Sacharow-Preis für geistige Freiheit. Über die Selbstverbrennungen von Kurd:innen berichten die deutschen Medien in den meisten Fällen dagegen nicht einmal.

Die Toten der kurdischen Freiheitsbewegung in Deutschland

Staatliche Repression, in deren Folge Menschen sterben, ist so extrem, dass es sich mit dem gängigen Bild der Menschenrechtslage in Europa nicht zusammenbringen lässt. Verglichen mit den hiesigen Verhältnissen ist die Zahl der Todesfälle durch Verfolgung, Staatsterror und Krieg in der Türkei, dem Irak, dem Iran und Syrien zwar auf einem völlig anderen Niveau: In den letzten vier Jahrzehnten sind dort mehr als 100 000 Kurd:innen gewaltsam ums Leben gekommen (siehe Kapitel 2) und es existiert kaum eine kurdische Familie in der Region, die nicht mindestens einen solchen Todesfall zu beklagen hätte. Doch auch hierzulande fordert die Repression ihre Toten. Hamza Polat ist kein Einzelfall.

Etwa zwei Dutzend Todesfälle hat es bis heute in direkter oder indirekter Folge der Repression in Deutschland gegeben. Auch wenn jede einzelne Geschichte wert ist, erzählt zu werden, können wir hier nur drei von ihnen im Detail vorstellen. Dennoch möchten wir sämtlichen Opfern einen Platz in diesem Buch einräumen und haben deshalb eine Tabelle erstellt: Wir listen Todeszeitpunkt und Ort, Name, Todesursache und politische Hauptverantwortung in insgesamt 20 Fällen auf. Insbesondere die Frage nach der letzteren lässt sich nicht immer leicht beantworten: Bei Morden ist aus unserer Sicht ausschlaggebend, wer jeweils die Tatwaffe führte; bei Freitoden sind dagegen die Motive der Verstorbenen entscheidend. Teils führt dies dazu, dass mehr als eine Partei den Tod zu verantworten hat. Schließlich sind die Todesumstände sehr unterschiedlich: In etwa der Hälfte der Fälle besteht eine direkte Verbindung zur Repression des deutschen Staates; in anderen war dieser zwar nicht direkt an der Tat beteiligt, trägt aber aufgrund seiner Verpflichtung, die Sicherheit auch seiner kurdischen Bewohner:innen zu garantieren, indirekt eine Mitverantwortung.

Bei elf Todesfällen handelte es sich um Selbstverbrennungen, weshalb die Aktivist:innen letztlich von sich aus die Entscheidung getroffen hatten, ihr Leben zu beenden. Einige Fälle lassen sich hingegen als Morde beschreiben. Bei wieder anderen ist die Anwendung dieses Begriffes schwieriger, so etwa beim Tod der Kurdin Gülnaz Baghistani. Die 41-jährige Mutter aus Südkurdistan im Nordirak starb am 27. Juli 1995 in Berlin. Während der »Operation Anfal« (siehe Kapitel 2) hatte Baghistani 1988 die Flucht zunächst in die Türkei ergriffen. Fünf Monate vor ihrem Tod kam sie schließlich nach Deutschland. Eigentlich lebte sie in Osnabrück, doch für eine Protestaktion an der Gedächtniskirche war sie nach Berlin gereist. Mit dem Hungerstreik, dem sie sich acht Tage vor ihrem Tod angeschlossen hatte, kämpfte Baghistani gemeinsam mit ihren Mitstreiter:innen für ein Ende des PKK-Verbots und den Stopp deutscher Waffenlieferungen in die Türkei.

Später lösten die Sicherheitskräfte den Protest mit der Begründung des PKK-Verbots äußerst gewaltsam auf und zwangen die geschwächten Hungerstreikenden in der Hochsommerhitze auf einen acht Kilometer langen Marsch vom Breitscheidplatz zum kurdischen Verein nach Kreuzberg. Unmittelbar nach ihrer Ankunft brach Baghistani zusammen und starb.

Die genaue Todesursache wurde nie ermittelt, doch vermutlich starb sie durch Entkräftung. Möglich wäre es aber auch, dass sie inneren Ver-

Todeszeitpunkt und -ort	Name[3]	Todesursache	Politische Haupt-Verantwortung
21.03.1994 (Mannheim)	Nilgün Yıldırım (Bêrîvan)	Selbstverbrennung aus Protest gegen das Verbot von Newroz-Feiern	Deutscher Staat
21.03.1994 (Mannheim)	Bedriye Taş (Ronahî)	Selbstverbrennung aus Protest gegen das Verbot von Newroz-Feiern	Deutscher Staat
29.06.1994 (Hannover)	Halim Dener	Erschossen durch SEK-Beamten	Deutscher Staat
27.07.1995 (Berlin)	Gülnaz Baghistani	Entkräftung nach erzwungenem Marsch in der Sommerhitze während eines Hungerstreiks	Deutscher und türkischer Staat
03.09.1995 (Neumünster)	Seyfettin Kalan	Erschossen bei einem Überfall türkischer Faschisten	Graue Wölfe
03.02.1997 (Kiel)	Ercan Alkaya	Erschossen auf offener Straße	Graue Wölfe
05.01.1998 (Görlitz)	Eser Altinok	Selbstverbrennung aus Scham	Deutscher Staat
30.05.1998 (Lingen)	Hasan Akdağ	Selbstverbrennung aus Angst vor Abschiebung	Deutscher Staat
14.07.1998 (Bochum)	Cebeli Haco	Selbstverbrennung aus Protest	Deutscher Staat
21.12.1998 (Düsseldorf)	Taylan Kahraman	Selbstverbrennung aus Protest	Türkischer Staat
04.01.1999 (Koblenz)	Barzan Öztürk (Murat)	Selbstverbrennung aus Protest	Türkischer Staat
17.02.1999 (Berlin)	Sema Alp	Durch israelische Sicherheitsbeamte bei einer Protestaktion vor dem Gelände des Israelischen Generalkonsulats erschossen	Israelischer Staat
17.02.1999 (Berlin)	Ahmet Acar		Israelischer Staat
17.02.1999 (Berlin)	Mustafa Karakurt		Israelischer Staat
17.02.1999 (Berlin)	Sinan Karakuş		Israelischer Staat
08.03.2000 (Berlin)	Hamza Polat	Selbstverbrennung	Deutscher und türkischer Staat
28.09.2018 (Ingolstadt)	Ümit Acar	Selbstverbrennung aus Protest gegen die Isolationshaft Öcalans	Türkischer Staat
20.02.2019 (Krefeld)	Uğur Şakar	Selbstverbrennung aus Protest	Türkischer und deutscher Staat
16.05.2020 (Dortmund)	Ibrahim Demir	Zu Tode getreten	Graue Wölfe
12.02.2021 (Dresden)	Halil Şen	Selbstverbrennung aus Protest	Türkischer Staat

3 Sofern die Verstorbenen neben dem bürgerlichen Namen auch unter einem Codenamen bekannt waren, haben wir diesen in Klammern vermerkt.

letzungen durch den Schlagstockeinsatz der Polizei erlag oder unter einem Herzfehler litt. Die Staatsanwaltschaft verzichtete auf eine Obduktion. Baghistani hinterließ fünf Töchter.

Fälle wie dieser werden nie vollständig aufgeklärt werden können. Die nicht zu klärende Frage, welche Rolle die Polizeigewalt bei ihrem Tod gespielt hatte, verdeckt aber den entscheidenden Punkt: Erst durch das PKK-Betätigungsverbot war es überhaupt zum Polizeieinsatz gekommen, in dessen Folge Baghistani verstarb – damit zählt sie unzweifelhaft zu den Opfern der Repression gegen die kurdische Freiheitsbewegung.

Bedroht durch Geheimdienste und Faschist:innen

Gemäß der Idee des politischen Asyls hat der deutsche Staat für die Sicherheit aller anerkannten Geflüchteten hierzulande zu sorgen. Dazu im Widerspruch stehen insbesondere die Machenschaften des türkischen Geheimdienstes MİT in Deutschland, von denen allen voran Kurd:innen, aber auch andere Oppositionelle bedroht sind.

Exemplarisch zeigt sich das am Fall des MİT-Agenten Mehmet Fatih Sayan. Dieser soll zwischen April 2014 bis zu seiner Festnahme im Dezember 2016 in Deutschland Informationen gesammelt haben, um unter anderem einen Mord an dem prominenten kurdischen Politiker Yüksel Koç, damals Co-Vorsitzender des Dachverbandes kurdischer Vereine in Europa (KCDK-E), vorzubereiten. Für »geheimdienstliche Tätigkeit gegen die Bundesrepublik Deutschland« erhielt Sayan im Oktober 2017 ein äußerst mildes Urteil von lediglich zwei Jahren Haft. Auf die Anklage der Mordpläne verzichtete der deutsche Staat. Allgemein kommt es hierzulande nur selten zu Ermittlungsverfahren gegen MİT-Agenten.

Dabei ist allein das Informationsnetzwerk des türkischen Geheimdienstes bedrohlich. Insgesamt verfügt dieser in der Bundesrepublik über 6 000 bis 8 000 Informant:innen – mehr, als das Ministerium für Staatssicherheit der DDR jemals in der BRD aufbauen konnte. Daneben beschäftigt er über 800 hauptamtliche Agenten in Westeuropa, die überwiegend in Deutschland arbeiten. Unter anderem sind Tarnfirmen, Banken und türkische Reisebüros Teil des Netzwerks.

Auch die etwa 1000 Moscheevereine der Türkisch-islamischen Union (DITIB), die unmittelbar der Religionsbehörde DIYANET unterstehen, stellen für Kurd:innen in Deutschland eine Gefahr dar. Ihre Imame werden vom türkischen Staat bezahlt und sind verpflichtet, regelmäßig dem MİT unter anderem über subversive Aktivitäten zu berichten. Neben der Informationsbeschaffung entführt der Geheimdienst Oppositionelle in die Türkei, führt Todeslisten, beschäftigt Mordkommandos und schüchtert Kurd:innen sowie andere politische Gegner:innen ein (vgl. Müller und Santina 2020; vgl. Yücel 2021; vgl. Brauns 2020).

Hierfür arbeitet er auch mit türkischen Faschist:innen eng zusammen. Obwohl sie in der Regel weniger mediale Aufmerksamkeit als ihre deutschen Pendants bekommen, gelten die Grauen Wölfe (türkisch: Bozkurt) als die größte rechtsextreme Vereinigung der Bundesrepublik. Sie organisieren sich meist in sogenannten Idealisten-Verbänden (türkisch: Ülkücü Ocakları) und sind für mehrere Morde an Kurd:innen in Deutschland verantwortlich. Teils finden sich die türkischen Nationalist:innen auch in rockerähnlichen Gruppierungen zusammen, so wie etwa Osmanen-Germania, Turkos MC oder Turan e.V.

Obwohl der MİT in Deutschland noch keinen Mord zur Vollendung ausgeführt hat, zeigt schon der Blick in unser europäisches Nachbarland Frankreich, dass sich kurdische Exilpolitiker:innen hierzulande kaum sicher fühlen können. Bereits zweimal, 2013 und 2022, wurden dort Anschläge auf Aktivist:innen der kurdischen Freiheitsbewegung mit jeweils drei Toten verübt. Im ersten Fall starben dabei die PKK-Mitbegründerin Sakine Cansız und die beiden Aktivistinnen Fidan Doğan und Leyla Şaylemez; die französische Staatsanwaltschaft stellte im Anschluss fest, dass eine Täterschaft des türkischen Geheimdienstes dabei unzweifelhaft sei (vgl. Schmidt-Eenboom 2020).

Neben dem MİT bedrohen auch andere Geheimdienste Kurd:innen in Deutschland. Im Oktober 2022 kam es zu einem Angriff auf ein Protestcamp vor der iranischen Botschaft. Die Demonstrierenden, die sich für einen demokratischen Iran einsetzten, wurden dabei in der Nacht unter anderem mit einem Messer und einer Schusswaffe attackiert. Der iranische Geheimdienst steht unter Verdacht, den Anschlag organisiert zu haben. Glücklicherweise gab es jedoch weder Tote noch Schwerverletzte. Anders 1992: Am 17. September des Jahres erschoss der iranische Geheimdienst im griechischen Restaurant Mykonos in Berlin vier kurdische Exilpolitiker der Demokratischen Partei des Iranischen Kurdistans (DKP-I). Auch Sadegh Scharafkandi, der damalige Parteivorsitzende, befand sich unter den Opfern. Einen ähnlichen Anschlag auf führende Vertreter:innen der kurdischen Sozialdemokrat:innen hatte es bereits 1989 in Wien gegeben. Damals wurden drei Personen ermordet.

Geflohen aus Kurdistan, erschossen von der deutschen Polizei

Unter den etwa zwei Dutzend Toten der kurdischen Freiheitsbewegung sticht ein Fall besonders hervor: Halim Dener. Der damals 16-Jährige war 1994 unbegleitet aus der Türkei nach Deutschland geflohen. Was zunächst außergewöhnlich klingen mag – ein Minderjähriger auf der Flucht –, ist in der Realität Alltag. Etwa die Hälfte aller weltweit Geflüchteten haben das 18. Lebensjahr noch nicht vollendet.

Die Unterdrückung der kurdischen Bevölkerung in der Türkei hatte Dener am eigenen Leib erfahren. Dort war er im Gefängnis gefoltert und sein Heimatdorf niedergebrannt worden. Seinen Asylantrag stellte er im Mai 1994. In Deutschland kam er zunächst in der Nähe von Hannover unter, wo er bald politisch gegen das PKK-Verbot aktiv wurde.

Es war der 30. Juni 1994, als Dener gerade Plakate der PKK-Massenorganisation ERNK in Hannover klebte. Zwei SEK-Beamte auf Zivilstreife sahen ihn und andere kurdische Jugendliche um kurz vor Mitternacht bei ihrer Aktion. Als die Polizist:innen auf die Gruppe zugingen und sich auswiesen, rannten die jungen Kurd:innen davon (vgl. Kampagne Halim Dener 2020: 110–115). Was genau im Folgenden geschah, ist umstritten. Der Polizist Klaus T. behauptete, er habe Dener beim Weglaufen erwischt und versucht, ihn auf dem Boden zu fixieren. Andere bezweifeln diese Aussage.

Unzweifelhaft wurde jedoch später vor Gericht festgestellt, dass eine Kugel, abgefeuert aus einer polizeilichen Dienstwaffe, die Brust des jungen kurdischen Aktivisten von hinten durchbohrt hatte. Nach dem Treffer torkelte Dener einige Meter weiter, fiel schließlich hin und starb noch am Tatort. Der Schütze wurde von einem Kollegen unmittelbar im Anschluss zur Dienststelle gebracht. Dort wusch er sich auf dessen Anraten die Hände und befreite sie so von Blut- und Schmauchspuren.

Die anschließende Berichterstattung spann die überdrehte Hetze von der angeblichen Bedrohung, die von Kurd:innen ausgehe, schamlos weiter. Zugleich äußerten sich zahlreiche Zeitungen und auch internationale politische Institutionen schockiert über den Vorfall. Die Polizei verwickelte sich in Widersprüche, wie der Rechtsanwalt der Eltern aufdecken konnte. Bald darauf diskutierte Deutschland über Polizeigewalt. Der öffentliche Druck führte schließlich dazu, dass der SEK-Beamte 1994 wegen »fahrlässiger Tötung« angeklagt wurde.

Zu einer Verurteilung des Schützen kam es aber nicht. Um ihn freisprechen zu können, musste das Gericht jedoch kreativ werden: Bei dem angeblichen »Gerangel« mit Dener sei die Dienstwaffe des Polizisten aus dem Holster gefallen, woraufhin sich beim Zurückholen der Pistole ein Schuss gelöst habe. Das verursachte Unglück gehe darauf zurück, dass der SEK-Beamte von der Situation »deutlich überfordert« gewesen sei.

Zwei Gutachten, für die eigens eine Reihe von Experimenten durchgeführt worden waren, belegten, dass die vom Angeklagten vertretene Version der Geschehnisse unmöglich so passiert sein konnte. Doch das Gericht ignorierte sie und stützte sein Urteil vom 27. Juni 1997 stattdessen auf die Aussagen eines SEK-nahen Sachverständigen. An einer Verurteilung des Angeklagten hatten weder die Richter:innen noch der Staatsanwalt Interesse. In seinem Abschlussplädoyer kam letzterer zu dem Schluss, dass dem Polizisten nichts, auch keine fahrlässige Tötung, vorzuwerfen sei. Das Gerichtsverfahren war damit endgültig zur Farce verkommen.

Die politisch eigentlich interessante Frage, welche Rolle die im Zuge des PKK-Verbots aufgeheizte öffentliche Stimmung (siehe Kapitel 5) darin gespielt hatte, dass ein Polizist vorschnell zur Waffe griff, blieb im Prozess unbehandelt – und musste dies im Rahmen des Verfahrens auch bleiben. Denn selbst ein Gericht mit ernsthaftem Aufklärungsinteresse wäre mit der abschließenden Beantwortung dieser Frage überfordert gewesen.

Unverändert ist es für Opfer von Polizeigewalt und deren Angehörige ein großes Problem, Polizist:innen für ihre Taten zu belangen.

Die internationale Menschenrechtsorganisation Amnesty International hatte bereits zwischen 2010 und 2012 die Straflosigkeit gesetzüberschreitender Sicherheitskräfte in Deutschland kritisiert. Um diese zu beenden, forderte sie in einer Kampagne unter anderem eine unabhängige Untersuchungskommission mit eigener Ermittlungskompetenz für Polizeigewalt. Doch eine derartige, von Behörden und Politik unabhängige Beobachtungs- und Ermittlungsstelle existiert hierzulande bis heute nicht.

Im April 2022 kritisierte der UN-Sonderberichterstatter für Folter, Nils Melzer, dass im Falle von Polizeigewalt ein »Systemversagen« in Deutschland bestehe. Sofern Ermittlungen überhaupt stattfinden, werden sie häufig verschleppt und dann nach einiger Zeit sang- und klanglos eingestellt. Die Behörden sind zudem gegenüber ihrem eigenen Fehlverhalten blind, da sie in vielen Bundesländern nicht einmal eine Statistik diesbezüglich führen. Insgesamt konstatierte er einen besorgniserregenden Trend hin zu immer mehr Polizeigewalt.

Die unabhängige Kampagne »Death in Custody« zählt von 1990 bis heute 224 Opfer, die entweder durch Polizeigewalt oder in Gewahrsam getötet worden sind. Allein im Jahr 2022 kamen zehn neue Fälle hinzu. Bemühungen, diese aufzuklären, stoßen bei Polizei und Justiz weiterhin auf Ablehnung.

Die Erschießung Halim Deners ist deshalb nicht nur eine Geschichte über das aufgehetzte Klima der 1990er-Jahre, sondern auch eine Geschichte von heute. Obwohl es in den letzten Jahren keine Todesfälle durch Polizeigewalt gegen Kurd:innen gegeben hat, sind sie dennoch aufgrund des PKK-Verbots besonders gefährdet, Opfer von Übergriffen zu werden. Dies lässt sich regelmäßig auf kurdischen Demonstrationen beobachten. Nichts spricht dagegen, dass sich der Fall Dener heute wiederholen könnte. Ähnlich wie bei Gülnaz Baghistani gilt: Ohne das PKK-Verbot wäre es überhaupt nicht zu einer Situation gekommen, in der die Polizei gewalttätig hätte werden können. Deshalb zählen beide gleichsam zu den Opfern von Polizeigewalt und der Repression gegen die kurdische Freiheitsbewegung.

In Hannover gibt es seit etwa einem Jahrzehnt vermehrt Konflikte um das Gedenken an Halim Dener. Während sich der zuständige örtliche Bezirksbeirat für einen festen Erinnerungsort einsetzt, weigert sich die Stadt, eine Gedenktafel aufzustellen, und begründet dies mit der Angst vor eskalierenden Konflikten zwischen ihren kurdischen und türkischen Bürger:innen. Tatsächlich hat der Fall Dener aber viel mehr mit Kurd:innen und deutschen Behörden als mit Kurd:innen und Türk:innen zu tun.

Regelmäßig intervenieren die Polizei, die zuständige Staatsanwaltschaft Bielefeld und die Stadt Hannover gegen Versuche, Erinnerungsorte für Dener zu schaffen. 2018 forderte die Polizei, ein Gedenk-Graffiti an einer Wand des unabhängigen Jugendzentrums in Hannover zu übermalen. Die Sprühkunst unterliege dem PKK-Verbot, da neben Dener darauf auch das ERNK-Symbol zu sehen ist, bei dessen Plakatierung der Jugendliche erschossen worden war. Als sich die Hausversammlung des unabhängigen Jugendzentrums weigerte, der polizeilichen Aufforderung nachzukommen, wurde ein Strafverfahren gegen den Vorsitzenden eingeleitet.

Der Prozess ging durch mehrere Instanzen bis vor das OLG Bielefeld, welches schließlich feststellte, dass das Graffiti von der Kunst- und Meinungsfreiheit gedeckt ist. Das Gericht rügte die Staatsanwaltschaft mit ungewöhnlich deutlichen Worten: »Die hierzu gemachten Ausführungen der Staatsanwaltschaft sowie der Generalstaatsanwaltschaft lassen indes befürchten, dass hier in höchst bedenklicher Weise eine ›Gesinnungsstrafbarkeit‹ erstrebt wird, die seit Geltung des Grundgesetzes in der Bundesrepublik Deutschland unzulässig ist.«

Gesinnungsjustiz ist ein großes Wort. Doch beim Umgang mit der kurdischen Freiheitsbewegung in Deutschland muss diese Kritik ernst genommen werden. Warum das zugrunde liegende PKK-Verbot nicht in Stein gemeißelt ist, sondern dessen Fall vor wenigen Jahren für eine kurze Zeit möglich schien, erzählen wir im folgenden Kapitel.

11 Kurze Chance auf Aufhebung des PKK-Betätigungsverbots

Für etwa ein Jahr schien der 21. März 2013 zum großen Wendepunkt in der Geschichte des kurdischen Volkes zu werden. Hunderttausende hatten sich in Amed zum Feiern des Neujahrs- und Widerstandsfestes Newroz versammelt. Eine Friedensbotschaft des damals seit 14 Jahren auf Imrali inhaftierten Vordenkers der kurdischen Freiheitsbewegung, Abdullah Öcalan, wurde verlesen.

Dabei wandte er sich nicht nur an die Kurd:innen, sondern an alle Ethnien der Region. Öcalan beschwor ein Schweigen der Waffen, demokratische Politik und die Geschwisterlichkeit der Völker herauf. An die bewaffneten Kräfte der PKK richtete er die Forderung, ihre Einheiten hinter die türkische Grenze zurückzuziehen. Das türkische wie das kurdische Volk rief er zur Beilegung von Konflikten, Einheit und Vergebung auf.

Noch bemerkenswerter als die Botschaft Öcalans fiel jedoch die Reaktion der türkischen Regierung aus: Sie ließ das Newroz-Fest in Amed nicht von Sicherheitskräften angreifen, obwohl überall kriminalisierte Symbole der Freiheitsbewegung zu sehen waren. Stattdessen lobte sie den Inhalt der Friedensbotschaft. Einige Tage später zog die PKK ihre Einheiten nach und nach hinter die türkische Grenze zurück. Der Friedensprozess, der schon einige Monate zuvor wieder in Gang gekommen war, wurde nun für alle sichtbar.

In Deutschland fragte noch im selben Monat die Linke, damals Oppositionsführerin im Bundestag: »Welchen Beitrag wäre die Bundesregierung bereit zu den beginnenden Friedensverhandlungen zu leisten und inwieweit glaubt sie, dass das PKK-Verbot hierfür ein Hindernis sein könnte?« Doch die Regierung reagierte abweisend und behauptete – entgegen der offiziellen Begründung der PKK-Verbotsverfügung von 1993 –, das Verbot habe lediglich innenpolitische Gründe. Die Friedensverhandlungen in der Türkei seien deshalb für den weiteren Umgang mit der kurdischen Freiheitsbewegung in Deutschland irrelevant.

Mit ihrem Statement wollte die Bundesregierung Debatten über eine Aufhebung des PKK-Verbots im Keim ersticken – erfolglos. Schon im April 2013 erschien der von Einzelpersonen initiierte »Hamburger Appell«, der eine Ausweitung des Friedensdialogs auf Deutschland und Europa, die Anerkennung der PKK als politischem Akteur und ein Ende der Kriminalisierung kurdischer Aktivist:innen forderte. Auch der »Dialog-Kreis« zur Aufhebung des PKK-Betätigungsverbots meldete sich zu Wort und erklärte, dass dieses nun »endgültig absurd« geworden sei und die Brandmarkung der PKK als »terroristisch« nur noch den Friedensprozess behindere. Die Bundesregierung müsse jetzt beweisen, dass sie Türk:innen und Kurd:innen bei ihren Bemühungen um eine politische Lösung unterstützt.

Doch dazu kam es aber nicht. Die Repression gegen die kurdische Freiheitsbewegung schrieb sich unvermindert fort. Auf einer Berliner Kundgebung anlässlich des 64. Geburtstags Abdullah Öcalans wurden zwei Kurden sowie die Moderatorin wegen des Rufens der Parole »Bijî Serok Apo« festgenommen.[4] Jugendstrukturen der kurdischen Freiheitsbewegung waren in dieser Zeit sogar verstärkter Repression ausgesetzt. Im September 2012 hatten über 100 Jugendliche einen siebentägigen Friedensmarsch von Straßburg nach Mannheim unternommen. Im Frühjahr 2013 wurden daraufhin die Wohnungen aller Teilnehmenden aus den Städten Dortmund, Hamburg und Mannheim polizeilich durchsucht.

Auch intensivierte der deutsche Inlandsgeheimdienst seine Bemühungen, kurdische Jugendliche als Spitzel anzuwerben. Dafür suchten dessen Mitarbeiter:innen die jungen Aktivist:innen zu Hause und in der Schule auf oder verwickelten sie mitten auf der Straße in Gespräche. Für Spitzeltätigkeiten innerhalb der Bewegung bot man ihnen eine deutsche Staatsangehörigkeit, eine Niederlassungserlaubnis oder hohe Geldsummen an. Schlugen sie aber aus, so waren oftmals verlängerte Wartezeiten oder die Ablehnung von Anträgen für sich und ihre Familie die Folge.

4 »Serok« bedeutet übersetzt »Anführer« oder »Vorsitzender«, ein geläufiger Ruf- oder Spitzname Öcalans unter seinen Anhänger:innen. »Apo« ist die Kurzform seines Vornamens Abdullah und bedeutet im Kurdischen außerdem »Onkel«. Auf Deutsch heißt die Parole also: »Es lebe der Vorsitzende Apo.«

Diese fortdauernde Repression und die offiziellen Stellungnahmen standen dabei in Widerspruch zu Presseberichten, wonach das Innenministerium eine Aufhebung des PKK-Verbots tatsächlich prüfe und sich hierzu mit türkischen Vertreter:innen in Ankara getroffen habe. Auch aus den USA waren erste Stimmen zu hören, welche die PKK von der EU- und US-Terrorliste streichen wollten.

Auf dem Weg zum Frieden in Kurdistan?

Im Juni 1999 war Abdullah Öcalan in einem Schauprozess wegen Hochverrat zum Tode verurteilt worden. Damals konnte sich noch niemand vorstellen, dass derselbe Mann schon bald mit dem türkischen Staat über Frieden verhandeln würde. Doch internationale Proteste führten zur Umwandlung seiner Todesstrafe in eine lebenslange Freiheitsstrafe. Bereits zwischen 2008 und 2011 führte Öcalan erste Friedensgespräche. Damals unterbrach allerdings eine Verhaftungswelle gegen Tausende kurdische Politiker:innen im Rahmen der sogenannten KCK-Operationen die Verhandlungen (vgl. Dicle 2023). Die zweite Welle von Sondierungen über Friedensverhandlungen ab 2013 wurden deshalb misstrauisch beäugt.

Die Verhandlungen führten auf kurdischer Seite neben Öcalan auch die PKK-Führung aus dem Kandil-Gebirge im Nordirak. Politiker:innen der HDP fungierten als Vermittler:innen. Hakan Fidan, damals Chef des türkischen Geheimdienstes MİT und heute Außenminister der Türkei, leitete die Verhandlungen auf türkischer Seite. Daneben waren auch Minister der Regierungspartei AKP beteiligt. Zwar nicht in ihren Taten, aber immerhin in ihren Worten schien sich ein ernsthaftes Interesse der türkischen Regierung an einer politischen statt einer militärischen Lösung der kurdischen Frage abzuzeichnen. Die PKK bewies mit dem Rückzug ihrer Guerilla vom Territorium des türkischen Staates indes nicht nur in ihren Worten, sondern auch in ihren Taten eine Bereitschaft zum Frieden.

Die Strategie der kurdischen Seite fußte auf der von Öcalan bereits im August 2009 vorgelegten »Roadmap für Verhandlungen«. Sie enthält unter anderem die Einrichtung einer Versöhnungs- und Wahrheitskommission und beschreibt beginnend mit einem beidseitigen Waffenstillstand drei Stufen auf dem Weg zu einem nachhaltigen Frieden. Öcalans »Roadmap« ist damit einzigartig: Bis zum Ende der Gespräche sollte sie der einzige Plan für einen Frieden zwischen der Türkei und der PKK bleiben. Der türkische Staat und die AKP haben dagegen bis heute nichts Vergleichbares vorgelegt. Ihr einziger Vorschlag bestand stets darin, dass die PKK sich selbst entwaffnen solle (vgl. Joost 2022b: 266).

Europäische Vertreter:innen saßen bei den Imrali-Gesprächen zwar nicht mit am Tisch. Dennoch nahm die EU eine strategische Rolle bei den Friedensverhandlungen ein: Die damals stärker westlich orientierte Türkei hatte nämlich die Hoffnung, eines Tages der EU beizutreten, noch nicht vollends aufgegeben. Um dies aber zu erreichen, musste sie in ihrem eigenen Land den Schutz von Minderheiten durchsetzen. Kurdische EU-Befürworter:innen leiteten daraus ab: ohne Lösung der kurdischen Frage kein EU-Beitritt der Türkei. Europa war damit zumindest theoretisch in der Lage, in dieser Angelegenheit konkrete Forderungen an Ankara zu stellen.

Es ist deshalb wenig verwunderlich, dass bereits am 6. Februar 2013 im Europäischen Parlament eine Debatte zu den Friedensgesprächen geführt wurde. Alexander Graf Lambsdorff (FDP), Vertreter der liberalen Parteien des Europaparlaments, kritisierte dabei die Verhaftungswelle gegen die KCK und allgemein die vom türkischen Staat ausgehende Repression. Der Politiker Jürgen Klute (Die Linke) wiederum rief zum Aufbau gegenseitigen Vertrauens und zur Versöhnung auf. Diese positiven Signale blieben aber widersprüchlich, da die EU im Allgemeinen nicht von der Sprachregelung abrückte, die PKK als »terroristisch« zu bezeichnen. Sie verzichtete darauf, aktiv auf die laufenden Verhandlungen einzuwirken. Auch Bundeskanzlerin Angela Merkel definierte die Auseinandersetzungen in der Türkei weiterhin als eine bloß sicherheitspolitische Frage und nahm wie die türkische Regierung keinerlei Stellung zu den kurdischen Vorschlägen.

Für den türkischen Staat im Friedensprozess weitaus wichtiger als eine äußerst unsichere EU-Beitrittsperspektive war jedoch dessen Regionalstrategie. Die Ambition der Regierung, die Türkei in die Position einer regionalen Großmacht zu führen, hing unmittelbar mit der kurdischen Frage im eigenen Land zusammen. Nur wenn diese gelöst würde, wäre es möglich, die vielen Ressourcen, die der Krieg mit der PKK benötigte, für andere Zwecke einzusetzen.

Das PKK-Verbot wackelt

In Deutschland versuchten indes Organisationen wie die europäische Vereinigung von Juristinnen und Juristen für Demokratie und Menschenrechte Druck im Sinne einer Aufhebung des PKK-Verbots auszuüben. Auch fand im November 2013 anlässlich des 20. Jahrestages des PKK-Betätigungsverbots in Berlin eine große Demonstration mit bis zu 20 000 Teilnehmer:innen statt. Doch noch blieb die Diskussion eher ein Thema für Spezialist:innen.

Neuen Wind erhielt die Debatte um einen anderen Umgang mit der PKK erst 2014. Damals erregte der Kampf der kurdischen Volks- und Frauenverteidigungseinheiten YPG und YPJ gegen den IS in Rojava, also Nord- und Ostsyrien, zusehends mehr Aufmerksamkeit in Deutschland. Nachdem im Sommer auch noch bekannt geworden war, dass die PKK-Guerilla etwa 10 000 Ezid:innen das Leben gerettet hatte (siehe Kapitel 3), änderte der Diskurs hierzulande allmählich die Richtung.

Gregor Gysi, damals Fraktionsvorsitzender der Linken im Bundestag, skandalisierte, dass die PKK in Deutschland weiterhin verboten sei, der IS hingegen keinem Verbot unterliege. Bundeskanzlerin Angela Merkel musste sich im ARD-Sommerinterview der Frage stellen, ob man Waffen an die PKK liefern solle, und die EU überlegte, die Organisation von ihrer Terrorliste zu streichen. Forderungen wurden laut, das PKK-Verbot auf die Tagesordnung der nächsten Innenministerkonferenz zu setzen, um ernsthaft über dessen Aufhebung zu debattieren. Erstmals seit 1993 bestand eine Chance, dass das Verbot fallen könnte.

Auch Medien berichteten plötzlich anders über die PKK. Am Mittwoch, den 3. September 2014, erschien eine Ausgabe der *taz,* deren Titelseite verkündete: »Die PKK gehört zu Deutschland.« Kurd:innen und ihre Organisationen galten zu dieser Zeit in weiten Teilen der Öffentlichkeit als Held:innen im Kampf gegen die IS-Terrormiliz. Viele hegten die Befürchtung, dass sich letztere über den gesamten Nahen und Mittleren Osten oder sogar darüber hinaus ausbreiten könnte. »Die

Kurd:innen« – viel mehr wurde in der damaligen Debatte selten differenziert – waren die erste Kraft, die sich dieser Bedrohung wirksam in den Weg stellte. Insbesondere der Kampf zur Verteidigung des kurdischen Kobanê in Nordsyrien hielt die deutsche Öffentlichkeit in Atem.

Im Herbst erklärten führende Politiker:innen von Grünen und SPD, den Umgang mit der PKK überdenken zu wollen. Selbst die kuriose Debatte um eine Versorgung der PKK mit Rüstungsgütern setzte sich fort. Im Oktober 2014 zog der Bundestagsabgeordnete Volker Kauder (CDU) in einem *Spiegel*-Interview Waffenlieferungen in Erwägung. Das Thema PKK-Verbot drängte sich auf, aber kaum jemand wollte darüber sprechen. Die Opposition musste Kauder daran erinnern, dass es ein CDU-Innenminister war, der die PKK 1993 kriminalisiert hatte (vgl. Schamberger und Meyen 2018: 16; vgl. Kauder 2014).

Unter dem Slogan »Waffen für Rojava« begannen linke Gruppen in Deutschland zur selben Zeit, öffentlich Geld für Waffen für die Volks- und Frauenverteidigungseinheiten der YPG und YPJ zu sammeln. Neben der praktischen Unterstützung ging es dabei um die Schaffung von Legitimität für den bewaffneten kurdischen Freiheitskampf. Zudem war es der Bewegung wichtig, dass sich ihre solidarischen Unterstützer:innen in Deutschland für einen Stopp der Waffenlieferungen an die Türkei einsetzen.

Auch die Rechtsprechung gegen die kurdische Freiheitsbewegung veränderte sich zu dieser Zeit. In einem Berliner Prozess gegen vier Aktivist:innen wegen einer mutmaßlich illegalen Spendensammlung für die PKK urteilte die Richterin am 17. November 2014 ungewöhnlich milde: Gegen 15 bis 25 Sozialstunden sollte das Verfahren eingestellt und die von der Polizei beschlagnahmten Gelder an die Hilfs- und Menschenrechtsorganisation Medico International gespendet werden, um dort die humanitäre Notlage von Flüchtlingen im Nordirak zu lindern. Die Richterin begründete ihr Urteil mit der neuen politischen Lage bezüglich des Umgangs mit der PKK.

Diese veränderte Situation hatte auch die Linksfraktion im Bundestag erkannt: Am 17. Dezember stellte sie einen Antrag auf Aufhebung des PKK-Verbots. Aus Protest und Solidarität zeigten einige ihrer Abgeordneten auf Kundgebungen und Demonstrationen mehrfach verbotene Symbole der kurdischen Freiheitsbewegung. Viele erhielten daraufhin Post von der Staatsanwaltschaft wegen Ermittlungsverfahren aufgrund eines Verstoßes gegen das Vereinsgesetz (siehe Kapitel 5). Zuvor war ihre parlamentarische Immunität aufgehoben worden. Das Verfahren zog teils hohe Geldstrafen nach sich, so etwa im Fall Nicole Gohlkes, die 15 000 Euro zahlen musste.

Auch in anderen Bereichen schrieb sich die Repression trotz der öffentlichen Debatte um die Abschaffung des Verbots fort. Auf Betreiben des BKA richtete Europol die »Target Group Bazaar« ein, welche die Verfolgung der PKK europaweit verstärkt koordinieren sollte. Gleichzeitig wurde der Austausch zwischen BKA, Verfassungsschutz und dem türkischen Geheimdienst MİT intensiv geführt.

Im Februar 2015 behandelte das Plenum im Bundestag schließlich den Antrag der Linksfraktion. Während die Parteien der großen Koalition eine Abschaffung des PKK-Verbots weiterhin klar ablehnten, äußerten sich die Grünen zwar kritisch zur Verbotspolitik, bezogen aber keine eindeutige Position für ein Ende selbiger. Allgemein offenbarte sich in der Plenardebatte eine große Unwissenheit über die PKK und deren Verbot bei den Fraktionen des Bundestags. Letztlich wurde der Antrag in den Innenausschuss verwiesen, wo er ohne Wirkung versandete.

Angesichts dieses Rückschlages bemühte sich die Spitze der kurdischen Freiheitsbewegung, die öffentliche Diskussion über ein Ende des PKK-Verbots am Laufen zu halten. Cemil Bayık, Co-Vorsitzender der KCK, entschuldigte sich im Frühling 2015 in einem ARD-Interview für die militanten Protestformen der 1990er-Jahre und versprach, dass Autobahnbesetzungen oder Selbstverbrennungen in Deutschland nie wieder stattfinden werden.

Eine schmale Hoffnung auf ein Ende des PKK-Verbots blieb zu dieser Zeit noch bestehen. So sprach sich der stellvertretende Fraktionsvorsitzende der SPD, Rolf Mützenich, nach der Ausstrahlung des Interviews dafür aus, die PKK neu zu bewerten.

Gewalt statt Dialog

In der Türkei waren die Friedensgespräche schon früh ins Stocken geraten. Noch wollte die kurdische Seite aber die Hoffnung nicht aufgeben. Doch je länger die Verhandlungen andauerten, desto klarer wurde, dass die Türkei diese nicht ernsthaft voranbringen wollte. Nicht einmal zu kleinen vertrauensbildenden Gesten, wie etwa der Entlassung erkrankter politischer Gefangener, zeigte sich die türkische Seite bereit.

Endgültig scheiterten die Gespräche schließlich nach den Parlamentswahlen im Juni 2015. Die AKP hatte im Vorfeld mit der Behauptung, dass nur ein starkes Abschneiden ihrer Partei den Friedensprozess erfolgreich zu einem Ende führen könne, um Wählerstimmen geworben. Doch diese Strategie zahlte sich nicht aus: Die AKP verlor 9 Prozent und damit ihre absolute Mehrheit. Im Gegenzug errang die der kurdischen Freiheitsbewegung nahestehende linke Bündnispartei HDP mit mehr als 13 Prozent der Wählerstimmen ein historisch gutes Ergebnis. Zum ersten Mal konnte sie die antidemokratische Zehn-Prozent-Hürde überwinden und zog mit Fraktionsstärke ins Parlament ein. In dieser Situation entschied sich die AKP dazu, die Friedensverhandlungen endgültig scheitern zu lassen. Die türkische Regierung zog sich aus den Verhandlungen zurück und begann, Tausende HDP-Politiker:innen zu verhaften. Doch damit endete ihre Gewaltbereitschaft nicht.

Als Reaktion auf die gescheiterten Gespräche proklamierten von der HDP unabhängige Personen die Autonomie der von ihnen bewohnten kurdischen Städte. Dabei handelte es sich maßgeblich um einen symbolischen Akt. Schon zuvor waren Selbstverwaltungsstrukturen in Nordkurdistan, im Südosten der Türkei, aufgebaut worden. Die Ausrufung sollte den Druck auf die AKP erhöhen, wieder an den Verhandlungstisch zurückzukehren.

Dazu kam es aber nicht. Stattdessen nahm die türkische Regierung die von einigen bewaffneten Jugendlichen in den kurdischen Gebieten der Türkei errichteten Barrikaden zum Anlass, Ausgangssperren in mehreren Städten auszurufen und diese mit brutaler militärischer Gewalt durchzusetzen. In den nächsten Wochen und Monaten wurden ganze Stadtteile in Schutt und Asche gelegt, Zivilist:innen auf offener Straße von Scharfschützen erschossen und Massaker an der Bevölkerung verübt. Zudem setzte man die gewählten HDP-Bürgermeister:innen ab und tauschte sie gegen zentralstaatlich eingesetzte Erdoğan-loyale Zwangsverwalter:innen aus. Von den Ereignissen erfuhr die Öffentlichkeit nahezu nichts, da der Staat eine Nachrichtensperre über die Entwicklungen in der Region verhängt hatte. In den Auseinandersetzungen starben von Sommer 2015 bis ins Frühjahr 2016 laut der International Crisis Group etwa 5000 Menschen, die allermeisten von ihnen Kurd:innen.

In die Zeit nach den Parlamentswahlen fällt auch der Anschlag der IS-Terrormiliz am 20. Juli 2015 in Pirsûs (türkisch: Suruç) nahe der türkisch-syrischen Grenze. 33 Menschen, die meisten von ihnen Jugendliche, wurden bei dem Anschlag auf ein Kulturzentrum getötet und über hundert teils schwer verletzt. Erdoğan ignorierte jede Form rationaler Differenzierung und nutzte den Anschlag schamlos als Vorwand, um gegen »den Terrorismus« vorzugehen. In Folge erklärte er der PKK den Krieg. Das türkische Militär begann nun mit der Bombardierung von PKK-Lagern im Kandil-Gebirge. Die Friedensverhandlungen waren endgültig gescheitert.

Zurück in Deutschland: Schon vor den furchtbaren Ereignissen in der Türkei hatte sich abgezeichnet, dass ein Ende des PKK-Verbots eher unrealistisch war. Das dabei maßgebliche Innenministerium erwies sich gegenüber dem öffentlichen Druck als stur. Erdoğans Kriegserklärung machte offensichtlich, dass es in nächster Zukunft nicht zu einer Aufhebung des PKK-Verbots kommen würde.

Die auch in Deutschland gewandelte öffentliche Stimmung zeigte sich deutlich etwa in den Aussagen des damaligen Parteivorsitzenden der Grünen, Cem Özdemir. Während die Kurd:innen in ihrer Heimat brutal unterdrückt und die PKK bombardiert wurde, erklärte er, dass »jetzt der falsche Zeitpunkt« sei, um über ein Ende des PKK-Verbots nachzudenken (Özdemir 2015). Zwei Monate später, im Oktober 2015, kam es in Deutschland zu einer Welle von Hausdurchsuchungen und Anklagen gegen kurdische Politiker:innen. Das Zeitfenster für eine Aufhebung des PKK-Verbots hatte sich endgültig geschlossen. Aufgrund des sich anbahnenden Flüchtlingsdeals (siehe Kapitel 7) bestand zudem ein unmittelbar gesteigertes Interesse, die Türkei nicht zu verärgern.

Obwohl die Phase, in der ein Ende des PKK-Betätigungsverbots möglich schien, nur etwa zwei Jahre andauerte, bleibt doch eine Erkenntnis aus dieser Zeit: Als die allgemeine Stimmung gegenüber der kurdischen Freiheitsbewegung umschlug, wandelten sich mit ihr auch die Rechtsprechung und die Verfolgungspraxis. Das PKK-Verbot ist eben kein Naturgesetz, sondern Politik – zugunsten der Türkei.

12 Das Repressionskarussell dreht sich weiter

Der deutsch-kurdische Politiker Ali Ertan Toprak triumphiert auf Facebook: »Endlich! 65 Jahre haben wir darauf gewartet [...]. Ich bin so stolz auf die Arbeit der Kurdischen Gemeinde Deutschlands.« Der Grund für diesen Jubel erscheint Nicht-Kurd:innen marginal: Anlässlich des Newroz-Festes 2023 hatte der deutsche Bundespräsident erstmals eine schriftliche Grußbotschaft verfasst. Deren Inhalt bestand größtenteils aus Floskeln: So wünsche er allen, die Newroz feiern, »eine lebendige Gemeinschaft«, eine »schöne Feier« und ein »frohes Neujahrsfest« – freundlich, aber austauschbar. Das Wort »Kurde« kommt darin kein einziges Mal vor, lediglich wird an einer Stelle den »kurdischen, türkischen und syrischen Initiativen« gedankt. Die Grußbotschaft Frank-Walter Steinmeiers (SPD) war vor allem ein Zeichen, dass die Gruppe der Kurd:innen in Deutschland inzwischen so groß geworden ist, dass der Staat nicht länger nur mit Repression auf sie reagieren kann.

Der Vorsitzende der Kurdischen Gemeinde Deutschlands (KGD) Toprak feiert trotzdem. Sein Facebook-Eintrag war in einem Tonfall tiefer Dankbarkeit, der teils fast schon unterwürfige Züge annimmt, verfasst: »Wir haben die Bundesregierungen und die Bundespräsidenten all die Jahre zu Newroz vergeblich um eine Grußbotschaft gebeten. Zum ersten Mal wurde unsere Bitte vom höchsten Repräsentanten unseres Staates positiv beantwortet.«

Die KGD und Toprak, der außerdem CDU-Mitglied ist, haben nichts mit der kurdischen Freiheitsbewegung zu tun. Stattdessen stehen sie für ein anderes Modell kurdischer Organisierung – betont staatsnah, weniger politisch und stärker in der Bundesrepublik verwurzelt als im Nahen Osten. Als Heimat gilt Deutschland und nicht Kurdistan. Gefördert wird die KGD seit 2017 vom Bundesamt für Migration und Flüchtlinge sowie dem Bundesinnenministerium.

Mit einer Grußbotschaft des Bundespräsidenten oder sogar einer finanziellen Förderung können die Vereine der kurdischen Freiheitsbewegung in Deutschland beziehungsweise deren Dachverband KON-MED nicht rechnen. Unter der Konföderation der Gemeinschaften Kurdistans sind um ein Vielfaches mehr Kurd:innen als in der KGD organisiert, doch der Verfassungsschutz brandmarkt dessen Arbeit als »auslandsbezogenen Extremismus«. Mittels Repression werden Mitglieder eingeschüchtert und deren Arbeit erschwert. Auch die Überwachung hat System: Seit 1994 übermittelt das Bundesverwaltungsamt die Daten kurdischer Vereine regelmäßig an den deutschen Inlandsgeheimdienst. In mindestens einem Fall wurden diese nachweislich an den MİT weitergegeben. Für die Mitglieder ist damit jede Einreise in die Türkei eine potenzielle Bedrohung, da der türkische Staat oft von deren prokurdischem Engagement in Deutschland weiß.

Dieser großflächige staatliche Missbrauch von Vereinsdaten wurde erst 2022 durch eine kleine Anfrage der Bundestagsabgeordneten Gökay Akbulut (Die Linke) aufgedeckt. Der wissenschaftliche Dienst des Bundestages stellte anschließend fest, dass eine rechtliche Grundlage für die Übermittlung von Vereinsdaten an den Geheimdienst entgegen der Behauptungen des Innenministeriums nicht existiere (vgl. Wissenschaftlicher Dienst des Bundestags 2022).

Für den deutschen Staat sind diejenigen kurdischen Vereine, die der Freiheitsbewegung nahestehen, die »bösen« oder separatistischen Kurden, während sich die »guten« oder staatstreuen Kurden unter dem Dach der KGD organisieren. Eine vergleichbare Spaltung nehmen auch die Türkei, der Irak und selbst die deutsche Außenpolitik vor. »Böse« seien in jedem Fall die PKK und alle, die ideologisch mit ihr in Verbindung stehen. Deshalb müssen beispielsweise die HDP oder die syrischen Kurd:innen zumindest kritisch gesehen werden. »Gut« seien hingegen etwa jene, die Masoud Barzani und die Demokratische Partei Kurdistans (KDP) unterstützen.

Die KDP kontrolliert weitestgehend die autonome Region Kurdistan im Nordirak. Mit der kurdischen Freiheitsbewegung hat diese jedoch nichts zu tun, vielmehr befinden sich die beiden Organisationen in einem Konkurrenzverhältnis um Einfluss in der kurdischen Bevölkerung. Anstatt einer radikaldemokratischen, feministischen und ökologischen Transformation strebt die KDP eine neoliberal-kapitalistische Entwicklung und den Erhalt des Status quo an. Außerdem unterhält sie enge Beziehungen zum Regime Erdoğans. Mit einer weiteren Partei, der Patriotischen Union Kurdistans (PUK), wetteifert die KDP um die Rolle als führende politische Kraft im kurdischen Teil des Irak.

Diese Unterscheidung zwischen »guten« und »bösen« Kurd:innen spiegelt sich auch hierzulande wider: Wer die Flagge der Autonomen Region Kurdistans im Irak oder die der KDP auf Deutschlands Straßen trägt, muss keine Repression fürchten; und auch für die iranisch-kurdischen Organisationen interessieren sich die hiesigen Strafverfolgungsbehörden nicht.

Eigentlich ist die Förderung migrantischer Selbstorganisation ein fester Bestandteil der staatlichen Integrations- und Kulturpolitik. Die Vereine sollen es ihren Mitgliedern ermöglichen, ihre spezifische Kultur und Identität zu leben; außerdem dienen die Zusammenschlüsse als Ansprechpartner für staatliche Institutionen, sofern diese ein Anliegen gegenüber einer spezifischen Community haben. Anhand kurdischer Verbände zeigt sich jedoch, dass die Förderung migrantischer Selbstorganisation tatsächlich politischen Kriterien unterliegt. Integration durch Teilhabe bringt unter Umständen hohe Fördergelder mit sich – doch nur für diejenigen, die im Interesse des deutschen Staates agieren. Migrantische Selbstorganisation ist somit nicht frei, sondern im schlimmsten Fall behördlich gesteuert.

Die Unterscheidung in »gute« und »böse« Kurd:innen erweist sich dabei als nur eines von vielen Mitteln der Kontrolle in Deutschland. Im Laufe der Jahre wurden die Repressionsinstrumente des deutschen Staates gegen die kurdische Freiheitsbewegung immer weiter verfeinert und ausgeweitet.

Endlose Ausweitung unter dem Deckmantel des PKK-Verbots

Im Laufe der Jahrzehnte sind immer neue Gruppen und Organisationen Opfer der Kriminalisierung wegen vermeintlicher PKK-Nähe geworden. Die Vorwürfe nehmen dabei teilweise den Charakter staatlicher Verschwörungstheorien an. So wurde etwa 2003 der Hilfsorganisation Kurdischer Roter Halbmond (HSK) unterstellt, eine Teilorganisation der PKK zu sein.

Die 1993 in Bochum gegründete und als gemeinnützig anerkannte Vereinigung leistet in Kurdistan, insbesondere in Kriegsgebieten, humanitäre Hilfe für alle Menschen unabhängig von ihrer Ethnie. Als Anfang 2023 eine Erdbebenkatastrophe gigantischen Ausmaßes die Türkei und Nordsyrien erschütterte, war der Kurdische Rote Halbmond an vielen abgelegenen Orten die einzige Organisation, die direkte Hilfe leisten konnte.

Um die Jahrtausendwende warf der deutsche Staat der Vereinigung allerdings vor, sie bestehe nur zu Tarnzwecken und ihre Spendensammlungen finanzieren in Wirklichkeit die PKK. Diese Verschwörungstheorie führte schließlich zu einem Verfahren vor dem Landgericht Koblenz wegen Verstoßes gegen das Vereinsverbot. Nachdem die Razzien in den Räumlichkeiten der Organisation und den Wohnungen der Mitglieder keinen Beleg für ihren haltlosen Vorwurf geliefert hatten, griffen die Behörden auf einen Kronzeugen zurück, um diesen schließlich doch noch »beweisen« zu können.

Der Prozess zog sich unter anderem durch eine Revision des BGH über mehrere Jahre. Am 4. Januar 2005 wurde schließlich der kurdische Politiker Mahmut Kaya vom Landgericht Koblenz zu 40 Tagessätzen à 20 Euro verurteilt. Obwohl das Gericht anerkannt hatte, dass es sich bei der HSK um eine humanitäre Vereinigung handelt, erklärte man sie dennoch zu einer Nebenorganisation der PKK.

Das an sich schon fragwürdige Urteil stützte sich dem Vorsitzenden Richter zufolge auf die Aussage des bereits erwähnten Kronzeugen. Doch dieser hatte vor Gericht widersprüchliche und nachweislich falsche Äußerungen getätigt. Später zog er seine Aussage sogar komplett zurück und erklärte, von Beamt:innen des BKA unter Druck gesetzt worden zu sein. Unter anderem habe man gedroht, ihn und seine Familie abzuschieben, wenn er nicht die von der Polizei vorbereiteten Einlassungen unterstütze. Auch wurde ihm sein erfolgreich beantragter deutscher Pass nicht ausgehändigt. Laut dem Rechtsanwalt des Angeklagten, Wolfgang Kronauer, sei dieser Prozess rein politischer Natur gewesen – eigentlich habe man damit ein Verbot der HSK bezweckt. Hierfür fehlten dem Gericht allerdings die notwendigen Beweise.

Die kurdische Hilfsorganisation setzte ihre Arbeit nach dem Urteil fort. Wegen einer Verfügung des Landes Rheinland-Pfalz aus dem Jahr 2010 kann die HSK allerdings dort keine Spenden mehr annehmen. Der Verschwörungsmythos, wonach der Kurdische Rote Halbmond ein Teil der PKK sei, wird also von staatlicher Seite weiter gepflegt.

Auch Mitglieder des kurdischen Studierendenverbands YXK sind dem antikurdischen staatlichen Generalverdacht der PKK-Nähe ausgesetzt. Zu den unverzichtbaren materiellen Grundlagen für die politische Arbeit studentischer Vereinigungen gehören der Zugang zu Räumlichkeiten der Universität sowie die Möglichkeit, Gelder zur Umsetzung von Projekten bei Hochschulgremien zu beantragen. Hochschulgruppen der YXK werden jedoch häufig nicht als solche anerkannt, womit diese Möglichkeiten entfallen. Die Nennung im Verfassungsschutzbericht kommt für sie einem Brandmal gleich: Es bedarf keiner weiteren Vorwürfe, sondern allein der Eintrag in der Geheimdienstpublikation reicht für die Hochschulen aus, um der studentischen Organisation Steine in den Weg zu legen.

Teils kommt es aber auch zu unmittelbarer staatlicher Repression: 2017 und 2019 übte das türkische Generalkonsulat Druck auf die Universität Frankfurt aus, man solle ihnen die Namen von Mitgliedern der kurdischen Hochschulgruppe übermitteln. Der AStA weigerte sich jedoch, der Universitätsleitung die Daten zu beschaffen. Wäre der Studierendenausschuss der Forderung stattdessen nachgekommen, hätte das Handeln der Universität unmittelbar die Sicherheit ihrer kurdischen Studierenden gefährdet.

Antikurdische Repression an Hochschulen erlebte auch einer der Autor:innen dieses Buches: Als Kerem Schamberger 2016 eine Stelle als wissenschaftlicher Mitarbeiter an der Ludwig-Maximilians-Universität München antreten wollte, war seine Anstellung mehrere Monate lang von einer Intervention des Inlandsgeheimdienstes bedroht. Der Kommunikationswissenschaftler hatte zuvor, insbesondere in den Sozialen Medien, als Kritiker der Repression gegen die kurdische Freiheitsbewegung Bekanntheit erlangt. Auch wegen seiner sonstigen Organisationsmitgliedschaften kam der Verfassungsschutz zu dem Schluss, dass seine Identität als Kommunist nicht mit einer Beschäftigung im öffentlichen Dienst vereinbar sei. Das letzte Wort hatte aber die Universität selbst. Sie entschied sich nach öffentlichem Druck, Schamberger dennoch anzustellen.

Ebenfalls 2016 brach eine diplomatische Krise zwischen der Türkei und Deutschland aus. Der Bundestag hatte am 2. Juni des Jahres eine Resolution zur Anerkennung des türkischen Völkermordes an über einer Million Armenier:innen in den Jahren 1915 und 1916 verabschiedet und dabei zum Teil auch die deutsche Mitverantwortung an der Tat benannt. Die Türkei reagierte mit wütender Kritik auf den Beschluss. Zur gleichen Zeit wurden dort zehn deutsche Staatsbürger:innen inhaftiert, die eine massive Welle an Solidarität aus Deutschland erfuhren. Unter ihnen befanden sich neben Deniz Yücel und Meşale Tolu, beide Journalist:innen türkischer und kurdischer Herkunft, auch der Menschenrechtsaktivist Peter Steudtner. Man beschuldigte sie, »Terrorpropaganda« und »Terrorunterstützung« betrieben zu haben – Vorwürfe, die auch heute noch gegen in der Türkei inhaftierte deutsche Staatsbürger:innen zum Einsatz kommen. Einige der Gefangenen wurden außerdem schwer misshandelt..

Um die deutsch-türkischen Beziehungen wieder zu normalisieren, war die Bundesregierung bereit, auf die türkischen Forderungen nach einer stärkeren Bekämpfung der PKK einzugehen. Am 2. März 2017 verschickte das Bundesinnenministerium ein Rundschreiben an alle Landesregierungen, Sicherheits- und Strafverfolgungsbehörden, das die seit dem PKK-Betätigungsverbot von 1993 bestehenden Flaggen- und Symbolverbote erheblich ausweitete. Das größte gesellschaftliche Konfliktpotenzial steckte dabei in der Ausweitung auf Organisationen der kurdischen Freiheitsbewegung in Syrien. Die syrisch-kurdische Partei der Demokratischen Einheit (PYD) sowie die ihnen nahestehenden Volks- und Frauenverteidigungseinheiten der YPG und YPJ wurden auf bloße »Auslandsableger« der PKK reduziert. Vergessen schien die wichtige Rolle, die diese Vereinigungen im Kampf gegen den IS gespielt hatten und bis heute spielen.

Gleichzeitig waren auch historische, nicht länger benutzte Symbole sowie Frauen-, Jugend- und Studierendenorganisationen von dem Rundschreiben betroffen. Begründet wurde die Verschärfung mit dem Glauben, dass die PKK diese Embleme aufgrund ihres Verbotes »ersatzweise« benutze – eine weitere staatliche Verschwörungstheorie.

Zwei Monate später konkretisierte die Antwort auf eine Nachfrage der Linksfraktion im Bundestag das Flaggen- und Symbolverbot gegen die YPG und YPJ. Diese seien nicht in jedem Fall verboten, sondern nur, wenn die PKK sie »ersatzweise« verwende. Wie man feststellen kann, wann das der Fall ist, blieb aber offen. Für die Polizei, der die Aufgabe zukommt, die »ersatzweise« Zurschaustellung dieser Symbole zu unterbinden, entstand damit ein erheblicher Auslegungsspielraum.

Rechtsstaaten binden ihr Handeln an explizite Gesetze, um es ihren Bürger:innen zu erlauben, dieses vorherzusagen und dadurch staatliche Willkür auszuschließen. So entsteht allgemeine Rechtssicherheit. Fehlen aber klare Kriterien, wann beispielsweise das Zeigen eines Symbols unrechtmäßig ist, lässt sich dieses fundamentale Versprechen nicht mehr einhalten. Für einen Rechtsstaat wie die Bundesrepublik Deutschland kommt eine solche Regelung daher einer Bankrotterklärung gleich.

Tatsächlich zog der Erlass des Bundesinnenministeriums zahlreiche Ermittlungsverfahren wegen des vermeintlich unrechtmäßigen Zeigens der Flaggen und Symbole von YPG und YPJ nach sich, bei denen die polizeilichen Entscheidungen nicht transparent nachvollziehbar waren. In der Folge entwickelte sich ein regelrechter Fahnenstreit in der Bundesrepublik.

Ab 2017 kam es zunächst vermehrt zu Strafverfahren wegen Fotos mit vermeintlicher PKK-Symbolik in den Sozialen Medien. Diese traf auch viele solidarische Untersützer:innen der Bewegung: 2018 erhielt etwa der Konzertmusiker Johannes König eine Vorladung zum Staatsschutz, weil er unkommentiert einen Beitrag des Bayrischen Rundfunks auf seiner Facebook-Seite geteilt hatte, der von der Redaktion mit einer YPG-Flagge bebildert worden war. Im Februar 2022 wurde der ehemalige Karlsruher Bundestagsabgeordnete der Linken, Michel Brandt, für einen bereits 2019 getätigten Post zu einer Geldstrafe in Höhe von 60 Tagessätzen à 70 Euro verurteilt. Noch zu seiner Zeit im Parlament hatte er einen Post gegen den völkerrechtswidrigen Angriffskrieg der Türkei auf Rojava in den Sozialen Medien mit einer KCK-Flagge versehen. Später ging das Verfahren in die zweite Instanz und wurde dort bis auf Weiteres ausgesetzt. Letztlich liegen seit 2017 Hunderte Ermittlungsverfahren wegen der Zurschaustellung kriminalisierter Symbole der kurdischen Freiheitsbewegung vor.

Erst mit dem Beschluss des Bayerischen OLG vom Dezember 2020 endete der Fahnenstreit. Das Urteil mit bundesweiter Signalwirkung stellte damals fest, dass es sich bei den Kennzeichen der YPG und YPJ generell nicht um PKK-Ersatzsymbole handelt. Da sich dies aber nicht auf alle Embleme erstreckt und die Entscheidung des Gerichts nicht überall bekannt ist oder respektiert wird, kommt es bis heute zu Demonstrationsbehinderungen und Ermittlungsverfahren wegen der Zurschaustellung vermeintlicher PKK-Symbolik. Prozesse wegen des öffentlichen Zeigens von Emblemen der YPG und YPJ enden für Betroffene inzwischen jedoch für gewöhnlich mit einer Einstellung des Verfahrens oder einem Freispruch.

Ausreisesperren und Sorgerechtsentzug als »Terrorbekämpfung«

Nur selten wurde die gesetzliche Verschärfung des Jahres 2017 medial hinterfragt. Stattdessen änderten die meisten Medien die Art, wie sie über die YPG und YPJ berichteten; oft wurden sie nun als »Ableger der terroristischen PKK« bezeichnet (vgl. Brauns 2019: 36). Diese kaum wahrgenommene Medienverantwortung ist deshalb besonders unverständlich, weil die Repressionsinstrumente, die der Staat gegen die kurdische Freiheitsbewegung einsetzt, auch drohen, in anderen Bereichen Anwendung zu finden.

Ausreisesperren, mittels derer Aktivist:innen der kurdischen Freiheitsbewegung mehrfach daran gehindert wurden, aus Deutschland aus- und weiter nach Kurdistan zu reisen, sind hierfür ein gutes Beispiel. Ein besonders extremer Fall ist der von Solîn G. Die 18-jährige Kurdin mit deutschem Pass bekam im September 2022 durch eine sogenannte Ordnungsverfügung des Einwohnermeldeamtes ihren Reisepass entzogen. Auch verweigerte man ihr die Aushändigung ihres erfolgreich beantragten Personalausweises. Begründet wurde der Entzug ihrer Papiere damit, dass sie bereits zweimal nach Istanbul gereist war, was den Schluss zulasse, dass sie dort an »PKK-Terrorcamps« teilgenommen habe, um sich an der Waffe ausbilden zu lassen. Verlasse sie erneut das Land, sei zu vermuten, dass sie sich dem bewaffneten Kampf anschließen werde. Dies könne man auch deshalb nicht zulassen, weil sie damit dem »internationalen Ansehen« des deutschen Staates schade.

Neben den Reisen nach Istanbul stützte das Einwohnermeldeamt seine Theorie, dass Solîn fest in PKK-nahe Strukturen eingebunden sei, darauf, dass sie bereits an Aktionen zivilen Ungehorsams teilgenommen hatte. Tatsächlich war sie vor allem kulturell in der kurdischen Bewegung aktiv; auf den Reisen nach Istanbul hatte sie ihre Großmutter besucht. Doch ist allein schon die Idee, dass es »PKK-Terrorcamps« innerhalb der größten Stadt der Türkei geben könnte, hanebüchen.

Solîn legte vor dem Verwaltungsgericht Düsseldorf Widerspruch gegen die Ordnungsverfügung ein und erhielt in allen Punkten recht. Laut Gericht bestanden keine ausreichenden Anhaltspunkte, dass die junge Frau, die bald ein Psychologie-Studium in Deutschland beginnen will, beabsichtigt hatte, sich der PKK-Guerilla anzuschließen.

Beunruhigend bleibt der Fall dennoch: Der deutschen Staatsbürgerin Solîn G. waren ohne vorherige Ankündigung ihre Ausweispapiere nebst Pass vorenthalten worden, rein auf der Grundlage einer absurden Prognose über ihre zukünftigen Handlungen, die das Bild Deutschlands in der Welt – gemeint war damit natürlich die Türkei – vermeintlich schädigen sollen.

Dass Ausreisesperren aber auch deutsche Staatsbürger:innen, die nichts mit der kurdischen Freiheitsbewegung zu tun haben, treffen können, bewies die Bundespolizei einige Monate später. Am 24. Februar 2023 wollte Florian Grutsche, Bundesvorsitzender der größten und ältesten antifaschistischen Organisation Deutschlands, der VVN-BdA, eigentlich vom Flughafen Berlin-Brandenburg nach Sofia in Bulgarien reisen, um dort gegen den alljährlichen Lukow-Fackelmarsch zu protestieren. Dabei handelt es sich um eine rechtsradikale Veranstaltung, organisiert von Neonazis aus ganz Europa, an dem auch deutsche Faschist:innen jedes Jahr teilnehmen.

Am Flughafen zogen Polizist:innen Grutsche, der noch nie zuvor gerichtlich verurteilt worden war, aus der Schlange und verhörten ihn anschließend zwei Stunden lang. Es bestand kein Grund zu der Annahme, dass er in Sofia Straftaten begehen werde. Dennoch verhängten die Behörden eine »Ausreiseuntersagung« für das Wochenende gegen ihn. Die Begründung wies dabei Parallelen zu der Ordnungsverfügung zum Passentzug Solîn G.s auf: Eine Ausreise Grutsches würde »das Ansehen der Bundesrepublik Deutschland im Ausland erheblich schädigen«.

Die Praxis der Ausreisesperren gegen deutsche Staatsbürger:innen weitet sich zunehmend aus: Laut Zahlen der Bundesregierung (2022: 3) waren es 2018 lediglich 3 Fälle, 2020 hingegen schon 33 und 2022 schließlich 66.

Solîns Geschichte ist aber noch nicht zu Ende erzählt: Der Entzug ihrer Ausweisdokumente war nämlich nicht das erste Mal, dass die Behörden neue Repressionsinstrumente an ihrer Familie ausprobieren wollten. Im September 2019 hatte die Staatsanwaltschaft Karlsruhe gegen ihre Mutter, Zozan G., ein Sorgerechtsverfahren eingeleitet, weil sie angeblich ihre Kinder mit PKK-Propaganda indoktriniere.

Die politische Motivation hinter dem Verfahren zeigte sich auch daran, dass eine vorherige Untersuchung des Jugendamtes keine Auffälligkeiten bei der Entwicklung der fünf Kinder feststellen konnte. Eine Gefährdung des Kindeswohls lag eindeutig nicht vor. Durch Intervention des Staatsschutzes wurde das Verfahren dennoch aufgenommen. Zozan G. bezeichnete dieses als »eine Drohung gegen alle politisch aktiven Mütter« (Klein 2020).

Für den Prozess befragte das Gericht die Kinder im Alter von 4 bis 15 Jahren einzeln. Ihr anwaltlicher Verfahrensbeistand hatte sich dagegen ausgesprochen, mit dem Argument, dass dies eine hohe psychische Belastung bedeutet. Das Gericht ignorierte seine Bedenken.

Der Sorgerechtsentzug konnte schließlich abgewendet werden. Gegen irritierende Auflagen wie beispielsweise, dass sie keine Straftaten begehen und auch nicht an »illegalen Demonstrationen« teilnehmen, durfte Zozan G. ihre Kinder behalten. Doch damit nicht genug: Zudem musste eine unabhängige Person die Kinder über das PKK-Verbot und dessen Folgen in Deutschland aufklären – als wüssten sie dies nicht bereits längst aus eigenem Erleben.

Deutlich wird, dass der deutsche Staat unter dem Deckmantel des PKK-Verbotes und der Terrorismusbekämpfung immer neue Ansätze für Repression sucht und findet. Dieser endlose Prozess der Ausweitung des Arsenals von Repressionsinstrumenten gefährdet Demokratie und Rechtsstaat – nicht nur für die in Deutschland lebenden Kurd:innen.

13 Verfolgt über Grenzen hinweg

Wir schreiben den 4. Juni 2023. In Stockholm haben sich fast eintausend Demonstrierende der kurdischen Freiheitsbewegung gemeinsam mit Aktivist:innen der Klimagerechtigkeitsbewegung sowie linken und feministischen Gruppen versammelt, um gegen den NATO-Beitritt Schwedens zu demonstrieren. Viele von ihnen tragen die in Deutschland seit 1993 verbotene ERNK-Flagge. Zahlreiche weitere halten die hierzulande erst in den letzten Jahren kriminalisierten Öcalan-, YPG- oder KCK-Flaggen hoch. Bisher interessiert sich die schwedische Polizei dafür nicht.

Die Demonstrierenden sorgen sich allerdings um die Zukunft der Meinungsfreiheit und Demokratie in Schweden. Ihr Slogan lautet: »Nein zur NATO, Ja zum Frieden. Keine Erdoğan-Gesetze in Schweden!« Sie kritisieren, dass schwedische Politiker:innen alles tun, um Teil des Militärbündnisses zu werden.

Seit dem russischen Angriffskrieg auf die Ukraine ist der Beitritt des traditionell neutralen Landes zur NATO eine Top-Priorität der schwedischen Politik geworden. Die Verhandlungen mit der Türkei, die den Prozess blockiert, ziehen sich inzwischen seit einem Jahr hin. Denn die türkische Regierung wirft Schweden vor, nicht genug gegen den Terrorismus innerhalb seiner Grenzen zu tun– gemeint ist damit die kurdische Freiheitsbewegung.

Dabei ist der schwedische Staat dem Autokraten Erdoğan bereits stark entgegengekommen: So hat man ein internationales Memorandum zur Unterstützung der türkischen »nationalen Sicherheitsinteressen« unterschrieben, die freundschaftliche Haltung gegenüber der autonomen Administration Rojava in Nord- und Ostsyrien aufgegeben, Förderprojekte in der Region gestoppt und sogar die eigene Verfassung geändert. Anfang Juni ist zudem ein neues »Anti-Terrorgesetz« in Kraft getreten. Bis vor wenigen Monaten hat in dem traditionell bürgerrechtsfreundlichen Land für eine Anklage wegen Terrorismus eine konkrete individuelle Tat vorliegen müssen. Inzwischen gelten, ähnlich wie bei Paragraf 129a StGB in Deutschland, die Mitgliedschaft und Unterstützung in einer als terroristisch eingestuften Organisation als strafbar. Auch das Strafmaß wurde verschärft: Verurteilten drohen nun bis zu acht Jahren Haft.

Die Demonstrierenden sehen darin Schritte hin zu einer ähnlichen Verfolgung der kurdischen Freiheitsbewegung wie in anderen Ländern Europas. Zwar ist die PKK in Schweden bereits seit Jahrzehnten verboten, doch hat man dieses Verbot in der Vergangenheit eher locker ausgelegt. Von schweren Repressalien ist die relativ kleine kurdische Community in Schweden von etwa 100 000 Personen bisher weitestgehend verschont geblieben. Eine Ausnahme bilden einzig die 1980er-Jahre, als insbesondere der schwedische Geheimdienst Säpo versuchte, den Mord an dem schwedischen Ministerpräsidenten Olof Palme der PKK anzuhängen (siehe Kapitel 4).

Für viele Kurd:innen ist diese Zeit ein Trauma – sie wurden ausgegrenzt, kriminalisiert und unter den Generalverdacht des Terrorismus gestellt. Wird sich das nun wiederholen? Die schwedische Regierung kennt die Sorgen ihrer kurdischen Bürger:innen gut. Nachdem sie das Memorandum mit der Türkei unterschrieben hatte, erklärte die damalige Außenministerin Schwedens vorsorglich, dass es »keine Jagd« auf Kurd:innen geben werde. Sind die Befürchtungen der Stockholmer Demonstrierenden also unbegründet?

Wenn der Geheimdienst über die Zukunft entscheidet

Ein Name, der wie kein anderer für die wachsende Bedrohung der Kurd:innen in Schweden steht, ist Mahmut Tat. Bereits 2015 hatte er dort einen Asylantrag gestellt. Aus seiner Heimat Dêrsim, wo er Busfahrer war, musste er fliehen, weil ein türkisches Gericht ihn in Abwesenheit wegen »Terrorunterstützung« zu sechs Jahren und drei Monaten Haft verurteilt hatte. Konkret warf man ihm vor, Batterien und Dünger an die PKK geliefert haben (vgl. Canbäck 2022). Obwohl sein Asylantrag 2021 abgelehnt wurde, durfte der Kurde weiter in Schweden leben und in einem kleinen Restaurant arbeiten (vgl. Zandonini 2023). Am 22. November 2022 drang die Polizei überraschend in Tats Wohnung ein und nahm ihn fest. Man sagte ihm, dass sein Fall dem Geheimdienst Säpo übergeben worden war. Dieser nimmt in Schweden Bewertungen vor, inwieweit bestimmte Asylanträge ein Sicherheitsrisiko darstellen.

Vollständige Informationen darüber, warum jemand als Sicherheitsrisiko eingestuft wird, erhält niemand – nicht einmal die Gerichte, bei denen die Ablehnung eines Asylantrags angefochten werden kann. Tat bekam lediglich gesagt, dass er eine »Gefahr« für Schweden sei und dass man zwei Bilder von ihm habe, auf denen er bei Protesten mit der PKK-Flagge im Hintergrund zu sehen ist.

Nach seiner Festnahme wurde er zunächst in Mölndal festgehalten, wo er erfuhr, dass die schwedischen Behörden ihn an die Türkei ausliefern wollen. Tat fürchtete, was dort nach seiner Ankunft mit ihm geschehen würde – einen Haftbefehl gab es schließlich schon, Verhöre oder gar Folter waren nicht auszuschließen.

Die Zahl der als Sicherheitsrisiko eingestuften Fälle ist über die letzten Jahre in Schweden massiv gestiegen: 2020 waren es noch 179 negative Stellungnahmen, 2022 bereits 650. Informationen darüber, welche Gruppen in welchem Maß davon betroffen sind, hält die Regierung streng geheim (vgl. Canbäck 2022). Schwedische Expert:innen gehen aber davon aus, dass es sich bei den gestiegenen Zahlen vor allem um Kurd:innen aus der Türkei handelt. Diese Entwicklung lässt sich dabei auch auf die verstärkte Zusammenarbeit zwischen Säpo und türkischem MİT zurückführen.

Am 2. Dezember 2022 wurde Mahmut Tat mit einem Charter-Flugzeug des dänischen Unternehmens Flexflight von Stockholm nach Istanbul in die Türkei abgeschoben. Als er um 15 Uhr Ortszeit ankam, warteten türkische Polizist:innen bereits, um ihn in Gewahrsam zu nehmen. Zur Vollstreckung seiner Haftstrafe brachte man ihn zunächst in das Metris-Gefängnis in Istanbul und später in den Strafvollzugskomplex Silivri. Die Angst und Verzweiflung, die Tat in der dortigen Isolationshaft erleiden muss, ist kaum vorstellbar. Darüber zufrieden zeigte sich der türkische Justizminister Bekir Bozdağ, der erklärte, die Auslieferung sei ein »guter Anfang« (Zandonini 2023).

Tat ist schwer krank, denn er leidet an Kehlkopfkrebs. Um zu überleben, benötigt er Medikamente, die seine Angehörigen zum Gefängnis bringen müssen. Doch die Haftanstalt gibt diese nicht weiter. Auch zu Anwält:innen hat Tat keinen Zugang. Seine Familie befürchtet, dass man ihn willentlich einem qualvollen Tod überlässt.

Auslieferungen an die türkischen Justizbehörden sind in allen NATO-Staaten und teils auch darüber hinaus eine erhebliche Gefahr für Aktivist:innen aus der Türkei. Ermöglicht werden sie durch den Datenaustausch im Rahmen der internationalen Polizeiorganisation Interpol. Seit vielen Jahren veröffentlicht die Türkei gegen politisch aktive Kurd:innen und andere Oppositionelle sogenannte *Red Notices.*

Damit wird den anderen Interpol-Mitgliedsstaaten mitgeteilt, dass die Festnahme einer bestimmten Person zum Zweck der Auslieferung erbeten wird. Die *Red Notice* impliziert dabei, dass der Betroffene schwere, häufig lange zurückliegende Verbrechen oder politische Anschläge begangen habe und deshalb eine Gefahr für die öffentliche Sicherheit sei. Ob die Mitgliedsstaaten dem Ersuchen nachkommen und ihre nationalen Polizeibehörden anweisen, die Person festzunehmen und anschließend auszuliefern, bleibt ihnen überlassen. Interpol selbst verfügt über keine eigenen Einsatzkräfte und kann daher nicht unabhängig tätig werden.

Außergewöhnlich an der Auslieferung Mahmut Tats war, dass gegen ihn keine *Red Notice* vorlag. Der Vorgang verstieß damit gegen internationale rechtsstaatliche Standards und geschah rein aus politischen Erwägungen vor dem Hintergrund der NATO-Beitrittsverhandlungen – ein Bauernopfer für die schwedischen Sicherheitsinteressen.

Mindestens 38 Kurd:innen wurden allein im Jahr 2021 aufgrund von Säpo-Sicherheitsprüfungen abgeschoben. Der Trend setzt sich fort, obwohl bisweilen der Oberste Gerichtshof Schwedens einschreitet. Doch der Türkei reicht das nicht: Regelmäßig erscheint sie bei internationalen Regierungsgesprächen mit langen Namenslisten von Oppositionellen. Von Schweden forderte sie im Januar 2023 die Auslieferung von 130 Personen – sonst könne sie dem NATO-Beitritt nicht zustimmen. Indem sich das Land ebenso wie die anderen Mitglieder des Verteidigungsbündnisses auf diese türkische Erpressungstaktik einlässt, wird das Leben von Menschen wie Mahmut Tat zur politischen Verhandlungsmasse.

Auch auf anderen Feldern schränkt Schweden die Grundrechte seiner kurdischen Bürger:innen ein, um die Türkei zufriedenzustellen. So wurde etwa die Weitergabe geheimer Informationen, die dem Verhältnis des Landes mit der NATO, weiteren internationalen Organisationen oder Drittstaaten schaden könnten, unter Strafe gestellt – investigative Recherchen werden damit erschwert und die Pressefreiheit torpediert. Mit dem neuen schwedischen Terrorgesetz sind nun auch Einschränkungen der Versammlungsfreiheit möglich, sofern ein Veranstalter des Terrorismus bezichtigt wird.

Am 9. Juni 2023 erklärte zudem der stellvertretende schwedische Generalstaatsanwalt Hans Ihrmann, dass die Säpo den Dachverband kurdischer Vereine in Schweden, den NCDK als terroristisch einstufe. Ein Jahr zuvor hatte die Organisation der Regierung noch vorgeworfen, mit dem Memorandum die Kurd:innen für ihre NATO-Mitgliedschaft geopfert zu haben – nun wurde sie selbst als terroristisch gebrandmarkt. Dies hat auch für die Mitglieder drastische Folgen. Schwedische Anwälte berichten, dass man ihren Mandant:innen in Asylverfahren inzwischen vorwirft, in Vereinen der NCKD aktiv zu sein (vgl. Canbäck 2023b).

Auch wurden mehreren kurdischen Hilfsorganisationen sowie dem Heval-Verlag, welcher der kurdischen Freiheitsbewegung nahesteht, die Bankkonten gekündigt – die Begründungen beschränkten sich auf nichtssagende Floskeln. Dabei ist klar, dass diese Vorfälle mit den neu verabschiedeten und am 1. Juni 2023 in Kraft getretenen Terrorismusgesetzen im Zusammenhang stehen (Canbäck 2023a).

Außerdem musste sich die schwedische Außen- und insbesondere Waffenexportpolitik durch den NATO-Beitrittswunsch anpassen: 2019 hatte das Land nach den Angriffen des türkischen Militärs auf Rojava noch für ein europäisches Waffenembargo gegenüber den Aggressoren plädiert. Im September 2022 bewilligte Schweden hingegen wieder Waffenexporte an die Türkei.

Zwischenzeitlich lagen die Verhandlungen zum NATO-Beitritt sogar auf Eis. Erst nachdem die schwedischen Behörden unter anderem mit Informationen des deutschen Geheimdienstes einen Kurden wegen Terrorfinanzierung nach dem neuen Terrorgesetz angeklagt und diesen zu viereinhalb Jahren Haft verurteilt hatten, setzte man die Gespräche fort. Die Stoßrichtung der Entwicklung ist klar: Repressalien, die in anderen NATO-Staaten und insbesondere in Deutschland bereits gegen die kurdische Freiheitsbewegung zum Einsatz kommen, werden nun auch in Schweden eingeführt.

Eine Frage der Geopolitik

Schweden ist nur ein Beispiel für die grenzübergreifende Verfolgung, der Aktivist:innen der kurdischen Freiheitsbewegung und insbesondere vermeintliche oder tatsächlich PKK-Kader ausgesetzt sind. Andere westliche Staaten haben eigene Wege gefunden. Lange froren beispielsweise die französischen Behörden in großem Stil Konten der Bewegung ein, ließen ihren Mitgliedern aber ansonsten große Handlungsspielräume offen. In letzter Zeit nimmt dort jedoch ebenfalls die Zahl strafrechtlicher Verfahren gegen kurdische Aktivist:innen zu..

Auch die Europäische Union ist an der Verfolgung beteiligt. Seit 2002 steht die PKK auf der EU-Terrorliste. Wer mit dem Terrorstempel gebrandmarkt wird, muss mit weitreichenden Konsequenzen rechnen: Allen staatlichen Behörden und öffentlichen Institutionen der EU ist es dadurch untersagt, mit der besagten Organisation Geschäftskontakte zu pflegen; auch dürfen ihr private Banken keine Konten mehr zur Verfügung stellen. Wer dem zuwiderhandelt, macht sich strafbar.

Die Zuständigkeit für die Terrorliste liegt bei einem geheim tagenden Gremium des EU-Ministerrates, also eines Zusammenschlusses aus Regierungsvertreter:innen der Mitgliedstaaten. Dass deren Entscheidungen politisch und nicht anhand des tatsächlichen Gefahrenpotenzials der betreffenden Organisationen und Individuen gefällt werden, zeigt auch ein Blick in den jährlichen EU-Bericht über Terrorismus der Polizeibehörde Europol. Darin stellt diese seit vielen Jahren fest, dass die PKK keinerlei Gewalttaten auf europäischem Boden begeht (vgl. Europol 2022).

Australien und Neuseeland führen die PKK ebenfalls auf ihren Terrorlisten, obwohl sie erklären, dass diese für ihre jeweilige Bevölkerung keine Bedrohung darstelle. Die treibende Kraft hinter derartigen Klassifizierungen ist immer die Türkei: So entschied sich Australien am 17.

Dezember 2005, elf Tage nach einem Besuch Erdoğans, die PKK auf die Terrorliste zu setzen. Ähnlich war es bei Neuseeland – einem Land, in dem sowieso nur sehr wenige Kurd:innen leben.

Mit Ausnahme Belgiens, wo der Oberste Gerichtshof die Verfolgung der PKK revidiert hat, ist die Frage, ob ein bestimmter Staat die Partei als terroristisch einstuft, rein geopolitischer Natur: Wer dem westlichen Bündnissystem angehört, kriminalisiert die PKK; wer dazu in Opposition steht oder sich wie die Schweiz neutral verhält, hat eine andere Haltung zur kurdischen Befreiungsorganisation. Diese Interessengegensätze finden ihren Ausdruck nicht zuletzt in der Tatsache, dass die Vereinten Nationen die PKK nicht auf ihrer Terrorliste führen.

Das für die Türkei entscheidende Mittel, um eine grenzüberschreitende Verfolgung von PKK-Kadern umzusetzen, ist die bereits erwähnte *Red Notice*. Dieses Instrument kommt sowohl gegen vermeintliche Mitglieder, die in der Türkei angeklagt oder in Abwesenheit verurteilt wurden, als auch gegen solche, die ihre Strafe schon abgesessen haben und danach ins Exil gegangen sind, zum Einsatz.

Remzi Kartal gehört zu den Politiker:innen, die erfahren mussten, was es bedeutet, wenn europäische Polizeien im Sinne der Türkei tätig werden. Am 22. Januar 2005 saß er im Zug auf dem Weg zu einer Kulturveranstaltung in Nürnberg. Doch angekommen ist er dort nie: Kurz vor Würzburg nahm ein Sondereinsatzkommando den ehemaligen Abgeordneten der prokurdischen Demokratie-Partei (DEP) fest.

Der Hintergrund war ein internationaler Haftbefehl, mit dem die Türkei über Interpol um Kartals vorläufige Festnahme und Auslieferung ersucht hatte. Man warf ihm vor, zum stellvertretenden Vorsitzenden des Volkskongresses Kurdistan (KONGRA-GEL) gewählt worden zu sein. Damit habe er sich wegen PKK-Nähe des »Terrorismus« schuldig gemacht. Hinzu kamen weitere Anschuldigungen, allesamt an den Haaren herbeigezogen. Das OLG Bamberg entschied am 1. März 2005, den Antrag der Türkei auf Auslieferung zurückzuweisen. Die Richter:innen begründeten ihren Beschluss damit, dass die von den türkischen Behörden vorgelegten Unterlagen völlig unzureichend und widersprüchlich gewesen seien. Heute ist Kartal Vorsitzender des KONGRA-GEL.

Diese Entscheidung eines Gerichts in Deutschland garantierte jedoch keine Immunität vor einer möglichen Auslieferung in der Zukunft. Denn die *Red Notice* war durch das Urteil nicht gelöscht. Am 24. März 2009 wollte der Politiker an einer anderen Veranstaltung teilnehmen, diesmal in Spanien – eine erneute Festnahme, wieder saß er in Auslieferungshaft. Das zuständige Gericht lehnte eine Auslieferung ebenfalls ab. Kartal durfte das Gefängnis am 13. Juli 2009 verlassen.

Auch wer schon lange im Ausland lebt, ist vor einer Verfolgung durch die Türkei nicht sicher. Systematisch beantragt das Land Auslieferungsersuche gegen Personen, die ein deutsches Gericht bereits zuvor strafrechtlich verurteilt hat. Bevor sie zum ersten Mal festgenommen werden, sind sich Betroffene meist überhaupt nicht darüber im Klaren, dass eine *Red Notice* gegen sie vorliegt. Das gängige Prozedere in Deutschland sieht für gewöhnlich eine vorläufige Inhaftierung vor; erst anschließend prüft man die Rechtmäßigkeit einer Auslieferung.

Insbesondere in den 2000er- und 2010er-Jahren hatte die Türkei massenhaft Auslieferungsersuche gegen Kurd:innen in Deutschland gestellt. Die zuständigen OLGs in Deutschland kamen diesen aber nur in seltenen Fällen nach, da die türkischen Ersuche nicht den rechtlichen Standards der EU entsprachen.

Für die Betroffenen bleiben die Probleme jedoch bestehen, da die Ablehnung einer Auslieferung nicht automatisch zur Löschung der *Red Notice* bei Interpol führt. Kurdische Aktivist:innen wurden deshalb schon mehrfach während Urlaubs- und Vortragsreisen von den Polizeibehörden der Ziel- oder Transitländer verhaftet. Eine *Red Notice* schränkt damit die Reisefreiheit der Betroffenen massiv ein; sie kann einschüchtern und verunsichern. Ihre Löschung muss aufwendig in einem gesonderten Gerichtsverfahren erstritten werden.

Deutschland hat 2022 unter der Ampel-Regierung ebenfalls damit begonnen, *Red Notices* gegen kurdische Politiker:innen auszustellen. Im März 2023 wurde etwa Kenan Ayaz am Flughafen von Larnaka in Zypern zunächst festgenommen und am 2. Juni 2023 schließlich in die Bundesrepublik ausgeliefert. Man beschuldigt ihn der angeblichen Mitgliedschaft in einer ausländischen terroristischen Vereinigung nach den Paragrafen 129a und 129b StGB.

Bereits in der Türkei hatte Ayaz aufgrund eines politischen KCK-Verfahrens zwölf Jahre seines Lebens in Haft verbringen müssen. In Zypern war er als politischer Flüchtling anerkannt – was die zypriotische

Regierung allerdings nicht daran hinderte, ihn auszuliefern. Auch aus Italien, Frankreich und Belgien waren in den Monaten zuvor Kurd:innen infolge deutscher *Red Notices* in die Bundesrepublik überstellt worden. Flucht bedeutet damit für Aktivist:innen der kurdischen Freiheitsbewegung stets nur relative Sicherheit. Absoluter Schutz vor politischer Repression ist angesichts des Verfolgungseifers, den Staaten wie die Türkei und Deutschland an den Tag legen, selbst über Grenzen hinweg nicht zu finden.

Der politische Westen begreift sich gerne als Garant und Wiege der Menschenrechte in der Welt. Es ist besorgniserregend, dass dieses Selbstverständnis die betreffenden Staaten nicht etwa dazu drängt, die Türkei zur Einhaltung der Menschenrechte im Umgang mit den Kurd:innen aufzufordern, sondern sich NATO und EU im Gegenteil an der repressiven Politik des türkischen Staates aktiv beteiligen.

Dabei nimmt Deutschland in all dem eine Sonderrolle ein. Insbesondere die routinierte Art und Weise, wie Aktivist:innen der Freiheitsbewegung als vermeintliche PKK-Kader angeklagt und verurteilt werden, sucht außerhalb der Türkei ihresgleichen. Auch das Verbot des Mezopotamien Verlags, die Kriminalisierung kurdischer Symbole oder spezielle Repressalien wie versuchter Sorgerechts- oder Passentzug stehen für die besondere Härte der Verfolgung von Kurd:innen hierzulande. Die Repression gegen die kurdische Diaspora ist ein Meister aus Deutschland.

14 »Kurdisch sein bedeutet widerständig sein«

Als 1996 das Newroz-Fest in Köln verboten wurde, machte die damals fünfjährige Dilan Akdoğan ihre erste Erfahrung mit der deutschen Repression. Jedes Jahr fuhr sie zu diesem Anlass mit ihren Eltern und ihren Geschwistern in die anderthalb Stunden entfernte Stadt. Ihre Mutter hatte die Kinder in rot-gelb-grüne Trachten, die traditionellen Farben der Kurd:innen, gekleidet. Auch in diesem Jahr wäre es ein schöner, festlicher Tag für die Familie geworden – hätte der deutsche Staat nicht eingegriffen.

Oft wird Newroz, der 21. März eines jeden Jahres, als bloßes Frühlings- und Neujahrsfest missverstanden. Tatsächlich handelt es sich aber auch um ein Fest des Widerstandes. Der Legende nach fuhrte der Schmied Kawa an Newroz den Aufstand der Kurd:innen gegen den Tyrannen Sohak im Jahr 612 vor unserer Zeitrechnung an. Der Despot unterdrückte seine Untertan:innen brutal – unter anderem indem er sich täglich die Gehirne von zwei Kindern servieren ließ. Sohaks Grausamkeit ging sogar so weit, dass er den Frühlingsbeginn verhinderte. Schließlich erschlug Kawa ihn mit seinem Hammer und läutete damit nicht nur die neue Jahreszeit, sondern auch eine Ära der Freiheit für die Ur-Kurd:innen ein. Wer die kurdische Seele verstehen will, muss diese Geschichte hinter Newroz kennen.

Im Jahr 1996 wollte der deutsche Staat verhindern, dass das Widerstandsfest stattfindet. Die Akdoğans beschlossen, trotzdem zu Newroz nach Köln zu fahren, ebenso wie auch die kurdische Freiheitsbewegung entschieden hatte, das Verbot nicht zu akzeptieren. Das wichtigste Fest des Jahres wollte man sich nicht nehmen lassen. Auf der Autobahn wurde die Familie aber von der Polizei aus dem Verkehr gewunken. Die Beamt:innen erklärten, dass das Newroz-Fest nicht stattfinden werde, und forderten die Akdoğans auf umzukehren. Auch markierten sie die Reifen des Fahrzeugs, damit andere Polizist:innen später sehen konnten, dass sie bereits kontrolliert und zur Rückreise angehalten worden waren.

Wieder auf der Straße, entschied Dilans Vater, dass die Familie trotzdem versuchen werde, zum Fest nach Köln zu fahren. Erneut hielt die Polizei sie an und griff nun zu drastischen Mitteln: Dem Vater fesselte man mit Kabelbindern die Arme hinter dem Rücken und trennte ihn von seiner Frau und seinen Kindern, die in einen anderen Polizeibus gesteckt und weggefahren wurden.

Dilans erst vierjähriger Bruder hatte während der Fahrt Cola getrunken. Als er sah, was die Polizei mit seinem Vater machte, warf der Junge die Dose auf eine Beamtin: »Ihr erzieht eure Kinder bereits gegen uns«, lautete der Vorwurf an die Mutter. Sie gab damit nicht nur den Eltern, sondern allen Kurd:innen Schuld an dem Dosenwurf. Doch welches vierjährige Kind wäre nicht wütend, wenn es mit ansehen muss, wie sein Vater von der Polizei gefesselt, abgeführt und von ihm getrennt wird?

Das Recht als Waffe zur Selbstverteidigung

Heute ist Dilan Akdoğan eine erwachsene Frau und Aktivistin. Wir treffen uns mit ihr, um über den Protest und Widerstand der kurdischen Freiheitsbewegung zu sprechen. Sie sagt, dass der Polizeieinsatz an Newroz 1996 sie und ihre Familie tief geprägt hat.

Dilan gehört zur zweiten Generation von Kurd:innen in Deutschland. Ihre Eltern sind bereits vor ihrer Geburt aus der Türkei in die Bundesrepublik gekommen. Damit bildet sie keine Ausnahme in der kurdischen Freiheitsbewegung: Nicht wenige Kurd:innen hierzulande sind schon in der zweiten oder dritten Generation aktiv. Viele von ihnen haben in ihrer Kindheit Repression indirekt miterleben müssen, etwa wenn bei ihren Eltern und damit auch in ihrem Zuhause Razzien stattfanden oder wenn ein Familienmitglied wegen seiner kriminalisierten politischen Arbeit abgeschoben werden sollte. Dilan ist ihre ganze Jugend auf deutsche Schulen gegangen und studiert heute Jura.

Die Kriminalisierungspolitik gegen die kurdische Freiheitsbewegung erlebt sie weiterhin aus erster Hand. Wie schon ihre Eltern früher organisiert sie sich heute in einem kurdischen Verein. Als Co-Vorsitzende des Vereins in Saarbrücken hat sie bereits etliche Kundgebungen und Demonstrationen angemeldet. Vor etwa zehn Jahren ist Dilan das erste Ermittlungsverfahren wegen des Verstoßes gegen das Vereinsgesetz angehängt worden. Schnell hat sie die Grundlagen im Umgang mit Polizei und Justiz gelernt: sensibel mit den eigenen Daten umgehen und sich weder instrumentalisieren noch einschüchtern lassen. Inzwischen fällt es ihr schwer, die genaue Anzahl derartiger Ermittlungsverfahren gegen sich noch zu beziffern. Für gewöhnlich gehen sie auf das Rufen kriminalisierter Parolen oder das Zeigen kriminalisierter Flaggen zurück.

Nicht immer sind es dabei Dilans eigene Handlungen, die ihr vorgeworfen werden. Als Demonstrationsanmelderin hat sie mehrfach darauf bestanden, dass die Ermittlungsverfahren gegen sie und nicht gegen ihre Mitstreiter:innen laufen. Das ist keine Notlösung, Dilan will es so. Es ist ein Teil ihrer Strategie im Umgang mit der Repression.

Wer in Deutschland eine Demonstration anmeldet, wird häufig vom Ordnungsamt und der Polizei im Vorfeld zu einem sogenannten Kooperationsgespräch gebeten, bei dem man unter anderem die zu laufende Route und die behördlichen Auflagen bespricht. Sowohl bei diesen Terminen als auch während der Demonstrationen diskutiert Dilan hartnäckig und fundiert die Vorschriften mit den Ordnungshütern. Wo es zu keiner Einigung kommt und kriminalisierte Symbole oder Parolen wie »Bijî Serok Apo« zu sehen oder zu hören sind, nimmt sie Ermittlungsverfahren nicht nur in Kauf, sondern kitzelt diese aktiv heraus. Zu den Polizeibeamt:innen sagt sie dann: »Ich halte den Kopf hin und trage die Verantwortung dafür, dass diese Flaggen heute hier gezeigt werden. Ich nehme die Anzeige in Kauf und im Gegenzug möchte ich dafür alles vor Gericht ausdiskutiert haben.«

Mit der Zeit begannen sich die Briefe wegen eingeleiteter Ermittlungsverfahren bei Dilan zu stapeln. Als sie bei der Staatsanwaltschaft nachfragte, wann es endlich zum Strafprozess kommen werde, wird ihr geschrieben, dass man die Verfahren gegen sie eingestellt und die Ausländerbehörde darüber informiert habe – obwohl sie deutsche Staatsbürgerin ist. Dilan konnte es kaum fassen. Wenn die Ausländerbehörde trotz ihres deutschen Passes und folglich deren fehlender Zuständigkeit hinzugezogen wurde, um gegebenenfalls aufenthaltsrechtliche Maßnahmen zu ergreifen, war das ein klarer Fall von strukturellem Rassismus. Wieder schrieb Dilan der Staatsanwaltschaft, diesmal um sie über ihre eigenen Rechte als deutsche Staatsbürgerin aufzuklären und auf die Einhaltung datenschutzrechtlicher Standards zu pochen. Schließlich entschuldigte man sich bei ihr. Das Informieren der Ausländerbehörde sei kein Rassismus, sondern lediglich »ein Versehen« gewesen. Doch Dilan glaubt das nicht. Für sie steckt hinter der Repression gegen die kurdische Freiheitsbewegung und dem Anpassungszwang, um als Kurd:in akzeptiert zu werden, ein uneingestandener Rassismus der deutschen Gesellschaft.

Mit ihrer offensiven Vorgehensweise gegen Behördenwillkür möchte Dilan ein Vorbild sein. Doch sie weiß auch, dass sich nicht alle Kurd:innen ein derartiges Auftreten leisten können: Nicht überall lassen Polizei und Versammlungsbehörden derart mit sich reden wie im Saarland, nicht jeder kennt sich wie sie mit den Gesetzen aus und vor allem verfügt nicht jeder Betroffene über eine deutsche Staatsbürgerschaft. Für die andere Hälfte der Kurd:innen in Deutschland, die ohne deutschen Pass, können Ermittlungsverfahren mit weitaus drastischeren Konsequenzen verbunden sein. Der »versehentliche« Einbezug der Ausländerbehörde in ihrem Fall zeigt Dilan, dass man politisch aktiven Kurd:innen bewusst und vorsätzlich die Aufenthaltserlaubnis entziehen will. Letztlich soll die kurdische Gesellschaft in Deutschland mundtot gemacht werden.

Manchmal gelingt das auch. Wer von einer polizeilichen Hausdurchsuchung betroffen ist, wird nicht nur seines intimsten Rückzugsortes beraubt, sondern außerdem häufig in der Nachbarschaft als kriminell abgestempelt. Einige Kurd:innen lassen sich davon einschüchtern.

Dilan ist sich allerdings sicher, dass das die Ausnahme ist: »Die werden uns nicht dazu bringen, uns zu beugen.« Die meisten ziehen ihrer Meinung nach aus den Repressionserlebnissen bereits den richtigen Schluss, noch einen Schritt weiterzugehen. Trotzdem fordert sie die kurdische Community auf, mit der eigenen Kriminalisierung offensiver umzugehen. Ihr öffentlicher Umgang habe bei den Ermittlungsverfahren wie ein Schutz gewirkt und maßgeblich zu dem Entschluss der Staatsanwaltschaft beigetragen, diese einzustellen. Außerdem könne in den juristischen Auseinandersetzungen Druck aufgebaut werden, damit sich die Kriminalisierungspolitik grundlegend ändert. Obwohl etwa Anklagen nach Paragraf 129b ganz andere, drastische Konsequenzen nach sich ziehen (siehe Kapitel 6), sieht Dilan in jedem Ermittlungsverfahren zunächst eine politische Chance für die Bewegung, über die Repression in eine öffentliche Debatte zu kommen.

Vielfältiger Protest, vielfältiger Widerstand

So vielfältig wie die Repression, so vielfältig ist auch der Widerstand der kurdischen Freiheitsbewegung gegen die staatliche Kriminalisierungspolitik in Deutschland. Auf etliche Aspekte können wir in diesem Buch deshalb lediglich exemplarisch eingehen. Im Gegensatz zu 1993, der Geburtsstunde des PKK-Verbots, hat sich der Widerstand heute nicht nur diversifiziert, sondern auch professionalisiert.

Die ursprünglichste Form des Protests – Demonstrationen auf der Straße – nutzt die kurdische Freiheitsbewegung schon von jeher. Seit geraumer Zeit findet zu jedem Jahrestag des PKK-Verbots eine Demonstration in Berlin statt, bei der Tausende Kurd:innen gemeinsam mit solidarischen Unterstützer:innen dessen Abschaffung fordern.

Proteste entzünden sich immer wieder auch aufgrund von geplanten oder durchgeführten Abschiebungen von Kurd:innen. Mehrfach konnten diese durch öffentlichen Druck bereits abgewandt oder zumindest verzögert werden, so etwa im Fall Heybet Şeners. Am 2. Februar 2022 wurde der damals 31-jährige Kurde bei einem Besuch des Landratsamts Erding überraschend festgenommen. Eigentlich wollte er seine asylrechtliche Duldung in Deutschland verlängern, doch die Behörde lehnte dies ab. Man behauptete, in der Türkei bestehen rechtsstaatliche Standards – vor dem Hintergrund, dass Şener selbst dort gefoltert worden war, eine zynische Begründung. Zwei Tage später sollte die Abschiebung bereits stattfinden. Proteste aus Politik, Zivilgesellschaft, Kirchen und Flüchtlingsorganisationen führten jedoch schließlich dazu, dass diese kurzfristig verhindert werden konnte.

Şener hatte 2018 aufgrund einer Verurteilung zu acht Jahren Haft wegen Terrorvorwürfen aus der Türkei fliehen müssen. Weitere Verfahren, unter anderem wegen angeblicher Präsidentenbeleidigung, waren gegen ihn anhängig. Trotz der verhinderten Abschiebung befand er sich jedoch nicht in Sicherheit: Obwohl über eine Petition zu seinem Verbleib in Deutschland noch entschieden werden musste und sein Anwalt Klage wegen Ablehnung seines Asylantrags eingereicht hatte, ordnete das Landratsamt anderthalb Monate später erneut die Abschiebung an. Seine Unterstützer:innen erklärten deshalb, dass es sich dabei um eine politisch motivierte Auslieferung an den Folterstaat Türkei handle. Um dieser zu entgehen, musste Şener untertauchen.

Auch mittels gezielter Kampagnen werden das PKK-Verbot und Deutschlands Beteiligung am Krieg gegen die Befreiungsorganisation und an der Unterdrückung der kurdischen Bevölkerung angegriffen: »Tatort Kurdistan«, eines der erfolgreichsten Beispiele der letzten Jahre, markiert Orte wie etwa Waffenfabriken, die hierfür von entscheidender Bedeutung sind. Mit Protesten, Broschüren und Konferenzen hat die Kampagne seit 2009 immer wieder die Verantwortung der Bundesrepublik für den Krieg und den Staatsterrorismus in Kurdistan deutlich gemacht. Die kurdische Freiheitsbewegung ist damit ein wichtiger Teil des Aktivismus gegen deutsche Waffenexporte, die in der ganzen Welt den Tod bringen. Zum 20. Jahrestag des PKK-Betätigungsverbots veranstaltete »Tatort Kurdistan« eine Großdemonstration in Berlin mit bis zu 20 000 Teilnehmer:innen. Die militanten Protestformen der 1990er-Jahre hat die kurdische Freiheitsbewegung schon lange hinter sich gelassen. Lediglich auf gewaltfreie Formen des zivilen Ungehorsams wie etwa symbolische Besetzungen greift sie heute noch zurück.

Zudem formiert sich häufig internationaler Widerspruch zur Repression gegen die kurdische Freiheitsbewegung. Ein Beispiel hierfür ist die 2021 initiierte Kampagne »Justice for Kurds« zur Streichung der PKK von der EU-Terrorliste, die von zahlreichen prominenten Persönlichkeiten aus Politik, Justiz, Kultur und Wissenschaft unterstützt wurde. Darunter befinden sich beispielsweise der ehemalige griechische Finanzminister Yanis Varoufakis, der slowenische Philosoph Slavoj Žižek, die österreichische Literaturnobelpreisträgerin Elfriede Jelinek, der ehemalige UN-Sonderberichterstatter für das Recht auf Nahrung, Jean Ziegler, sowie der ehemalige Präsident der verfassungsgebenden Versammlung und Energieminister Ecuadors, Alberto Acosta Espinosa. Im Rahmen der Kampagne wurden in zahlreichen Städten Europas Unterschriften gesammelt.

Bei Verboten öffentlicher Veranstaltungen findet die kurdische Freiheitsbewegung regelmäßig neue Wege, um diese zu umgehen. Als etwa im November 2019 der 4. Kongress des Dachverbands kurdischer Vereine in Europa (KCDK-E) am Vortag von der Kölner Polizei untersagt wurde und die vorgesehenen Räumlichkeiten in Folge nicht zugänglich waren, ließ der KCDK-E die Veranstaltung kurzerhand unter freiem Himmel stattfinden. Dank eines ähnlichen organisatorischen Geschicks konnte auch die 4. Konferenz des »Network for an Alternative Quest« im April 2023 stattfinden (siehe Kapitel 1). Diese Flexibilität ist nicht zuletzt auf ein breites Netzwerk an Unterstützer:innen zurückzuführen.

Insbesondere an ihrer Medienarbeit zeigt sich die Professionalisierung der kurdischen Freiheitsbewegung. Ihre politischen Belange, aber auch der Protest gegen Repression haben im Kurdischen Zentrum für Öffentlichkeitsarbeit, Civaka Azad, ein Sprachrohr gefunden. Neben klassischer Medienarbeit wie der Herausgabe von Pressemitteilungen, der Vermittlung von Referent:innen oder Hintergrundgesprächen mit Journalist:innen veröffentlicht die Organisation regelmäßig wissenschaftliche Dossiers zur Situation in Kurdistan und der Diaspora. Außerdem existiert mit der internationalen Nachrichtenagentur Firat News Agency (ANF), Zeitungen wie *Yeni Özgür Politika* oder dem Online-TV-Magazin Çira Fokus eine große Vielfalt an Medien, welche die Anliegen der Bewegung immer wieder – auch in deutscher Sprache – thematisieren.

Um gegenüber der Repression widerstandsfähiger zu sein, ist die kurdische Freiheitsbewegung dezentral strukturiert. Aus den Verboten bundesweiter Vereine, Organisationen und Medien hat man zudem vielfach den Schluss gezogen, sich stärker lokal in der Gesellschaft zu verankern. In der Geschichte der Bewegung in Deutschland zeigt sich häufig: Wird eine Gruppierung zerschlagen, bildet sich schon bald eine neue, welche dieselben oder ähnliche Funktionen übernimmt. Auch konnten etliche Verbote erfolgreich auf dem Rechtsweg gekippt werden. All dies verdeutlicht: Eine derartig vielfältige und kreative Bewegung lässt sich nicht einfach verbieten – sie gehört zu Deutschland und ist gekommen, um zu bleiben.

Den Misserfolg der staatlichen Repression offenbaren Zahlen des deutschen Inlandsgeheimdienstes. Laut Verfassungsschutzbericht gab es 2010 noch 11500 PKK-Anhänger:innen in Deutschland, 2017 schon 14500. Seitdem wird die Zahl jährlich angegeben. Diese Angaben sind natürlich hochgradig diskutabel und folgen nicht nachvollziehbaren politischen Erwägungen des Verfassungsschutzes. Nie sollte man sie für bare Münze nehmen – der tatsächliche Sympathisant:innenkreis ist um ein Vielfaches größer. Nichtsdestotrotz zeichnet sich über die Jahre eine deutliche Tendenz ab: Die Repression senkt die Zahl der Menschen, die sich mit der PKK identifizieren, nicht – sondern das Gegenteil ist der Fall.

Selbst echte oder vermeintliche PKK-Kader, die nach Paragraf 129a und 129b angeklagt werden und mehrere Jahre unter harten Bedingungen ins Gefängnis müssen, lassen sich nicht brechen. Die Erfahrung zeigt, dass sie mit wenigen Ausnahmen auf die ein oder andere Weise in der kurdischen Freiheitsbewegung aktiv bleiben.

Wir hatten es eingangs bereits erwähnt: Der Untertitel des Buches »Wie die kurdische Diaspora in Deutschland mundtot gemacht wird« ist, wie es zugespitzte Titel so an sich haben, nicht ganz korrekt. Denn die kurdische Diaspora lässt sich trotz aller Versuche nicht mundtot machen. Wer schon als Kind mit Repression und dem Widerstand dagegen aufgewachsen ist, der lässt sich durch das PKK-Verbot auch im Erwachsenenalter nicht einschüchtern. Für diese Menschen ist in den Worten Dilan Akdoğans »Widerstand gegen Unterdrückung zur eigenen Lebensweise geworden«. Mit ihrer Haltung steht sie nicht allein da: Eine der am weitesten verbreiteten Parolen der kurdischen Freiheitsbewegung lautet nicht umsonst: »Berxwedan Jîyan e« (dt.: »Widerstand heißt Leben«). Dilan drückt es so aus: »Kurdisch sein bedeutet widerständig sein.«

Repression soll nie bloß einschüchtern, sondern immer auch isolieren. Der wachsende Kreis von Menschen, welche die Ideen der kurdischen Freiheitsbewegung diskutieren, zeigt aber, dass dies nicht gelingt. Solidarität nimmt vielfältige Formen an, doch am wichtigsten ist sie in der Not. In diesen Situationen hilft der Rechtshilfefonds für Kurd:innen und Kurden in Deutschland – AZADÎ.

Praktizierte Solidarität: Der Verein AZADÎ entsteht

Die kurdischen Gefangenen aus dem Düsseldorfer Prozess Anfang der 1990er-Jahre wandten sich einst mit einer gemeinsamen Erklärung an die westdeutsche Linke:

> »Die heutzutage in der Welt stattfindenden Kämpfe um Befreiung und Demokratie und natürlich auch der Befreiungskampf in Kurdistan benötigen eine aktivere internationale Solidarität. Schweigen ermutigt den Staatsterror. Aber die Solidarität, die den Widerstand, den die Völker aus ihrer eigenen Kraft führen, ergänzt, drängt unterdrückerische, kolonialistische und rassistische Regime in wichtigen Bereichen zurück.«

Diese Aufforderung, nicht zu schweigen, wurde gehört. In der Tradition der Solidarität mit internationalen Befreiungskämpfen gründete sich im Juni 1994 die Informationsstelle Kurdistan (ISKU). Ihre Arbeit war mit dem PKK-Betätigungsverbot unverzichtbar geworden. Ihr Ziel bestand darin, authentisch über die Situation in Kurdistan, die Hintergründe des türkisch-kurdischen Konflikts, die deutschen Interessen sowie über die Repression in der Bundesrepublik zu berichten.

Als sich die Kriminalisierung der politisch aktiven Kurd:innen weiter zuspitzte, wurde im November 1994 innerhalb der ISKU ein Rechtshilfefonds eingerichtet. Den zuvor veröffentlichten »Aufruf zur Solidarität mit den kriminalisierten Kurden und Kurdinnen in der BRD« hatten über 30 Individuen und Gruppen unterzeichnet. Zunehmend dominierten aber Abwehrkämpfe die Solidaritätsarbeit.

So verfügte etwa im November 1995 das Bundesinnenministerium die Überprüfung eines Verbots der ISKU, wegen des Verdachts, dass es sich bei ihr um eine Nachfolgeorganisation des verbotenen Kurdistan-Komitees Köln handle. Die Polizei rückte an, drang in das Bonner Büro ein, beschlagnahmte sämtliche Ordner, das Telefon, das Faxgerät, den Computer und schließlich auch die Barkasse. Zwei Monate später erhielt die Infostelle eine Mitteilung, dass sich der Verdacht nicht bestätigt habe und alle konfiszierten Gegenstände abgeholt werden können.

Das Ausmaß der staatlichen Angriffe – Vereins- und Wohnungsrazzien, Verbote von Demonstrationen und Veranstaltungen, Verhaftungen, Prozesse bis hin zu Abschiebungen –, mit denen Kurd:innen täglich konfrontiert waren, überlastete die Kurdistan-Solidaritätsgruppen. Die Frage nach einer effektiven Antirepressionsarbeit drängte sich auf. Neben den Solidaritätskomitees beteiligten sich auch antifaschistische und antiimperialistische Vereinigungen, linke Aktivist:innen, die Initiative für die Freiheit aller politischen Gefangenen Libertad sowie die Rote Hilfe. Letztere sah sich zwar damit überfordert, diese umfängliche Unterstützungsarbeit für Kurd:innen zusätzlich zu ihrem Tagesgeschäft zu übernehmen, sollte aber künftigen Bestrebungen als Vorbild dienen. Um mögliche staatliche Repressionen auszuschließen, fanden diese bundesweiten Treffen ohne kurdische Beteiligung statt.

Trotz politischer Differenzen wollten alle Teilnehmenden Verantwortung übernehmen für das, was der deutsche Staat den hier lebenden Kurd:innen aus purem politischen Kalkül antat. Die Idee, einen Antirepressionsverein zu gründen mit einer eigenen, von der kurdischen Bewegung unabhängigen Struktur, hatte sich verfestigt. Aufgrund einer Reihe hauptsächlich bürokratischer Hürden und Probleme konnte Azadî erst im April 1996 seine Arbeit aufnehmen – zunächst in Bonn, später in Köln, dann in Düsseldorf und seit 2012 wieder in Köln. Menschenrechtsanwält:innen und Bürgerrechtsorganisationen unterstützten die Vereinsgründung.

Seit nunmehr 27 Jahren leistet der Verein Aufklärungs-, Informations- und Unterstützungsarbeit, berät Betroffene, übernimmt voll oder teilweise anwaltliche Gebühren in Strafverfahren, vermittelt bundesweit Verteidiger:innen und arbeitet an der internationalen Vernetzung mit dem Thema betrauter Jurist:innen. Im Rahmen seiner Aufklärungsarbeit dokumentiert er zudem Repressionsfälle, publiziert regelmäßig Newsletter und Broschüren, ist Ansprechpartner für Journalist:innen und organisiert eigene Konferenzen.

Mit dem Recht in die Offensive

Inzwischen wollen Dilan Akdoğan und viele andere in der kurdischen Freiheitsbewegung einen Schritt weiter gehen. Am 11. Mai 2022 haben deshalb die Anwälte Dr. Lukas Theune und Dr. Peer Stolle beim Bundesinnenministerium den Antrag auf Aufhebung des PKK-Betätigungsverbots eingereicht. Darin argumentieren sie, dass dieses überholt sei und dass die Gründe, die einst zu dessen Einführung angeführt wurden, keine Grundlage mehr besitzen. Weder stelle die PKK eine Bedrohung für die innere Sicherheit Deutschlands dar noch gefährde sie die Völkerverständigung. Dem Antrag waren zwei wissenschaftliche Gutachten über die Geschichte und Entwicklung der Organisation sowie ein Rechtsgutachten beigefügt.

Das Diplomatiekomitee der PKK rief sieben Tage später die Bundesregierung dazu auf, das deutsch-kurdische Verhältnis auf null zu setzen und eine eigenständige »Kurdenpolitik« zu entwickeln. Mit der Türkei möge sie ihre Beziehungen auf eine Weise führen, dass sie zu einem Ende des Krieges zwischen dem türkischen Staat und der PKK sowie einer Demokratisierung des Landes beiträgt. Auch betonte sie die fortgesetzte Bereitschaft der Partei zum Dialog (vgl. Diplomatiekomitee der Arbeiterpartei Kurdistans 2022).

Daran, dass der Antrag auf Aufhebung des PKK-Betätigungsverbots überhaupt erst ins Rollen kam, hatte der Verein für Demokratie und Internationales Recht (MAF-DAD), bei dem Dilan mitarbeitet, einen wesentlichen Anteil. Auch in diesem Schritt sieht die junge Frau vor allem eine Chance, die deutsche Öffentlichkeit zu erreichen. Zudem soll gezeigt werden, dass die kurdische Freiheitsbewegung inzwischen so professionalisiert ist, dass sie nicht mehr alles mit sich machen lässt. Die Kurd:innen von heute sind für Dilan nicht mehr die »alten Kurd:innen«. Jetzt wissen sie sich zu wehren.

Das Bundesinnenministerium reagierte auf den Antrag lange Zeit gar nicht und verweigerte jegliche Kommunikation mit den Anwälten. Die gesetzliche Frist von sechs Monaten, innerhalb derer es eigentlich hätte reagieren müssen, ließ es verstreichen. Über ein Jahr wurden die Anwälte hingehalten. Inwieweit dies bewusste Strategie oder ein Zeichen von Unsicherheit darüber ist, wie man mit diesem neuen Schritt der kurdischen Freiheitsbewegung umgehen soll, darüber lässt sich nur spekulieren.

Der Antrag auf Aufhebung des PKK-Betätigungsverbots ist letztlich ein juristisches Instrument, um eine politische Kurskorrektur zu befördern. Denn der bisherige Widerstand hat gezeigt, dass sich zwar rechtlich immer wieder punktuelle Erfolge gegen die Verbotspolitik erzielen lassen, diese jedoch stets vor allem dann gelingen, wenn zuvor ein breiter gesellschaftlicher Druck für ein Ende oder zumindest eine Lockerung der Repression aufgebaut werden konnte. Das PKK-Verbot – egal ob in Deutschland oder auf europäischer Ebene – ist letztlich eine politische Entscheidung und deshalb kann ihm auch nur politisch ein Ende gesetzt werden.

15 Ein deutsches Demokratiedefizit

Am Ende dieses Buches wollen wir an drei Personen, über die wir bereits geschrieben haben, erinnern. Da ist die Geschichte von Muzaffer Ayata, der nach dem Militärputsch von 1980 in der Türkei über 20 Jahre in Haft saß, schwer gefoltert und nach seiner Entlassung mit einem lebenslangen Politikverbot belegt wurde. Als Geflüchteter in Deutschland lehnte man seinen Asylantrag zunächst als »offensichtlich unbegründet« ab. Schließlich betätigte er sich hierzulande als Politiker der prokurdischen HADEP. Doch dafür klagte ihn der deutsche Staat an und verurteilte ihn wegen »Terrorismus« zu dreieinhalb Jahren Haft.

Dann ist da die Geschichte von Halim Dener, des unbegleiteten, minderjährigen Flüchtlings, der 1994 Plakate der ein Jahr zuvor verbotenen ERNK in Hannover klebte. Als eine Streife von SEK-Beamten ihn dabei erwischte, versuchte er zu fliehen. Man schoss ihm in den Rücken und er starb. Der Todesschütze wurde freigesprochen. Niemand übernahm Verantwortung für seinen Tod.

Schließlich ist da die Geschichte von Ali Kaya, der als Arbeiterkind aus der Türkei gekommen war und später in Deutschland den Mezopotamien Verlag leitete. Sein Verlag, der die kurdische Kultur der Welt und die Welt den Kurd:innen näherbringen wollte, wurde verboten. Von der öffentlichen Diskussion waren die von ihm herausgegebenen kurdischen Autor:innen damit ausgeschlossen. Statt zur Völkerverständigung beizutragen, verstauben die Bücher des Verlags heute im Keller einer deutschen Behörde.

An diesen drei Biografien verdichtet sich exemplarisch der Titel des vorliegenden Bandes: »Geflohen. Verboten. Ausgeschlossen.«

Ali Kaya beschreibt den Umgang des deutschen Staates mit den Kurd:innen wie folgt:

> »Was ich am deutschen Grundgesetz so mag, ist, dass es mit den Freiheitsrechten beginnt. Aber das Grundgesetz wird hierzulande – so wie auch in der Türkei die Verfassung – nicht auf die Kurd:innen angewandt. Kurd:innen stellen hier eine Gruppe dar, die außerhalb des Grundgesetzes steht. Das ist schon fast eine Freund-Feind-Unterscheidung. Gegen Kurd:innen wird Spezialrecht genutzt. Deutschland übermittelt den Kurd:innen hierzulande ständig folgende Nachricht: ›Ihr steht außerhalb des Grundgesetzes. Im Grundgesetz ist die Meinungsfreiheit gewährleistet, das gilt aber nicht für euch. Es ist die Organisationsfreiheit gewährleistet, aber nicht für euch.‹«

Der Ausschluss von der Meinungs- und Organisationsfreiheit sind harte Vorwürfe. Doch wie soll man es sonst bezeichnen, wenn Aktivismus für die wichtigste Kraft kurdischer Selbstorganisierung mit der Gefahr von Bußgeldern, Haftstrafen und schlimmstenfalls Abschiebungen verbunden ist?

Die PKK ist keine Terrororganisation

Um Kurd:innen von den Grundrechten auszuschließen und die Sonderjustiz gegen die kurdische Freiheitsbewegung rechtsstaatlich erscheinen zu lassen, haben deutsche Politiker:innen und Jurist:innen einen großen Aufwand betrieben. Neue Gesetze wurden geschaffen, Verbotsverfügungen erlassen und die Bevölkerung zum Glauben verleitet, dass von organisierten Kurd:innen in Deutschland eine große Gefahr ausgehe – eine Position, die schon immer falsch war, aber für die spätestens seit der Proklamation eines bedingungslosen Gewaltverzichts Abdullah Öcalans im Jahr 1997 jegliche Anhaltspunkte fehlen.

An dem Umstand, dass sich das Hirngespinst von der terroristischen PKK dennoch bis heute hält, hat auch die vierte Gewalt in diesem Staat, Medien und Journalist:innen, ihren Anteil. Anstatt eine eigenständige Perspektive auf die drittgrößte Bevölkerungsgruppe mit Migrationsgeschichte in Deutschland und ihre politischen Organisationen zu entwickeln, ist ihre Berichterstattung in den letzten drei Jahrzehnten stets den allgemeinen politischen Konjunkturen gefolgt: Als das PKK-Betätigungsverbot erlassen wurde, waren Journalist:innen hierzulande bemüßigt, hauptsächlich über die angebliche Gefahr, die von der kurdischen Befreiungsorganisation ausgehe, zu schreiben. Als 2013 der öffentliche Friedensprozess zwischen dem türkischen Staat und der PKK einsetzte, stellte man diese Sichtweise wieder infrage. Nachdem die Türkei die Verhandlungen abgebrochen hatte und sich die Repression auch in Deutschland verschärfte, beleuchteten Journalist:innen den plötzlichen Politikwechsel nicht etwa kritisch, sondern zogen es meist vor, darüber zu schweigen oder die Sichtweise des NATO-Partners wiederzugeben.

Wenn »die Kurd:innen« nicht zu ignorieren waren, sprachen sie in der Regel mit Vertreter:innen der staatsnahen Kurdischen Gemeinde Deutschlands statt mit Aktivist:innen der kurdischen Freiheitsbewegung. Deren Medien, wie etwa die Nachrichtenagentur ANF, ignorierte man komplett. Wo aber lediglich Konjunkturen nachvollzogen werden, ohne eine eigene Perspektive zu entwickeln, scheitert die vierte Gewalt in ihrer Funktion, die Politik zu kontrollieren und kritisch zu begleiten. In Bezug auf die kurdische Freiheitsbewegung hat der deutsche Journalismus vielfach versagt.

Egal ob für Politik, Justiz oder Medien: Die entscheidende Behauptung, um die Sonderbehandlung von Kurd:innen zu rechtfertigen, war und ist stets der Terrorismusvorwurf gegen die PKK. Wer mit dieser in Verbindung stehe, mit ihr sympathisiere oder weltanschauliche Grundlagen teile, gilt den deutschen Behörden, wenn nicht schon als Terrorist, dann doch zumindest als verdächtig.

Nur durch den Terrorismusvorwurf ist es möglich, dass sich die Staaten des Westens als Vorzeigeländer für Demokratie und Menschenrechte darstellen können, aber gleichzeitig eine repressive Politik gegen die kurdische Freiheitsbewegung betreiben. Wer erst einmal auf diese Weise gebrandmarkt wird, dessen rechtsstaatlich fragwürdige Verfolgung gilt sodann als legitim. Der Zweck des Terrorismusvorwurfs besteht darin, Zustimmung für Repressalien zu generieren, die ansonsten niemals akzeptiert würden.

Doch die PKK ist keine Terror-, sondern eine Befreiungsorganisation. Ihre Aktivitäten in der Türkei sind die Konsequenz einer Unterdrückung der kurdischen Bevölkerung, die mindestens so alt ist wie die Geschichte der 1923 gegründeten türkischen Republik. Kurd:innen mussten in ihrer Heimat politische Verfolgung, Staatsterrorismus und Genozid erleiden. Die Entstehung eines organisierten kurdischen Widerstands und schließlich der PKK ist vor dem Hintergrund dieser Geschichte nur logisch.

Die PKK hatte sich spätestens Anfang der 1990er-Jahre, als in Deutschland das Betätigungsverbot gegen sie erlassen wurde, zu einer sehr breit im kurdischen Volk verankerten Bewegung entwickelt. Schon damals war sie keine Terrororganisation, doch mit dem Paradigmenwechsel Anfang der 2000er-Jahre ist die Völkerverständigung endgültig in den Mittelpunkt ihrer Politik gerückt. In der Strategie der kurdischen Freiheitsbewegung stellt der bewaffnete Kampf in Kurdistan hingegen nur einen Baustein dar.

Doch weder diese Entwicklung noch das Urteil des belgischen Kassationshofes, mit dem höchstrichterlich festgestellt wurde, dass die PKK weder in Europa noch in der Türkei oder Kurdistan Terrorhandlungen gegen die Zivilbevölkerung begeht, hat die Bundesregierung bisher ernsthaft zur Kenntnis genommen. Auch die Europol-Berichte der letzten Jahre kamen immer wieder zu dem Schluss, dass die PKK keine gewalttätigen Handlungen auf europäischem Boden ausübt. Würde die Bundesregierung diese Fakten zur Kenntnis nehmen, müsste sie den Terrorvorwurf endlich fallen lassen.

Mit dem PKK-Betätigungsverbot von 1993 wurde aber die notwendige politische Auseinandersetzung mit der kurdischen Freiheitsbewegung durch deren justizielle Unterdrückung ersetzt. An ihr lässt sich analysieren, wozu der deutsche Staat im Umgang mit links-oppositionellen Bewegungen fähig ist. Die Repression im Falle der Kurd:innen zu untersuchen, wie es dieses Buch getan hat, bedeutet deshalb auch, etwas über den autoritären Charakter der Institutionen der Bundesrepublik zu lernen.

Der Umgang mit der kurdischen Freiheitsbewegung ist außergewöhnlich. Zugleich bietet er ein Einfallstor für weitere antidemokratische Repressalien, die sich immer zuerst gegen Minderheiten im Land richten. Ein Beispiel hierfür ist die Einschränkung der Grundrechte von Palästinenser:innen, denen man es untersagte, in Berlin ihrer eigenen

Vertreibung zu gedenken – der Nakba im Jahre 1948, die mit der gewaltsamen Gründung des israelischen Staates einhergegangen war. So wie man Bilder Abdullah Öcalans oder etliche Symbole der kurdischen Freiheitsbewegung kriminalisiert hatte, blieb es Palästinenser:innen im Mai 2022 verboten, schwarz-weiße Kufiya-Tücher im öffentlichen Raum der deutschen Hauptstadt zu tragen. Auch gegen andere Befreiungsbewegungen, so etwa die Tamil Tigers (LTTE) aus Eelam, oder türkische linke Organisationen, wie die TKP/ML oder die DHKP-C, führt der Staat das Schwert der Verfahren nach Paragraf 129b StGB. Wer hier nicht widerspricht, kann als Nächstes selbst ins Visier der Behörden geraten.

In der ursprünglichen Verbotsverfügung führte das Bundesinnenministerium 1993 fünf Argumente an: Erstens verstoße die PKK gegen Strafgesetze; zweitens gefährde sie die innere Sicherheit; drittens stelle sie ein Risiko für die öffentliche Ordnung dar; viertens handle sie dem »Gedanken der Völkerverständigung« zuwider und fünftens bedrohe sie »sonstige erhebliche Belange der Bundesrepublik Deutschland«. All diese Punkte waren 1993 bereits irreführend. Doch heute fehlen jegliche Ansatzpunkte, auf die sich eine Argumentation einst gestützt hatte. Der bloße Versuch einer Begründung ist absurd geworden. Es lohnt sich, darauf im Einzelnen einzugehen:

1. Straftaten vergleichbar mit denjenigen im Zuge der militanten Protestformen der 1990er-Jahre (siehe Kapitel 5) haben die PKK und die kurdische Freiheitsbewegung seit über 25 Jahren nicht mehr begangen. Heutzutage werden kurdische Aktivist:innen strafrechtlich verfolgt, weil die Behörden eigentlich legale politische Aktivitäten kriminalisieren. Beim Sammeln von Spenden, dem Organisieren von Protesten oder der Kontaktpflege zu Mitstreiter:innen handelt es sich um die Ausübung politischer Grundrechte. Diese werden im Zuge der Repressionspolitik zu terroristischen Handlungen umdefiniert und deshalb als Straftaten geahndet.
2. Die Praxis der PKK in Europa besteht in einer politischen und nicht in einer militanten Auseinandersetzung mit anderen Akteuren. Statt Waffen lässt sie Worte sprechen. Tatsächlich die innere Sicherheit in Deutschland gefährden seit Jahrzehnten die türkischen

»Grauen Wölfe«, die für die Ermordung unter anderem mehrerer Kurd:innen verantwortlich sind. Auch der MİT, der bereits mehrfach Menschen in Europa hat ermorden oder in die Türkei verschleppen lassen und Oppositionelle nahezu routinemäßig eingeschüchtert, stellt ein gewichtiges Risiko für die innere Sicherheit dar.

3. Nicht die PKK bedroht die öffentliche Ordnung, sondern die Aussetzung von Grundrechten für einen Großteil der kurdischen Bevölkerung hierzulande. Eigentlich bildet die allseitige Achtung dieser Rechte eine notwendige Bedingung für ein friedliches Zusammenleben. Wo aber ein sich als demokratisch bezeichnender Staat die Grundrechte einzelner Gruppen mit autoritären Mitteln ignoriert, wird er zum eigentlichen Gefährder der öffentlichen Ordnung. Die Erfahrung lehrt, dass sich diese Maßnahmen jederzeit auf andere Gruppen ausweiten lassen. Damit sind sie ein Einfallstor für die Erosion des Rechtsstaates.
4. Nie hat sich die PKK gegen andere Völker, sondern stets gegen die Politik repressiver Staaten gewandt. Insbesondere in der Newroz-Friedensbotschaft von 2013 fand ihr Vorsitzender Öcalan die klarsten nur denkbaren Worte im Sinne der Völkerverständigung. Der Einsatz für Versöhnung und Geschwisterlichkeit der Völker sowie die Forderung nach einer grundlegend demokratischen Politik wurden dabei vom türkischen Staat zunächst mit Scheinverhandlungen und später mit Massenverhaftungen bedacht. Später überzog er kurdische Siedlungsgebiete mit Krieg. Doch nicht nur die Türkei, sondern auch der deutsche Staat wandte sich aktiv gegen die Völkerverständigung, als er kurdische Politiker:innen und Aktivist:innen verhaften und als Terrorunterstützer:innen verurteilen ließ.
   Der ernsthafte Wille der PKK zu einem friedlichen Miteinander, unabhängig von Ethnie oder Religion, zeigt sich beispielsweise in Rojava, wo die Prinzipien der kurdischen Freiheitsbewegung in die Praxis umgesetzt werden. Teil dieses emanzipatorischen, multireligiösen und multiethnischen Projekts sind nicht nur Kurd:innen, sondern auch Araber:innen und viele andere Bevölkerungsgruppen, die dort friedlich zusammenleben und kooperieren.
5. Mit den »sonstigen erheblichen Belangen der Bundesrepublik Deutschland« sind in der Verbotsverfügung maßgeblich die Bezie-

hungen zur Türkei gemeint. Es stimmt, dass sich diese mit einem Ende des PKK-Verbots zunächst verschlechtern würden. Viel wichtiger aber wäre es für Deutschland, ein Ende der türkischen Expansionspolitik zu erreichen. Denn diese gefährdet nicht nur Kurd:innen, sondern destabilisiert die gesamte Region – beispielhaft zeigt sich dies an der jahrelangen Unterstützung der IS-Terrormiliz durch die Türkei. Die Bundesrepublik muss deshalb in ihrem eigenen Interesse auf einen grundsätzlichen Wandel der Politik des NATO-Partners hinwirken. Ein Ende der Kriminalisierung der PKK, einer der wichtigsten oppositionellen Kräfte gegen die herrschende türkische Politik, wäre hierfür ein wichtiger Schritt.

Die ökonomischen und demokratischen Schäden des PKK-Verbots

Doch anstatt die Chancen, die eine Aufhebung des PKK-Verbots mit sich bringen würde, zu nutzen, betreibt der deutsche Staat einen gewaltigen Aufwand, um die kurdische Freiheitsbewegung zu marginalisieren und zu kriminalisieren. Die Masse der Aktivist:innen ist mit Ermittlungsverfahren wegen Verstößen gegen das Vereinsgesetz konfrontiert – etwa weil sie eine Flagge oder ein T-Shirt mit kriminalisierter Symbolik getragen haben. Die vermeintlichen oder tatsächlichen PKK-Kader sehen sich wiederum einem der schärfsten Schwerter der deutschen Strafjustiz ausgesetzt: Anklagen wegen Mitgliedschaft in einer terroristischen Vereinigung im Ausland nach den Paragrafen 129a und 129b StGB. Statt Bußgeldern sind hier Haftstrafen die unmittelbare Folge. Selbst nach der Entlassung werden die verurteilten Kader mit extremen Auflagen konfrontiert, die es ihnen unmöglich machen, sich weiter politisch zu engagieren oder auch nur einem geregelten Leben nachzugehen. Sie sind zwar nicht mehr in Haft, aber deshalb noch lange nicht auf freiem Fuß.

Zu Verurteilungen nach Paragraf 129a und 129b StGB kam es bisher fast ausschließlich bei hochrangigen Funktionär:innen der Bewegung. Mit dem Urteil des Bundesgerichtshofes von 2010 ist jedoch eine Ausweitung der Verfolgung auch auf »sonstige Angehörige« jederzeit rechtlich gedeckt. Diese Gefahr schwebt wie ein Damoklesschwert über der Bewegung und ihren Anhänger:innen. Seit Generalbundesanwalt Dr. Peter Frank im Juli 2022 im Rahmen eines Türkei-Besuches offiziell von Staatspräsident Erdoğan empfangen wurde, hat sich die Strafverfolgung in Deutschland merklich verschärft. Dass die beiden überhaupt miteinander reden, ist irritierend: Denn Dr. Frank ist eben kein Politiker, sondern ein politischer Beamter, der dem Bundesjustizminister untersteht. Seit dieser Reise werden vermehrt auch Ermittlungsverfahren nach Paragraf 129a und 129b StGB gegen derzeitige oder ehemalige Vorsitzende kurdischer Vereine eingeleitet.

Obwohl sie unmittelbar »nur« eine Gefahr für Aktivist:innen ohne deutschen Pass darstellen, wirken vor allem aufenthaltsrechtliche Maßnahmen wie Verweigerungen von Einbürgerungen oder Asylanerkennungen, Ausweisungen oder Abschiebungen massiv einschüchternd. Insbesondere letztere reißen die Betroffenen nicht nur aus etablierten sozialen Zusammenhängen – teilweise der eigenen Familie –, sondern sind zudem immer mit der Gefahr von Folter oder Tod verbunden.

Eine Statistik über die ökonomischen Kosten der Polizeieinsätze, juristischen Verfahren, erteilten Arbeitsverbote und Gefängnisaufenthalte können wir nicht erstellen. Klar ist aber, dass sich die Zahlen in Millionenhöhe bewegen müssten. Anhand eines Beispiels lässt sich zumindest die Größenordnung erahnen: Aus Kostenbescheiden zu Verfahren nach Paragraf 129b StGB ist bekannt, dass nur ein einziger derartiger Gerichtsprozess etwa 350 000 Euro kosten kann. Jährlich werden mehr als ein Dutzend solcher Verhandlungen geführt. Daraus folgt konservativ geschätzt ein jährlicher finanzieller Aufwand von über drei Millionen Euro, nur um vermeintlichen PKK-Kadern den Prozess zu machen. Werden diese verurteilt, kommen Gefängnisaufenthalte von im Schnitt etwa drei Jahren dazu. Die durchschnittlichen Kosten für einen Tag in Haft variieren je nach Bundesland; in Nordrhein-Westfalen betrugen sie im Jahr 2021 genau 178,91 Euro. Bei drei Jahren Haft ergeben sich entsprechend Kosten von grob 200 000 Euro. Insgesamt muss der deutsche Staat für jeden einzelnen verurteilten PKK-Kader damit mehr als eine halbe Million Euro aufbringen – unmöglich, dass die Betroffenen solche Summen bezahlen können. Deshalb bleibt es den Steuerzahler:innen vorbehalten.

Der Aufwand für die vielen weiteren Verfahren nach dem Aufenthalts- und Vereinsgesetz, Überwachungsmaßnahmen, Razzien und sonstige Polizeieinsätze sind dabei nicht eingerechnet. Bei all dem handelt es sich um ständig wiederkehrende Kosten einer inzwischen seit drei Jahrzehnten fortdauernden Politik. Der Kriminalisierungsaufwand fällt zudem in eine Zeit, in der die Gerichte allerorten angesichts der vielen zu bewältigenden Verfahren wegen Überlastung klagen.

All das könnte morgen vorbei sein. Etliche Millionen Euro stünden stattdessen für sinnvolle Projekte wie etwa die Sanierung maroder Schulen und Bahntrassen zur Verfügung.

Viel dramatischer als die Kosten fallen in unseren Augen allerdings die demokratischen Schäden ins Gewicht, die das PKK-Verbot anrichtet. Hunderttausende Menschen in diesem Land werden in ihren demokratischen Grundrechten massiv eingeschränkt. Manche von ihnen unterliegen wie die verurteilten Kader sogar einem Politikverbot.

Auch wenn ein nicht geringer Teil der Kurd:innen trotz all der Zumutungen widerständig bleibt, lassen sich viele einschüchtern. Ihre Positionen und Anliegen, die eigentlich Teil der öffentlichen Debatte und des demokratischen Prozesses sein müssten, werden ausgeschlossen. Die Kriminalisierung ist deshalb nicht nur eine Angelegenheit der Kurd:innen, sondern ein Skandal für alle, denen unsere Grundrechte etwas bedeuten. Die Repression gegen die kurdische Freiheitsbewegung ist ein deutsches Demokratiedefizit.

Repression ist immer dann erfolgreich, wenn es ihr gelingt, die Betroffenen gesellschaftlich zu isolieren. An Sie, die Leser:innen dieses Buches, und die deutsche Öffentlichkeit richten wir den Appell, die Kurd:innen nicht alleinzulassen. Wo der Staat versagt, die ausgestreckte Hand der kurdischen Freiheitsbewegung zur Völkerverständigung zu ergreifen, muss die Gesellschaft dies tun. Suchen Sie daher den politischen und kulturellen Austausch, zum Beispiel in kurdischen Vereinen – insbesondere, wenn diese von Razzien betroffen sind oder politisch motivierte Ermittlungsverfahren gegen die Vereinsvorsitzenden laufen. Mit Ihrer Solidarität können Sie zum Scheitern der staatlichen Repression beitragen.

Die Chancen der Entkriminalisierung

30 Jahre PKK-Verbot haben offensichtlich gemacht, dass sich die kurdische Frage auch hierzulande nicht durch Kriminalisierung lösen lässt. Die Freiheitsbewegung ist eine Realität, die eine politische Antwort verlangt. Schwierig sollte dies eigentlich nicht sein, denn hierfür müsste man erst einmal nur den Dialog mit ihr suchen. Die Bundesregierung könnte damit beweisen, dass sie im Gegensatz zum türkischen Staat in der Lage ist, ernsthafte Verhandlungen für eine politische Lösung der Konflikte zu führen. Bislang gibt es allerdings weit und breit keinerlei Vorschläge, Konzepte oder Strategien.

Die Entkriminalisierung der PKK und der kurdischen Freiheitsbewegung könnte im Kleinen beginnen. Ein erster wichtiger Schritt wäre ein allgemeiner konsequenter Auslieferungs- und Abschiebestopp in die Türkei. Damit würde zumindest die existenzielle Bedrohung, die mit der Repression in Deutschland verbunden ist, erheblich reduziert. Als Nächstes müsste der staatliche Verfolgungseifer gegen die kurdische Freiheitsbewegung eingeschränkt werden. Die öffentliche Zurschaustellung von PKK-Symbolik wäre dann offiziell zwar weiterhin verboten, aber die Staatsanwaltschaften immerhin angewiesen, deshalb keine Ermittlungsverfahren mehr zu eröffnen.

Zur gleichen Zeit sollte die Verfolgungsermächtigung des Bundesjustizministeriums für PKK-Kader entfallen. Bei den nach Paragraf 129b StGB verfolgten Politiker:innen handelt es sich schließlich nicht selten um die wichtigsten Dialogpartner:innen innerhalb der PKK. Auch müssten bisher verurteilte und inhaftierte Kader Amnestie erhalten und freigelassen werden. Letztlich wäre das Betätigungsverbot aufzuheben.

Doch machen wir uns keine Illusionen. Von allein wird der deutsche Staat diesen Schritt nicht gehen. Um das Ende des PKK-Verbots zu erreichen, ist daher eine starke Zivilgesellschaft vonnöten, welche die Bundesregierung zu einer fundamentalen Kursänderung bewegt. Diesen Druck zu entfalten, muss unser aller Aufgabe sein.

Hierfür darf sich die Debatte nicht nur um die Gefahren für Demokratie und Rechtsstaat, die mit dem PKK-Verbot verbunden sind, drehen. Es gilt außerdem zu betonen, was mit dessen Abschaffung zu gewinnen wäre. Die Stimme der kurdischen Freiheitsbewegung würde den demokratischen Diskurs in Deutschland bereichern, indem sie die außenpolitische Diskussion um einen weder westlichen noch staatszentrierten Blick auf den Nahen und Mittleren Osten ergänzt. Ihre Weltanschauung, in der die Befreiung aus Unterdrückung und Verfolgung eine zentrale Rolle einnimmt und mit der in Rojava – trotz aller Schwierigkeiten – bereits eine emanzipatorische Praxis entwickelt werden konnte, käme der Debatte hierzulande mehr als zugute.

Doch auch die Gesellschaft in Deutschland als solche würde von einem Dialog mit der kurdischen Freiheitsbewegung profitieren. Insbesondere seit dem Paradigmenwechsel hat diese, aufbauend auf ihren drei Grundprinzipien – Emanzipation der Frau, Basisdemokratie und grundlegender ökologischer Wandel –, Lösungen für zahlreiche Probleme entwickelt, die uns auch hierzulande herausfordern.

Die kurdische Freiheitsbewegung ist darum weitaus mehr als eine Antwort auf die kurdische Frage; sie ist zugleich der dringend notwendige Versuch, eine tragfähige zukünftige Gesellschaft jenseits von Kapitalismus und Naturzerstörung aufzubauen. Mindestens für diejenigen, die dieses Ziel teilen, muss sie deshalb ein wichtiger Dialogpartner sein, von dem es viel zu lernen gibt.

Über 40 Jahre Krieg zwischen der PKK und dem türkischen Militär haben gezeigt, dass dieser militärisch nicht zu gewinnen ist – für keine Seite. Klar ist auch: Ohne Verhandlungen mit der PKK wird es keinen Frieden in der Türkei geben. Um solche Gespräche aber ernsthaft führen zu können, muss verstanden werden, dass es sich bei der PKK nicht um eine Terrorgruppe, sondern um einen wichtigen politischen Akteur in der Region handelt. Nach einer Entkriminalisierung in Deutschland könnte die Bundesrepublik mit eigenen Vorschlägen für den Frieden glaubwürdig vorangehen.

Die bei einer Aufhebung des PKK-Verbots entstehenden politischen Gespräche wären die Chance, die türkische Regierung zu überzeugen, die PKK wie einst während des Friedensprozesses als einen ernsthaften Verhandlungspartner zu behandeln. Aufgrund der über hundert Jahre alten, engen Beziehungen zur Türkei wäre Deutschland bestens geeignet, diese heikle diplomatische Mission zu übernehmen.

Sobald die Türkei die PKK wieder als politischen Akteur behandelt, würde sich die Bundesrepublik als Gastgeber für Friedensgespräche anbieten. Statt weiterhin Waffen an die Türkei zu liefern, damit den Krieg weiter anzuheizen, ständig neue Fluchtgründe zu schaffen und zu versuchen, sich innerhalb Europas durch Aufrüstung zu einer militärischen Führungsmacht aufzuschwingen, könnte Deutschland dadurch nicht nur als Mediator zwischen den beiden Parteien, sondern allgemein als diplomatische Kraft für den Frieden in der Welt auftreten. Dieses Szenario ist sicher kein Automatismus, doch die Aufhebung des PKK-Verbots würde hierfür zumindest eine Chance eröffnen.

Klar ist: Ohne die Lösung der kurdischen Frage wird es weder eine demokratische Türkei noch eine Stabilisierung der Region geben. Frieden zwischen der PKK und dem türkischen Staat ist deshalb der wichtigste Schritt auf dem Weg zu einer Demokratisierung des Landes.

Nicht zuletzt wäre das Ende der Repression ein Signal, dass Deutschland den Schutz marginalisierter Bevölkerungsgruppen als eine Lehre aus seiner Geschichte tatsächlich ernst nimmt.

In den Gesprächen, die wir für dieses Buch geführt haben, fragten wir unsere kurdischen Gesprächspartner:innen abschließend oft, was sie sich eigentlich vom deutschen Staat wünschen würden. Immer wieder bekamen wir dabei ein Wort zu hören: Anerkennung – Anerkennung der Kurd:innen als gleichberechtigte Bürger:innen, als Dialogpartner:innen, als Teil dieser Gesellschaft. Nach 30 Jahren Grundrechtsverletzungen, Repression und Kriminalisierung wird es endlich Zeit, das PKK-Verbot abzuschaffen.

Der Kampf der Kurd:innen um die Existenz und ein freies Leben

Ein Nachwort von Duran Kalkan

Man hat mich gebeten, ein Nachwort für dieses Buch zu schreiben, das die undemokratische Unterdrückung der kurdischen Gemeinschaft in Deutschland aufdeckt und die Aspekte des »PKK-Verbots« offenlegt, die dabei eine Rolle spielen. Der Bitte komme ich gerne nach.

Zunächst einmal möchte ich zum Ausdruck bringen, dass ich es – entgegen dem Untertitel des Buches – nicht für richtig halte, Kurd:innen außerhalb Kurdistans als »Diaspora« zu bezeichnen. Zwar sind diese vielfach aus wirtschaftlichen und aus Gründen ihrer Sicherheit über die ganze Welt verstreut. Doch der größte Teil der Kurd:innen befindet sich nach wie vor in ihrem eigenen Land, in Kurdistan, und führt dort einen sehr opferreichen Kampf, um ein authentisches, kurdisches Leben in Freiheit führen zu können. Der Begriff »Diaspora« impliziert hingegen in seiner ursprünglichen Bedeutung eine Gemeinschaft, die völlig von ihrer Herkunft abgeschnitten ist und darüber hinaus jede Hoffnung auf eine Rückkehr verloren hat. Das kurdische Volk führt jedoch einen unermüdlichen Kampf, um genau das zu verhindern. Aus diesem Grund halte ich es für zutreffender, von »Kurd:innen in Deutschland« anstatt von der »kurdischen Diaspora in Deutschland« zu sprechen.

Wie aber kamen die Kurd:innen nach Deutschland? Die Antwort lautet eindeutig: wegen des an ihnen verübten Völkermords. Selbst im Falle derjenigen, die behaupten, sie seien aus »wirtschaftlichen Gründen« migriert, offenbart sich bei näherer Betrachtung eindeutig, dass die tatsächliche Ursache in der Verfolgungs- und Vernichtungspolitik des türkischen Staates liegt.

Zweifelsohne existierten in der Geschichte der Kapitalistischen Moderne Völkermorde, wie beispielsweise die Genozide in Afrika und Amerika während ihrer frühen Periode oder der Holocaust während des Faschismus. In der Geschichtswahrnehmung häufig ausgeblendet wird jedoch derjenige, der sich auf dem Gebiet des Osmanischen Reiches während und nach dem Ersten Weltkrieg abspielte. Die dabei verwendeten Praktiken, die mit den armenischen, assyrisch-aramäischen und griechischen Völkermorden begannen, setzen sich seit einem Jahrhundert als genozidale Angriffe auf die Kurd:innen fort. Diese betreffen nicht nur Leib und Leben, sondern streben auch eine subtilere Form der Auslöschung, nämlich die kulturelle, an. Man bezweckt einen kulturellen Völkermord an allem Kurdischen.

Natürlich haben die Kurd:innen die Angriffe nicht hingenommen, sondern über das ganze Jahrhundert hinweg und in allen vier Teilen Kurdistans auf lokaler und regionaler Ebene Widerstand geleistet. Die PKK entstand vor diesem Hintergrund als Selbstverteidigungsbewegung, welche die Erfahrungen des kurdischen Kampfes um Freiheit und das Existenzrecht in Vollendung verkörperte. Durch sie hat der Widerstand einen gesamtkurdischen Charakter erlangt – als legitimer Akt der Verteidigung gegen den Völkermord an der kurdischen Nation.

Je energischer die Kurd:innen kämpften, desto intensiver führten alle Staaten, die auf Kolonialismus und Genozid fußen, darunter insbesondere die Türkische Republik, ihre Angriffe gegen sie. Die Unterdrückung bewirkte schließlich, dass immer mehr Kurd:innen ihr Land verlassen und auswandern mussten. So hat sich der kurdische Freiheitskampf über die ganze Welt ausgebreitet. Überall dort, wo Kurd:innen sich nun befinden, ist auch er präsent.

Um den Widerstand in Kurdistan zu zerschlagen, verübten die unterdrückerischen Staaten grausame Massaker und schreckten selbst vor geächteten Kriegsinstrumenten wie Chemiewaffen nicht zurück. Zugleich wollten sie den kurdischen Ruf nach Freiheit auch außerhalb des Landes zum Schweigen bringen. Zu diesem Zweck wandten sie verschiedenste Methoden an, darunter Plünderungen und alle Arten von Drohungen und Erpressungen. Auf diese Weise wurde der kurdische Freiheitskampf zum Gegenstand von Verhandlungen zwischen den Staaten, welche die kurdische Frage überhaupt erst erschaffen hatten. Hinter der Unterdrückung der Kurd:innen in Deutschland und in allen anderen Ländern verbergen sich also komplexe diplomatische Interessen.

Um die kurdische Freiheitsbewegung weltweit als »terroristische Organisation« zu brandmarken, hat der türkische Staat zu zahlreichen Verschwörungen und Provokationen gegriffen und nichts unversucht gelassen. Das Attentat auf den Papst im Jahr 1981 durch den türkischen Agenten der Konterguerilla Mehmet Ali Ağca, die hartnäckigen Versuche, den Mord an Olof Palme im Februar 1986 der PKK in die Schuhe zu schieben, und der berühmte Düsseldorfer Prozess sind nur einige Beispiele dafür.

Ich hoffe, bis hierher nicht allzu viel bereits Bekanntes wiederholt zu haben. Lassen Sie mich etwas näher auf den Düsseldorfer Prozess eingehen, in dem ich einer der Angeklagten war, und darauf, wie das »PKK-Verbot« in Deutschland eingeführt wurde.

Obwohl er in der Bundesrepublik stattfand, war der Düsseldorfer Prozess ein Fall für die NATO und die Europäische Union. Sogar die Regierung der damaligen Sowjetunion hatte ihre »Zustimmung« zu diesem Verfahren gegeben. Im Juni 1985 setzte der türkische Staat seinen Krieg gegen die PKK auf die Tagesordnung der NATO – und nur ein Jahr später begannen die Geheimdienste in Europa mit der Verfolgung der kurdischen Freiheitsbewegung. Da die Türkei-Arbeitsgruppe des Militärbündnisses damals ihren Schwerpunkt in Deutschland hatte, wurde das Land mit der betreffenden Gerichtsarbeit beauftragt. Ab Februar 1988 gingen die Festnahmen los.

Ich wurde am 7. April 1988 verhaftet und saß fünf Jahre und elf Monate im Gefängnis. In dieser Zeit erhielt ich viel Unterstützung von solidarischen Teilen der deutschen Öffentlichkeit und insbesondere von demokratisch gesinnten Menschen aus Hamburg, denen ich hier meinen aufrichtigen Dank und meine Solidarität übermitteln möchte.

Letztendlich konnte das Düsseldorfer Gericht weder unsere angeblichen Straftaten nachweisen noch meine wahre Identität – trotz der langen Haftzeit – feststellen.[5] Damit macht es sich der rechtswidrigen Tat schuldig, eine nicht identifizierte und in der Tat unschuldige Person fast sechs Jahre festzuhalten. Daraufhin zog ich vor den Europäischen Gerichtshof für Menschenrechte, der das Urteil aufhob und mit seiner Entscheidung vom 5. Juli 2001 meine Unschuld feststellte. Im Um-

5 Anmerkung der Übersetzer: Im Verfahren war Duran Kalkan als »Selahattin Erdem« bezeichnet worden.

kehrschluss wurden so das Düsseldorfer Gericht, die Bundesrepublik sowie die NATO – alle, die den türkischen Staat bei seinen genozidalen Praktiken gegen die Kurd:innen unterstützt hatten – für schuldig befunden.

Ich gehe an dieser Stelle nicht weiter auf die Details des Düsseldorfer Prozesses, des größten Terrorismusprozesses in der deutschen Geschichte, ein. Denn zum einen würden die Einzelheiten eines Vorgangs, der 40 000 Seiten Akten umfasst, Sie als Leser:innen zu sehr ermüden, zum anderen dürften sie im Laufe der Lektüre des Buches bereits wesentliche Eindrücke vermittelt bekommen haben (siehe Kapitel 4). Hätten wir, die »Angeklagten«, nicht gegen das Gericht protestiert und uns geweigert, an den Verhandlungen teilzunehmen, wäre dieser komplizierte und verdorbene Prozess wahrscheinlich bis heute nicht zu Ende gegangen. Während der Endphase verbrachten die Ankläger:innen etwa ein Jahr nur noch damit, fragwürdige Dokumente zu sichten, ohne dass wir je im Verhandlungsaal erscheinen mussten.

Der interessantere Teil der Angelegenheit und die Situation, die dann zum »PKK-Verbot« in Deutschland führte, entwickelte sich erst anschließend. Die damalige Bundesregierung stand vor einer politischen Herausforderung. Denn die berühmt-berüchtigten Düsseldorfer Richter und Staatsanwält:innen konnten keine Straftat feststellen, was ein Urteil und folglich die Beendigung des Prozesses unmöglich machte. Die Bundesregierung wollte, dass der Fall abgeschlossen wird, doch das Gericht vermochte dieser Forderung nicht ohne Weiteres nachzukommen. Sie saßen völlig in der Klemme.

Eine Delegation des Senats bat uns deshalb im Oktober 1993 um ein Treffen. Wir kamen dieser Bitte nach und führten gemeinsam mit unseren Anwält:innen eine Diskussion mit den Richter:innn im berühmten unterirdischen Bunker des Düsseldorfer Gerichts. Da wir in derlei Angelegenheiten noch unerfahren waren, warteten wir ab und hörten uns neugierig an, was man uns zu sagen hatte. Sie boten uns an, den Fall mit einem Vergleich zu beenden, und machten uns folgenden Vorschlag: »Jeder von euch findet ein für sich passendes Delikt, bekennt sich schuldig und wir werden dann ein angemessenes Strafmaß festlegen, das Verfahren beenden und euch aus dem Gefängnis entlassen!«

Zweifellos zeugte dieses Angebot vom verlogenen Charakter des Gerichts. Der Vorschlag war vollkommen ungerecht. Als wir das Angebot hörten, erkannten wir die wirkliche Situation, lehnten es natürlich ab und verlangten, dass unsere Unschuld festgestellt wird.

Die Verhandlung wurde letztlich für gescheitert erklärt. Das Gericht durfte die Kurd:innen nicht für »unschuldig« befinden: Einerseits hätte es sich damit selbst kriminalisiert, weil es die Angeklagten jahrelang unbegründet festgehalten hatte, andererseits hätte es mit einer solchen Entscheidung den kurdischen Freiheitskampf unterstützt. Daraufhin übermittelte eine Gerichtsdelegation die Situation an die damalige Bundesregierung und erklärte, dass sie keine Strafe verhängen und das Verfahren in seiner jetzigen Form nicht abschließen könne. Für eine Verfolgung müsse also eine neue Grundlage her. Daraufhin erließ das Innenministerium am 26. November 1993 das PKK-Betätigungsverbot, das die Partei auf die Liste der in Deutschland verbotenen Organisationen setzte.

Auf der Grundlage dieses Beschlusses konnte uns das Düsseldorfer Gericht schließlich wegen »Mitgliedschaft in einer kriminellen Vereinigung« verurteilen und entließ uns am 7. März 1994, da wir bereits zu lange inhaftiert gewesen waren. Nach dem Rückwirkungsverbot hätte der neue Beschluss allerdings nicht auf die Vergangenheit angewandt werden dürfen. Aber so konnte sich das Düsseldorfer Gericht aus dem Fall herauswinden. Am 5. Juli 2001 wurde dieses jedoch seinerseits vom Europäischen Gerichtshof für Menschenrechte verurteilt – ein Signal, dass es als Gericht letztlich doch der Wahrheit verpflichtet ist und sich unliebsamer Fälle nicht ohne Weiteres entledigen darf.

In den letzten 30 Jahren hat man die Kurd:innen in Deutschland auf der Grundlage des äußerst umstrittenen Düsseldorfer Prozesses und der geschilderten Umstände allen Arten von Ungerechtigkeiten und Repressalien unterworfen. Da andere Staaten dem deutschen Beispiel folgen, ist die Unterdrückung der kurdischen Bevölkerung zudem ein globales Phänomen geworden. Die Kurd:innen wollen jedoch nichts weiter, als frei und selbstbestimmt in ihrem Land zu leben und die Welt zu einem Garten der Freiheit zu machen, in dem sie sich mit allen Völkern verbrüdern.

Auf dieser Grundlage verurteile ich die Repression gegen die kurdische Bevölkerung sowie diejenigen, die am Völkermord mitschuldig sind, und grüße alle, die für die Freiheit der Kurd:innen kämpfen und sich mit ihnen solidarisch zeigen – ich wünsche euch viel Erfolg!

Duran Kalkan gehört zu den Gründungsmitgliedern der PKK und ist heute Mitglied des Exekutivrats der Union der Gemeinschaften Kurdistans (KCK). Er war einer der Angeklagten im Düsseldorfer Prozess und saß zwischen 1988 und 1994 in Deutschland in Haft. Nach seiner Entlassung kehrte er zurück nach Kurdistan und lebt seitdem im Kandil-Gebirge des Nordiraks.

P. S.: Das Graffiti von Abdullah Öcalan am Frankfurter Institut für Sozialforschung wurde nicht entfernt und ist dort weiterhin zu sehen.

Abkürzungsverzeichnis

AANES: Autonome Administration Nord- und Ostsyrien (umgangssprachlich Rojava).

AKP: Adalet ve Kalkınma Partisi, »Partei für Gerechtigkeit und Aufschwung«.

ANF: Ajansa Nûçeyan a Firatê, »Firat News Agency« (kurdische Nachrichtenagentur).

AStA: Allgemeiner Studierenden-Ausschuss.

BGH: Bundesgerichtshof.

BKA: Bundeskriminalamt.

DEP: Demokrasi Partisi, »Demokratiepartei« (Nachfolgepartei der HEP, im Juni 1994 verboten).

DHKP-C: Devrimci Halk Kurtuluş Partisi-Cephesi, »Revolutionäre Volksbefreiungspartei-Front«.

DITIB: Diyanet İşleri Türk İslam Birliği, »Türkisch-Islamische Union der Anstalt für Religion«.

DIYANET: Türkische Religionsbehörde.

DKP-I: Partiya Demokratîk a Kurdistana Îranê, »Demokratische Partei des Iranischen Kurdistans«.

ERNK: Eniya Rizgariya Neteweyî ya Kurdistanê, »Nationale Befreiungsfront Kurdistans« (Massenorganisation der PKK).

EuGH: Europäischer Gerichtshof.

Europol: Europäische Polizeibehörde.

fdGO: freiheitliche demokratische Grundordnung.

FEYKA Kurdistan: Föderation der patriotischen Arbeiter- und Kulturvereinigungen aus Kurdistan in der Bundesrepublik Deutschland e. V. (1993 verboten).

HADEP: Halkın Demokrasi Partisi, »Partei der Demokratie des Volkes« (Nachfolgepartei der DEP).

HDP: Halkların Demokratik Partisi, »Demokratische Partei der Völker« (prokurdische Bündnispartei).

HEP: Halkın Emek Partisi, »Arbeitspartei des Volkes« (zwischen 1990 und 1993 bestehende prokurdische Partei).

HPG: Hêzên Parastina Gel (Guerilla der PKK).

HSK: Heyva Sor a Kurdistanê, »Kurdischer Roter Halbmond«.

İHD: İnsan Hakları Derneği (Menschenrechtsverein in der Türkei).

IS: Islamischer Staat (Terrormiliz im Irak und Syrien).

ISKU: Informationsstelle Kurdistan.

ITC: Independent Television Commission (britische Telekommunikationsbehörde).

JİTEM: Jandarma İstihbarat ve Terörle Mücadele (Gendarmeriegeheimdienst in der Türkei).

KCDK-E: Kongress der kurdischen demokratischen Gesellschaft Kurdistans in Europa (europäischer Dachverband kurdischer Vereine).

KCK: Koma Civakên Kurdistan, »Union der Gemeinschaften Kurdistans« (Dachverband kurdischer Parteien und Organisationen).

KDP: Partiya Demokrata Kurdistanê, »Demokratische Partei Kurdistans«.

KGD: Kurdische Gemeinde Deutschland (staatsnaher kurdischer Dachverband in Deutschland).

KON-MED: Konföderation der Gemeinschaften Kurdistans in Deutschland e. V. (größter Dachverband kurdischer Vereine in Deutschland, Teil der kurdischen Freiheitsbewegung).

KONGRA-GEL: Kongra Gelê Kurdistan, »Volkskongress Kurdistan«.

KPD: Kommunistische Partei Deutschlands.

LKA: Landeskriminalamt.

LTTE: Liberation Tiger of Tamil Eelam (tamilische Befreiungsorganisation).

MAF-DAD: Verein für Demokratie und internationales Recht.

MHP: Milliyetçi Hareket Partisi, »Partei der nationalistischen Bewegung«.

MİT: Millî İstihbarat Teşkilâtı, »Nationaler Aufklärungsdienst« (türkischer Geheimdienst).

NATO: North Atlantic Treaty Organization, »Nordatlantikpakt« (größtes Militärbündnis der Welt).

NCDK: Navenda Civaka Demokratik a Kurd, »Demokratisches Kurdisches Gesellschaftszentrum« (Dachverband kurdischer Vereine in Schweden).

OLG: Oberlandesgericht.

PKK: Partiya Karkerên Kurdistanê, »Arbeiterpartei Kurdistans«.

PUK: Yekîtiya Nîştimanî ya Kurdistanê, »Patriotische Union Kurdistans«.

PYD: Partiya Yekîtiya Demokrat, »Partei der Demokratischen Einheit« (syrisch-kurdische Partei, Teil der kurdischen Freiheitsbewegung).

RAF: Rote Armee Fraktion.

Die Linke.SDS: Sozialistisch-Demokratischer Studierendenverband.

StAG: Staatsangehörigkeitsgesetz.

StGB: Strafgesetzbuch.

TKP/ML: Türkiye Komünist Partisi/Marksist-Leninist, »Türkische Kommunistische Partei/Marxisten-Leninisten«.

VAJA, MOIS, VEVAK: Wezārat-e Eṭṭelāʿāt-e Ǧomhūrī-ye Eslāmī-ye Īrān, »Ministerium für Nachrichtenwesen« (iranischer Geheimdienst).

YPG: Yekîneyên Parastina Gel, Syrisch-kurdische Volksverteidigungseinheiten.

YPJ: Yekîneyên Parastina Jin, Syrisch-kurdische Frauenverteidigungseinheiten.

YXK: Yekîtiya Xwendekarên Kurdistan, »Verband der Studierenden aus Kurdistan«.

Quellen

Brauns, Nikolaus: Erdoğans Spitzelnetz. *Firat News Agency* vom 13.06.2020. https://anfdeutsch.com/hintergrund/erdogans-spitzelnetz-19745. Zugegriffen: 25.08.23.

Brauns, Nikolaus: Geschichte der Linken und Arbeiterbewegung vom Osmanischen Reich bis zum Militärputsch. In: Nikolaus Brauns und Murat Çakır (Hrsg.): *Partisanen einer neuen Welt. Eine Geschichte der Linken und Arbeiterbewegung in der Türkei*. Berlin 2018.

Brauns, Nikolaus: Die Darstellung der KurdInnen in den deutschen Medien. In: Kerem Schamberger und Dastan Jasim (Hrsg.): *Mediale Realitäten eines marginalisierten Volkes: KurdInnen und Öffentlichkeit*. München 2019.

Brauns, Nikolaus, und Brigitte Kiechle: *PKK. Perspektiven des kurdischen Freiheitskampfes: Zwischen Selbstbestimmung, EU und Islam*. Stuttgart 2010.

Bundesamt für Verfassungsschutz: Verfassungsschutzbericht 2021. 2022. https://www.verfassungsschutz.de/SharedDocs/publikationen/DE/verfassungsschutzberichte/2022-06-07-verfassungsschutzbericht-2021.pdf;jsessionid=1F93B84583E2AB3003C4D62ABECB03E4.internet271?__blob=publicationFile&v=4. Zugegriffen: 25.08.2023.

Bundesinnenministerium: *Verbot kurdischer Medienhäuser in Deutschland. Bundestags-Drucksache 19/10360*. 2019. https://simone-barrientos.de/wp-content/uploads/2019/06/KA-19_10360_Antwort.pdf. Zugegriffen: 25.08.2023.

Bundesregierung: Mögliche Einschränkung der Ausreisefreiheit kurdischstämmiger Bürgerinnen und Bürger. Bundestag-Drucksache: 20/5055. 2022. https://dserver.bundestag.de/btd/20/050/2005055.pdf. Zugegriffen: 25.08.2023.

Bürgel, Rudolf: Drei Jahre PKK-Verbot. In: Rudolf Bürgel (Hrsg.): *Die deutsche Türkeipolitik und ihre Auswirkungen auf Kurdistan.* Karlsruhe 1997.

Busl, Anna: §129b widerspricht demokratischer Verfassung. Interview. *AZADÎ-Infodienst* vom Mai 2023. https://www.nadir.org/nadir/initiativ/azadi/AZADIinfodienst/info232.pdf. Zugegriffen: 25.08.2023.

Çakır, Murat: Die Entwicklung der Linken von 1980 bis heute. In: Nikolaus Brauns und Murat Çakır (Hrsg.): *Partisanen einer neuen Welt. Eine Geschichte der Linken und Arbeiterbewegung in der Türkei.* Berlin 2018.

Çakır, Murat: Eine deutsch-türkische Geschichte. In: Albert Scharenberg (Hrsg.): *Der lange Marsch der Migration.* Berlin 2020.

Canbäck, Rasmus: Sverige fortsätter utvisa kurder till Turkiet – med chartrade plan. *Blankspot* vom 03.12.2022. https://blankspot.se/sveriges-fortsatter-utvisa-kurder-till-turkiet-med-chartrade-plan/. Zugegriffen: 25.08.2023.

Canbäck, Rasmus: Ännu en kurdisk organisation har blivit av med sitt bankkonto. *Blankspot* vom 16.05.2023. https://blankspot.se/annu-en-kurdisk-organisation-har-blivit-av-med-sitt-bankkonto/. Zugegriffen: 25.08.2023.

Canbäck, Rasmus: Kritik mot Säpo efter dubbla budskap om terrorklassificering. *Blankspot* vom 14.06.2023. https://blankspot.se/kritik-mot-sapo-efter-dubbla-budskap-om-terrorklassificering/. Zugegriffen: 25.08.2023.

Çelebi, Hüseyin: »Vergleicht man unsere Haftbedingungstatuten mit den Haftbedingungen in den Kerkern des türkischen Kolonialismus, wird man viele Parallelitäten entdecken«. *Kurdistan-Report* Sonderausgabe 1988, S. 31–33.

Czyzewski, Alina, Kamal Sido, Mia Greßmann und Inse Geismar: Irakisch-Kurdistan: 30 Jahre Halabja – Gerechtigkeit für die Opfer des Völkermordes. *Menschenrechtsreport der Gesellschaft für bedrohte Völker* März 2018. https://www.gfbv.de/fileadmin/redaktion/Reporte_Memoranden/2018/Menschenrechtsreport_83_30-Jahre-Halabja.pdf. Zugegriffen: 25.08.2023.

Deppe, Frank: *Politisches Denken im 20. Jahrhundert.* Band 2: Zwischen den Weltkriegen. Hamburg 2016.

Der Spiegel: Blutige Schlachten. *Der Spiegel* vom 30.07.1995. https://www.spiegel.de/politik/blutige-schlachten-a-1802b633-0002-0001-0000-000009205787?context=issue. Zugegriffen: 25.08.2023.

Dicle, Hatip: *Ein Leben im Kampf für die Rechte der kurdischen Bevölkerung. Eine Autobiografie*. Frankfurt am Main 2023.

Diplomatiekomitee der Arbeiterpartei Kurdistans: *PKK: Deutschland braucht eine eigenständige »Kurdenpolitik«. Civaka Azad* vom 18.03.2022. https://civaka-azad.org/pkk-deutschland-braucht-eine-eigenstaendige-kurdenpolitik/. Zugegriffen: 25.08.2023.

Eckes, Christa, und Hüseyin Çelebi: *Briefwechsel. April 1988 – Dezember 1989*. Neu-Ulm 2021.

Europol: European Union Terrorism Situation and Trend Report. 2022. https://www.europol.europa.eu/publication-events/main-reports/european-union-terrorism-situation-and-trend-report-2022-te-sat. Zugegriffen: 25.08.2023.

Fisahn, Andreas: *Herrschaft im Wandel: Überlegungen zu einer kritischen Theorie des Staates*. Köln 2008.

Glasner-Hummel, Alexander: *Die Wirkungen von Repression auf Öffentlichkeit. Eine qualitative Studie in multipler theoretischer Absicht*. Frankfurt am Main (im Erscheinen).

Institut für Demoskopie Allensbach: *Engagement in der Flüchtlingshilfe*. Bundesministerium für Familie, Senioren, Frauen und Jugend. 2018. https://www.bmfsfj.de/resource/blob/122010/d35ec9bf4a940ea49283485db4625aaf/engagement-in-der-fluechlingshilfe-data.pdf, abgerufen am: 25.08.2023.

Jongerden, Joost, und Ahmet Hamdi Akkaya: Born from the Left: The Making of the PK. In: Marlies Casier und Joost Jongerden (Hrsg.): *Nationalims and Politics in Turkey: Political Islam, Kemalism and the Kurdish Issue*. New York 2011.

Jongerden, Joost: Eroberung des Staates, Unterordnung der Gesellschaft: Eine kurdische Perspektive auf die Entwicklung des AKP-Autoritarismus in der Türkei. In: Joost Jongerden und Ahmet Hamdi Akkaya (Hrsg.): *Die Entwicklung der kurdischen Freiheitsbewegung. Gesammelte Texte zur Einführung in Geschichte und Gegenwart*. Frankfurt am Main 2022.

Kampagne Halim Dener: *Halim Dener. Gefoltert. Geflüchtet. Verboten. Erschossen*. München 2020.

Kaplan, Ayten, und Elisabeth Kenan: Im Zangengriff der Repression. Kurdische Selbstorganisation in Deutschland. In: Albert Scharenberg (Hrsg.): *Der lange Marsch der Migration*. Berlin 2020.

Kauder, Volker: Kauder schließt Waffenlieferungen an PKK nicht mehr aus. Interview von Roland Nelles und Philipp Wittrock. *Der Spiegel* vom 16.10.2014. https://www.spiegel.de/politik/deutschland/frauenquote-kauder-stellt-bedingungen-schwarze-null-nicht-in-gefahr-a-997263.html. Zugegriffen: 25.08.2023.

Klein, Jana: Drohung mit Kindesentzug als Mittel der Repression. *neues deutschland* vom 13.01.2020. https://www.nd-aktuell.de/artikel/1131376.sorgerecht-drohung-mit-kindesentzug-als-mittel-der-repression.html. Zugegriffen: 25.08.2023.

Morres, Monika: *20 Jahre PKK-Verbot – eine Verfolgungsbilanz*. Köln 2013.

Müller, Simone, und Susana Santina: Im Dienste Erdogans. Türkische Spitzel in Deutschland. ZDF vom Juni 2020. https://www.zdf.de/dokumentation/zdfzoom/zdfzoom-im-dienste-erdogans-100.html. Zugegriffen: 25.08.2023.

Nedelmann, Franziska, und Antonia von der Behrens: Aufstieg und Fall eines Kronzeugen. *AZADÎ-Infodienst* Nr. 212, S. 3–10.

Özdemir, Cem: »Türkei gefährdet Sicherheit deutscher Soldaten«. Interview von Deniz Yücel. *Die Welt* vom 15.08.2015. https://www.welt.de/politik/ausland/article145249651/Tuerkei-gefaehrdet-Sicherheit-deutscher-Soldaten.html. Zugegriffen: 25.08.2023.

Paech, Norman: Die PKK vor Gericht. In: Monika Morres (Hrsg.): *Die PKK ist keine terroristische Organisation. Eine Auswahl von Stellungnahmen zum Grundsatzurteil des Kassationshof in Brüssel vom Januar 2020*. Köln 2020.

Schamberger, Kerem: *Vom System zum Netzwerk. Medien, Politik und Journalismus in Kurdistan*. Frankfurt am Main 2022.

Schamberger, Kerem, und Michael Meyen: *Die Kurden: Ein Volk zwischen Unterdrückung und Rebellion*. Frankfurt am Main 2018.

Schmidt-Eenboom, Erich: Der türkische MIT: Vom befreundeten Nachrichtendienst zum Gegner. Interview. *Firat News Agency* vom 08.08.2020. https://anfdeutsch.com/hintergrund/der-tuerkische-mit-vom-befreundeten-nachrichtendienst-zum-gegner-20856. Zugegriffen: 25.08.2023.

Schultz, Eberhard: Das sogenannte PKK-Verbot. In: Eberhard Schultz (Hrsg.): *Zehn Jahre grenzüberschreitende Kurdenverfolgung. Beiträge für eine Menschenrechts-Chronik.* Köln 1998a.

Schultz, Eberhard: Versuch einer Bilanz der Kurdenverfolgung in der BRD Mitte der neunziger Jahre. In: Eberhard Schultz (Hrsg.): *Zehn Jahre grenzüberschreitende Kurdenverfolgung. Beiträge für eine Menschenrechts-Chronik.* Köln 1998b.

Schultz, Eberhard: *Zehn Jahre grenzüberschreitende Kurdenverfolgung. Beiträge für eine Menschenrechts-Chronik.* Köln 1998c.

Skubsch, Sabine, und Rudolf Bürgel: Die deutsch-türkischen Beziehungen heute. In: Rudolf Bürgel (Hrsg.): *Die deutsche Türkeipolitik und ihre Aufwirkungen auf Kurdistan.* Stuttgart 1997.

Strobl, Natascha: *Radikalisierter Konservatismus: Eine Analyse.* Berlin 2021.

Türk, Murat: *Zeit der Brombeeren.* Neuss 2016.

Yücel, Deniz: Erdogans Regime der Angst hat längst auf Deutschland übergegriffen. *Die Welt* vom 18.07.2021. https://www.welt.de/debatte/kommentare/article232586017/Tuerkische-Agenten-Ein-Regime-der-Angst-in-Deutschland.html?icid=search.product.onsitesearch. Zugegriffen: 25.08.2023.

Zandonini, Giacomo: Dem Druck gebeugt. *Die Republik* vom 07.06.2023. https://www.republik.ch/2023/06/07/dem-druck-gebeugt. Zugegriffen: 25.08.2023.

ISBN 978-3-86489-207-3
EUR 19,00/EUA 19,60

Ein Volk im Widerstand. Auch in Europa vergessen

Erdogan kann die Kurden verfolgen, weil der Westen sein Bündnis mit dem Autokraten nicht gefährden will.
Wer weiß um den Krieg, den die Regierung in Ankara seit 2015 gegen die Kurden führt? Wer erinnert sich an die Repressionen in den 1990er Jahren? Hierzulande kennt man allenfalls die PKK und fragt sich vielleicht verwundert, warum immer noch Tausende mit den Farben und Symbolen dieser »Terrororganisation« in ganz Europa auf die Straßen gehen. Kerem Schamberger und Michael Meyen zeigen, dass die Verfolgung der Kurden in der Gründungsgeschichte der Türkei wurzelt und dass Ankara diesen Krieg heute auch führen kann, weil die Weltöffentlichkeit wegschaut. Insbesondere Deutschland sieht diesen Krieg durch die Brille von Erdogan und lässt deshalb ein ganzes Volk im Stich. Wie lange sollen die Kurden noch Spielball des Westens bleiben?

ISBN 978-3-86489-423-7
Preis: EUR 20,00/EUA 20,60

Ein Leben für Kurdistan, ein Leben für die Demokratie

Wenn man das über Hatip Dicle schreibt, dann ist es gewiss keine Übertreibung. Er ist einer der prominentesten kurdischen Politiker der Türkei und kämpft seit seiner Jugend unermüdlich für die Selbstbestimmung der kurdischen Bevölkerung und gegen die diskriminierende Unterdrückung, die der türkische Staat seit über 100 Jahren gegen die Kurd*innen ausübt. Über fünfzehn Jahre verbrachte Dicle deswegen im Gefängnis. Aber auch diese Haftstrafen hielten ihn nicht davon ab, sich für die demokratische Selbstorganisation der kurdischen Bevölkerung einzusetzen und seinen Überzeugungen treu zu bleiben.
Mit der Verschlechterung des politischen Klimas in der Türkei musste er 2016 schlussendlich sogar seine Heimat verlassen und ins Exil gehen. Seitdem setzt er seinen Kampf von Deutschland aus fort. Dicle und seine Mitstreiter*innen haben bei allen Repressalien, Anfeindungen, Diffamierungen und nicht zuletzt auch tätlichen Angriffen nie den Glauben an eine friedliche und diplomatische Auseinandersetzung verloren und bringen sich auch weiterhin demokratisch ein.